国家"十二五"重点图书出版规划项目

国家出版基金资助项目

湖南师范大学中国语言文学省级重点学科成果

# 湖南江永桃川土话研究

鲍厚星 | 著

湖南师范大学出版社

## 图书在版编目（CIP）数据

湖南江永桃川土话研究 / 鲍厚星著 . —长沙：湖南师范大学出版社，
2016.12

ISBN 978 - 7 - 5648 - 2732 - 8

Ⅰ.①湖…　Ⅱ.①鲍…　Ⅲ.①湘语—方言研究—江永县　Ⅳ.①H174

中国版本图书馆 CIP 数据核字（2016）第 287311 号

## 湖南江永桃川土话研究

Hunan Jiangyong Taochuan Tuhua Yanjiu

鲍厚星　著

◇策划组稿：刘苏华　曹爱莲
◇责任编辑：刘苏华　邹水杰
◇责任校对：张羽萌　袁学嘉
◇出版发行：湖南师范大学出版社
　　　　　　地址/长沙市岳麓山　邮编/410081
　　　　　　电话/0731.88873070　88873071　传真/0731.88872636
　　　　　　网址/http：//press.hunnu.edu.cn
◇经销：湖南省新华书店
◇印刷：长沙超峰印刷有限公司
◇开本：710mm×1000mm　1/16
◇印张：16.25
◇插页：16
◇字数：301 千字
◇版次：2016 年 12 月第 1 版　2016 年 12 月第 1 次印刷
◇印数：1－1200 册
◇书号：ISBN 978 - 7 - 5648 - 2732 - 8
◇定价：51.80 元

如有印装质量问题，请与承印厂调换（厂址：长沙市金洲新区泉洲北路100号，邮编：410600）

作者与主要发音合作人（摄于 2002 年 6 月）。从左至右依次为：陈素玉、郑红光、作者、曾献飞（入学不久的博士生）

**兰溪采访**（摄于 2013 年 11 月） 兰溪离桃川很近，来回 40 里，抄近路单程大约 15 华里。兰溪人经常去桃川赶集，兰溪土话与桃川土话很接近

　　**三宝堂**　全称"三宝堂古名居艺术品展览馆"，桃川人李冬平自筹资金建成，开馆以来，已成为当地有名的文物博物馆

　　**同安当铺**　清光绪十四年（1888）一位广东商人投资兴建，位于桃川农贸市场北面，碉楼风格，青砖碧瓦，建构气势宏伟，今依然保存完整

**所城西门**　明洪武二十九年（1396）千户阳城，新筑土城，有东、南、西、北四个城门，今西门仍保存遗址

门楼 [muo²¹ləu²¹]

旧时老宅

泥枧 [lei²¹tɕiən³⁵] 瓦

木棉车 [mau²¹mən²¹tɕ'iu³³] 纺车

犁 [lei²¹]

**筍子** [kəu²⁴·tɯə] 竹制的捕鱼器具，一头大，一头小。鱼随流水进笼容易，倒回来有削尖了的竹篾阻挡，难得出来

**磨石** [məu²¹ɕiu²¹] 石磨

竹器 [liəu⁵⁵çi²⁴]

鱼篓 [ŋau²¹ləu³³] 等

蓑衣 [suo³³a³³] 用棕毛编制，披在身上的防雨用具

簸箕 [pəɯ²⁴tɕi³³]

**灰水糍粑** [fuai³³suai³⁵ tsʅ²¹pu³³]

**米酒泡辣椒** [mei³³tɕɕiu³⁵pʻəu²⁴lu²¹tɕiəɯ³³]

桃川香柚，遐迩闻名

香芋丰收在望。中国销往国际市场的香芋往往以"中国桃川香芋"命名

圩场一角

**赶闹子** [kaŋ³⁵ləu²¹·tuɯə] 赶集。桃川镇"赶闹子"又叫"赶圩"[kaŋ³⁵ɕia³³]，圩日定在农历每月一、四、七。桃川圩建于明洪武初年，清道光年间已是"人烟密集，地通两广，为商舟改装之所"

花轿迎亲之一

花轿迎亲之二

**耍春牛** [ɕio³⁵tɕ'yɛ³³ŋəu²¹]　新春时节，由人扮演假牛，和舞狮玩龙的一起上街表演，迎春祈福

**办满月酒** [piɛ²¹maŋ³³ȵyɛ²¹tɕiəu³⁵]

赛歌会 [sua²⁴kɯ³³fyɛ²¹]

坐歌堂 [tsəɯ³³kəɯ³³taŋ²¹]

# 总 序

　　湖南西部和南部有一些地区的汉语方言已处于濒危状态或临近濒危状态,如湘西的乡话和湘南的土话。

　　湘西乡话是一种未分区的非官话方言,有人称为"瓦乡话"(实际上是"讲乡话"的意思,此处的"瓦"是用的同音字,本字当为"话",用作动词)。这种方言主要分布在沅陵县以及周边的溆浦、辰溪、泸溪、古丈、永顺等地,另外,湘西南湘桂交界的南山地区也有一些分布。

　　湘南土话分布在永州和郴州两个地级市之内(永州辖两区九县,郴州辖两区一市八县)。各县土话冠以县名,如永州内有东安土话、江永土话、道县土话、蓝山土话,等等;郴州内有桂阳土话、宜章土话、临武土话、嘉禾土话,等等。这些土话又分成纷繁多枝的小范围土话,令人应接不暇。

　　无论湘西乡话或湘南土话,它们所处的地区,相对来说都比较封闭,经济上也比较滞后,有的甚至是相当贫困,但说到它们所蕴藏的、对于研究汉语发展演变历史颇有价值的语言矿藏却是极其丰富的。

　　20世纪40年代王力先生谈到古语的死亡时曾指出有多种原因,其中有的是今字代替了古字,如"绔"字代替了"裈";有的是同义的两字竞争,结果是甲字战胜了乙字,如"狗"战胜了"犬",等等。

不过，在汉语方言众多的窗口中有时你所看到的东西会使人意想不到。譬如湘西沅陵麻溪铺乡话有下面的记录：“裤子”就说“裈”[kuɛ⁵⁵]，“单裤”说“单裈”[tõ⁵⁵kuɛ⁵⁵]，“短裤”说“秸裈”[tɕʻia⁵⁵kuɛ⁵⁵]；“公狗”叫“犬公/公犬”[kʻuæ⁵³kəɯ⁵⁵/kəɯ⁵⁵kʻuæ⁵³]，“母狗”叫“犬娘/娘犬”[kʻuæ⁵³ȵioŋ⁵⁵/ȵioŋ⁵⁵kʻuæ⁵³]。

湘南土话里也有珍奇的材料，如江永桃川土话：

“树林”说成“木园”[mau²¹uəŋ²¹]，“树苗”说成“木秧”[mau²¹iaŋ³³]，“树梢”说成“木末”[mau²¹muo³³]，“种树”说成“种木”[tɕiɛ²⁴mau²¹]，“一棵树”说成“一蔸木”[i⁵⁵ləu³³mau²¹]。

这种称“树”为“木”的事例是笔者2001年在江永桃川调查中所获。有些巧合的是乔全生教授在晋南方言中也发现了称“树”为“木”的语言事实（参见2002年第一期《中国语文》所登《山西南部方言称“树”为[po]考》一文）。此前据汪维辉教授的研究（《东汉—隋常用词演变研究》，南京大学出版社，2000年5月），称“树”为“木”的语言状况至少是保留了两汉以前的用法。

十多年前，我初次调查桃川土话时，一位主要发音人就曾对我说过：“很多人学讲官话了，青年人很少讲土话，最多十年就难得听到土话了。”

这里且以她家三代人为例，第一代是发音人自己（时年60岁，现已72岁），土话保存较好，虽有时夹杂一些官话，但尚能加以区别；第二代，她的三个孩子，老大是女儿，能说一些土话，但已不如母亲，老二、老三是儿子，会土话的程度更差（这和他们都已离开本土有关）；第三代有五人，其中两个外孙是双胞胎，26岁，一个在长沙，一个在深圳，都不会说土话，两个大孙女，分别为25岁和22岁，基本不会说土话，一个小孙女，12岁，土话“更不会了”（发音人语）。

一方面是土话或乡话的丰富蕴藏，一方面是土话或乡话的日益萎缩，抓紧时间做土话或乡话的调查研究，其迫切性毋庸置疑，这是落在湖南方言工作者肩上责无旁贷的历史使命。

2001年炎夏之季，湖南师范大学一支方言工作者的队伍奔赴湘南各地，调查了十余个土话点。自此以后，一批土话研究的论文在《方言》期刊上陆续发表，一批土话或乡话研究的博士学位论文应运而生，一批以土话或乡话为研究内容的国家课题先后立项。可以说，湘南土话或湘西乡话研究的气候大致形成。

还在 2009 年接近年尾我们去中山大学参加濒危方言学术研讨会的那一段时间，我校出版社就在酝酿要编写一套濒危方言的丛书。不久，2010 年以"濒危汉语方言研究丛书（湖南卷）"为题的国家"十二五"重点图书出版规划项目获得了批准。该项目申报时曾敦请两位著名专家予以推荐。一位是中国社会科学院语言研究所研究员张振兴先生，一位是南开大学文学院教授曾晓渝先生，感谢他们热心的鼓励与荐举。2011年 11 月湖南师范大学出版社就召开了该项目的作者讨论会，"濒危汉语方言研究丛书（湖南卷）"这一规划项目就此正式上马。2013 年 10 月又举行了第二次作者讨论会，重点讨论了如何提高丛书质量，如期完成规划的问题。2014 年学校出版社又经专家论证就这套丛书申报国家出版基金项目，并再次获得批准。

我受托组织编写这套丛书，深感重任在肩。好在我是和我的一群年轻的战友们来共同完成此项任务，看到他们一个个沉着应战，信心满满，我的心也自然是踏踏实实的了。

寒来暑往，一段时间过后，我接触到一部一部的书稿，各地土话的鲜活材料扑面而来。今天和这位作者讨论，明天和那位作者磋商，围绕的中心议题，是对语言事实如何准确地把握、深入地发掘、详实地记录，以及如何尽可能做到合理的解释。

一稿、二稿、三稿……每一位作者对自己的书稿多次修改，反复加工。胡萍最后交稿时，托她的先生捎来一封信（她本人尚在美国做访问学者），信里有一段话："您这次二稿又帮我审出一些问题，我自己也发现了不少疏漏，所以查遗补缺，未敢懈怠，这次修改完后，我又从头至尾看了两三遍，但仍不敢说万无一失！可见出书之难，体会颇深。临近交稿，虽心有忐忑，但不敢延期。此稿交送后，有时间我还会继续复查，以便校稿时纠正遗漏。"

　　这种未敢懈怠、追求完善的精神也是丛书其他作者所共同具备的。我想，在田野调查的基础上，编纂、出版一套丛书，对濒危汉语方言的研究无疑会有多重意义，而在这一过程中，一群作者在学术研究的道路上勇于探索、锲而不舍的精神得到的锻造也是至为宝贵的。

　　这一套丛书包括：《湖南蓝山太平土话研究》《湖南道县祥霖铺土话研究》《湖南双牌理家坪土话研究》《湖南江永桃川土话研究》《湖南东安石期市土话研究》《湖南永州岚角山土话研究》《湖南桂阳六合土话研究》《湖南泸溪梁家潭乡话研究》《湖南城步巡头乡话研究》《湖南绥宁关峡苗族平话研究》。其中大多数为湘南土话，乡话仅两种，最后一种是少数民族使用的汉语方言。

　　如果加上此前在学界先后出版的湘南土话或湘西乡话的单本研究著作，总共就二十余种。这与湖南丰富的濒危汉语方言的总量相比，还有不小的差距。

　　眼前这一批学术成果能汇成丛书出版，得衷心感谢湖南师范大学出版社的热情关注与大力支持。特别要致谢的是刘苏华同志，他自始至终全盘负责这套丛书的编纂工作，还有曾经为我校出版方言学术著作贡献良多的曹爱莲同志，也对丛书出版给予了充分的关注。

　　我们参与的是一项有深远意义的学术建设工程。令人欣慰的是，在我们集合队伍为推动湖南濒危汉语方言抢救性调查研究工作投入力量的过程中，适逢教育部、国家语委决定自2015年起启动中国语言资源保护工程，在全国范围开展以语言资源调查、保存、展示和开发利用等为核心的各项工作。这将形成一股巨大的洪流，我们的工作如同涓涓溪水也将汇入其中。是为序。

鲍厚星

2015 年 5 月初稿

2016 年 6 月修改

# 目 录

# 第一章 导论

## 一、桃川地理人口与历史沿革

桃川镇位于江永县西南部，东连夏层铺镇和兰溪瑶族乡，南邻源口瑶族乡和广西壮族自治区富川瑶族自治县，西抵粗石江镇和广西壮族自治区恭城瑶族自治县，北界高泽源林场鸡笼山分场和高泽源分场。辖区面积 117.3 平方公里，人口 52768 人（因镇建制有过多次变动，面积和人口也就跟着有所变动，此数字是 2016 年 5 月从桃川镇镇领导处获悉）。

桃川建镇始于清康熙十三年（1674），历来是江永县西南部的政治活动中心。唐、宋的十七都，元代的东观里，明代的千户所，清代的崇福乡，民国时期的第六区、桃川镇，大革命时期的桃川农民协会，均设于此。

1949 年新中国成立后，当年 11 月 21 日永明县和平解放，11 月 23 日中共永明县委、县人民政府正式挂牌办公，并在城关、瓦屋下、桃川分别成立第一、二、三区人民政府，第三区辖桃川、刚隆乡、靖毅乡。1950 年桃川为第五区，辖 11 个乡。1952 年桃川为第六区。1956 年 3 月经国务院批准，改永明县为江永县。桃川撤区，设桃川、石枧乡。1958 年公社化后，分设桃川镇和桃川人民公社，镇管辖 3 个居委会，公社管辖 30 个行政村。1961 年复设桃川区，辖 11 个公社。1965 年又撤区，设桃川镇、上圩、下圩、上洞、水美、石枧等 10 个公社。1966 年并为桃川镇，并有桃川、上洞公社。1984 年上洞公社改为上洞乡，桃川公社改为桃川乡。1986 年桃川乡并入桃川镇，镇政府由下圩街迁至四香西路。1995 年 6 月撤乡并镇，原上洞乡并入桃川镇。

桃川土地肥沃，物产丰富，史上曾有"桃川一年粟，永明三年足"的说法（江永县旧名永明）。香柚、香芋、香姜遐迩闻名，交口称赞。仅以香芋为例，中国销往国际市场的香芋往往以"中国桃川香芋"命名，可见名声不凡。此外，糯禾米、果蔗、萝卜丝、柑橘以及耕牛等也久负盛名。商贸也有不凡历史，元代即已形成集市，至明洪武初年，已出现桃川圩，清道光年间已是"人烟密集，地通两广，为商舟改装之所"。至民国，镇上已有当铺、粮行、绸布店等各类店铺 100 余家，为粤、湘、桂三省十五县商贾频繁往来之地。新中国建立后，商业更趋发达。有名的桃川"赶闹子"，每逢"1、4、7"的日子，上万人来到市场，熙熙攘攘，比肩继踵，人头攒动，成为桃川一道奇特的景观。

桃川又是县西南文化活动中心。远在唐代就建有"桃溪书馆"（桃川古名桃溪。书馆后改书院），后衍变为今天的江永县第二中学。唐元和年间（806—820）柳宗元曾为桃溪书馆作记。

保护与传承民族文化的工作在桃川也成绩可观。2004 年桃川人李冬平自筹资金，自行设计，建起了占地面积 1000 多平方米的"三宝堂古民居艺术品展览馆"，据 2013 年《湖南日报》的一篇新闻报道，开馆以来，该展览馆已接待参观者 2 万人次。如今"三宝堂"已成为了当地有名的文物博物馆。另外，在 2012 年 10 月，李冬平与他人共同筹办了江永县桃川洞首届民间民歌会，从这一活动中，面临失传的 300 余首民歌得以收集。

# 二、方言概况

桃川土话只是江永县内土话的一支，使用该土话的人正在不断地受到强势方言官话的影响，另外，土话之间也有相互影响的地方。彻底调查土话的各个角落，廓清土话内部的各种差异，并非一件易事。目前还只能就掌握的材料从主要方面提出一些轮廓。

下面是对于桃川土话与城关土话及江永官话的一个简略比较，只涉及韵母方面。城关土话依据的是黄雪贞先生的《江永方言研究》，江永官话参考的是曾献飞的博士学位论文《湘南官话语音研究》，比较以十六摄为纲，例字虽有限，但能反映出一些特点。

| | | 桃川土话 | 城关土话 | 江永官话 |
|---|---|---|---|---|
| 果摄 | 多 | ləɯ$^{33}$ | ləɯ$^{44}$ | to$^{33}$ |
| | 坐 | tsəɯ$^{33}$ | tsəɯ$^{13}$ | tso$^{24}$ |
| | 歌 | kəɯ$^{33}$ | ku$^{44}$ | ko$^{33}$ |
| | 婆 | pəɯ$^{21}$ | pu$^{42}$ | p'o$^{31}$ |
| | 火 | xəɯ$^{35}$ | fu$^{35}$ | xo$^{55}$ |

|  |  | 桃川土话 | 城关土话 | 江永官话 |
|---|---|---|---|---|
| 假摄 | 霸 | puo²⁴ | pɯə²¹ | pa²⁴ |
|  | 家 | ku³³ | kuə⁴⁴ | tɕia³³ |
|  | 花 | fu³³/xuo³³ | fɯə⁴⁴ | xua³³ |
|  | 车 | tɕʻiu³³ | tɕʻyə⁴⁴ | tɕʻie³³ |
|  | 瓜 | ku³³ | kuə⁴⁴ | kua³³ |
| 遇摄 | 古 | kau³⁵ | ku³⁵ | ku⁵⁵ |
|  | 猪 | liau³³ | liu⁴⁴ | tɕy³³ |
|  | 书 | ɕia³³ | ɕyu⁴⁴ | ɕy³³ |
|  | 女 | ȵia³³ | ȵyu¹³ | ȵy⁵⁵ |
|  | 雨 | xau³³ | vu¹³ | y⁵⁵ |
| 蟹摄 | 胎 | tʻia³³ | tʻø⁴⁴ | tʻai³³ |
|  | 财 | tɕia²¹ | tsø⁴² | tsʻai³¹ |
|  | 开 | ɕia³³ | hɯ⁴⁴ | kʻai³³ |
|  | 雷 | lua²¹ | lie⁴² | luei³¹ |
|  | 买 | mia³³ | mø¹³ | mai⁵⁵ |
| 止摄 | 皮 | pa²¹ | pø⁴² | pʻi³¹ |
|  | 知 | lai³³ | la⁴⁴ | tɕi³³ |
|  | 鼻 | pai²¹ | pa³³ | pi³¹ |
|  | 耳 | ȵiəɯ³³ | ai³³ | ɤ⁵⁵ |
|  | 使 | sai³⁵/sʅ³⁵ | sɯə³⁵ | sʅ⁵⁵ |
| 效摄 | 包 | pəu³³ | piou⁴⁴ | pau³³ |
|  | 高 | kaɯ³³ | kau⁴⁴ | kau³³ |
|  | 朝₌ | lei³³ | tɕiu⁴⁴/liu⁴⁴ | tsau³³ |
|  | 跳 | tʻei²⁴ | tsʻiu²¹ | tʻiau²⁴ |
|  | 鸟 | lei³⁵ | liu³⁵ | ȵiau⁵⁵ |
| 流摄 | 口 | kʻəu³⁵/xəu³⁵ | kʻou³⁵/hou³⁵ | kʻəu⁵⁵ |
|  | 妇 | pəu³³/fu²⁴ | fu¹³ | fu²⁴ |
|  | 有 | xəu³³ | hou¹³/iou¹³ | iəu⁵⁵ |
|  | 流 | liəu²¹ | liou⁴² | liəu³¹ |
|  | 牛 | ŋəu²¹ | ŋou⁴² | ȵiəu³¹ |

| | | 桃川土话 | 城关土话 | 江永官话 |
|---|---|---|---|---|
| 咸摄 | 贪 | t'uo$^{33}$ | t'oŋ$^{44}$ | t'aŋ$^{33}$ |
| | 淡 | tuo$^{33}$ | toŋ$^{13}$ | taŋ$^{24}$ |
| | 三 | suo$^{33}$ | soŋ$^{44}$ | saŋ$^{33}$ |
| | 尖 | tɕiɛ$^{33}$ | tsəŋ$^{44}$ | tsiŋ$^{33}$ |
| | 签 | tɕ'iɛ$^{33}$/tɕ'iəŋ$^{33}$ | tɕ'iŋ$^{44}$ | ts'iŋ$^{33}$ |
| 深摄 | 沉 | tiɛ$^{21}$ | tɕie$^{42}$/tsai$^{42}$ | ts'əŋ$^{31}$ |
| | 心 | ɕiɛ$^{33}$ | sai$^{44}$ | siŋ$^{33}$ |
| | 针 | tɕiɛ$^{33}$ | tɕie$^{44}$ | tɕiŋ$^{33}$ |
| | 林 | liɛ$^{21}$ | lai$^{42}$ | liŋ$^{31}$ |
| | 品 | p'iɛ$^{35}$ | p'ai$^{35}$ | p'iŋ$^{55}$ |
| 山摄 | 班 | miɛ$^{33}$ | puoɯ$^{44}$ | paŋ$^{33}$ |
| | 山 | ɕiɛ$^{33}$ | suoɯ$^{44}$ | saŋ$^{33}$ |
| | 关 | kyɛ$^{33}$ | kuoɯ$^{44}$ | kuaŋ$^{33}$ |
| | 反 | fyɛ$^{35}$ | huoɯ$^{35}$/paŋ$^{35}$ | faŋ$^{55}$ |
| | 眼 | ȵiɛ$^{35}$ | ŋuoɯ$^{13}$ | iŋ$^{55}$ |
| 臻摄 | 宾 | miɛ$^{33}$ | pai$^{44}$ | piŋ$^{33}$ |
| | 门 | muo$^{21}$ | mai$^{42}$ | məŋ$^{31}$ |
| | 亲 | tɕ'iɛ$^{33}$ | ts'ai$^{44}$ | ts'iŋ$^{33}$ |
| | 孙 | ɕio$^{33}$ | ɕyə$^{44}$ | səŋ$^{33}$ |
| | 村 | tɕ'io$^{33}$ | tɕ'yə$^{44}$ | ts'əŋ$^{33}$ |
| 宕摄 | 帮 | maŋ$^{33}$ | paŋ$^{44}$ | paŋ$^{33}$ |
| | 放 | faŋ$^{24}$/maŋ$^{24}$ | faŋ$^{21}$/paŋ$^{21}$ | faŋ$^{24}$ |
| | 张 | liaŋ$^{33}$/tɕiaŋ$^{33}$ | tɕiaŋ$^{44}$ | tɕiaŋ$^{33}$ |
| | 霜 | saŋ$^{33}$ | saŋ$^{44}$ | suaŋ$^{33}$ |
| | 光 | kaŋ$^{33}$ | kaŋ$^{44}$/kuaŋ$^{44}$ | kuaŋ$^{33}$ |
| 江摄 | 双 | saŋ$^{33}$ | saŋ$^{44}$ | suaŋ$^{33}$ |
| | 窗 | ts'aŋ$^{33}$ | ts'aŋ$^{44}$/saŋ$^{44}$ | ts'uaŋ$^{33}$ |
| | 撞 | tsaŋ$^{21}$ | tsaŋ$^{33}$ | ts'uaŋ$^{55}$ |
| | 棒 | paŋ$^{24}$ | paŋ$^{13}$ | paŋ$^{24}$ |
| | 江 | tɕiaŋ$^{33}$ | tɕiaŋ$^{44}$ | tɕiaŋ$^{33}$ |

|  |  | 桃川土话 | 城关土话 | 江永官话 |
|---|---|---|---|---|
| 曾摄 | 邓 | tiɛ²¹ | tai³³ | təŋ²⁴ |
|  | 冰 | miɛ³³ | pai⁴⁴ | piŋ³³ |
|  | 朋 | pəɯ²¹ | pai⁴² | pʻoŋ³¹ |
|  | 蒸 | tɕiɛ³³ | tɕie⁴⁴ | tɕiŋ³³ |
|  | 升 | ɕiɛ³³ | ɕie⁴⁴ | ɕiŋ³³ |
| 梗摄 | 兵 | miɛ³³ | pioŋ⁴⁴ | piŋ³³ |
|  | 生 | ɕiɛ³³ | suoɯ⁴⁴ | səŋ³³ |
|  | 成 | ɕio²¹/tɕiɛ²¹ | ɕioŋ⁴² | tɕʻiŋ³¹ |
|  | 颈 | tɕio³⁵ | tɕioŋ³⁵ | tɕiŋ⁵⁵ |
|  | 声 | ɕio³³ | ɕioŋ⁴⁴ | siŋ³³ |
| 通摄 | 风 | faŋ³³/muo³³ | pai⁴⁴ | xoŋ³³ |
|  | 虫 | liɛ²¹ | lai⁴² | tsʻoŋ³¹ |
|  | 恭 | tɕiaŋ³³ | tɕiaŋ⁴⁴ | koŋ³³ |
|  | 重~复 | tɕiɛ³³ | tɕiaŋ⁴² | tsʻoŋ³¹ |
|  | 红 | xɯə²¹ | hai⁴² | xoŋ³¹ |

通过以上比较，可以提出如下几点：

（1）土话与官话之间，土话与土话之间都存在明显差异，其中阴声韵胜过阳声韵，阴声韵中效、流二摄又不一样。

（2）土话音韵作为白读层，还很有活力，其中以果、假、遇、蟹、止等韵摄尤为突出，咸、深、山、臻等韵摄次之。

（3）官话方言的渗透影响与日俱增，如宕、江、流三摄特别突出。有趣的是，土话在接受官话影响时，有的总要有所保留，如"霜、双、光"等字，官话是合口呼，土话却读开口呼，如果再加上比较中尚未列出的部分字音，就会出现诸如"甘＝刚＝官＝光"［aŋ］这种大面积的混同现象。包括江永官话在内的多数湘南官话，［an］混同于［aŋ］，也为此提供了条件。

（4）土话接受官话影响发生演变的步调不完全一致，一般说来，城市周边较近的土话变化的步子相对来说会稍快一些，如从上述遇摄的比较来看，城关土话已有相当一部分组合与官话趋于一致了，而桃川土话还有较大距离。

（5）一些字的又读有些是文白层次，反映了土话演变过程中一些动态的变化，如桃川土话的"使"（sai/sɿ）、"妇"（pəu/fu）、"张"（liaŋ/tɕiaŋ），城关土话的"有"（hou/iou）、"光"（kaŋ/kuaŋ）、"放"（paŋ/faŋ），等等。

# 三、关于江永土话的研究

这里仅介绍关于江永土话的一本专著《江永方言研究》。

早在 1986 年国家 "七五" 社科重点项目 "汉语方言重点调查" 的课题中，湖南江永就被列入了调查计划，由中国社会科学院语言研究所的黄雪贞先生负责。黄先生此前于 1984 年在为《中国语言地图集》绘制西南官话分区图的工作中，就了解到湖南南部双语区中有复杂的土话，并于 1986 年对江永县土话开始着手调查。当国家 "七五" 课题 "汉语方言重点调查" 需要在湖南找一个合适的调查点时，黄先生正在进行的江永方言调查正合需要而被列入计划。1987 年 9 月在浙江省舟山市举行的全国汉语方言学会第四届年会上，黄先生介绍江永土话引起热烈反响的情景我仍记忆犹新。

黄先生关于江永土话的专著《江永方言研究》于 1993 年正式出版。在此之前，其有关江永方言的系列论文《湖南江永方言音系》、《湖南江永方言词汇》（一）（二）（三）已先后发表于《方言》杂志 1988 年 3 期和 1991 年 1、2、3 期。

该书 30 余万字，共分 8 章，包括：导论；江永土话的特点；江永土话音系；江永土话同音字表；江永土话音系和北京音系比较；江永土话音系与古音比较；江永土话标音举例；江永土话分类词汇表。

由于作者的调查十分深入，对江永城关土话的语音、词汇和语法进行了详细的记录和描写，从而深层次、多角度地揭示了江永土话的复杂面貌和基本特征。书中所提供的极其丰富的土话词汇，数量达五千条之多，且释义周详，语音的描写更是细致入微，准确到位。因此，这一研究成果特别值得珍视。

《江永方言研究》这部著作以一个南方边远地区土话的个案研究，为汉语方言演变的历史提供了一份相当珍贵的资料；该书对于湘、粤、桂三省区平话、土话，特别是湘南土话的研究，起到了先期探究、引领推动的作用，其影响将是深远的。

# 四、音标符号

本书标音采用国际音标符号。

## （一）辅音

本书所用辅音符号见下表：

表1-1　辅音表

| 发音方法<br>发音部位 | 塞音 | | 塞擦音 | | 鼻音 | 擦　音 | | 边音 |
| --- | --- | --- | --- | --- | --- | --- | --- | --- |
| | 不送气 | 送气 | 不送气 | 送气 | | 清 | 浊 | |
| 双唇音 | p | p' | | | m | | | |
| 唇齿音 | | | | | | f | v | |
| 舌尖前音 | | | ts | ts' | | s | | |
| 舌尖中音 | t | t' | | | n | | | l |
| 舌尖后音 | | | tʂ | tʂ' | | ʂ | ʐ | |
| 舌面前音 | | | tɕ | tɕ' | ȵ | ɕ | | |
| 舌面后音 | k | k' | | | ŋ | x | | |

舌尖后音〔tʂ tʂ' ʂ ʐ〕用于与北京话的比较

## （二）元音

本书所用舌面元音符号如下图：

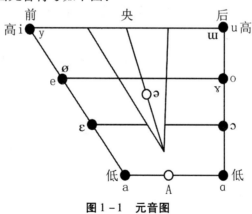

图1-1　元音图

图中〔i e ɛ a ɑ ɔ o u〕为国际音标通常的八个标准元音，用实心圆点表示，其中前元音〔a〕、后元音〔ɑ〕与央元音〔A〕归纳为一个音位，用〔a〕代表。

构成桃川土话的舌面元音是〔i e ɛ a o u〕再加上〔y ɯ〕和一个央元音〔ə〕。

〔ø〕和〔ɤ〕是在方言比较时分别描写城关土话和北京音的。

另外，还有两个舌尖元音［ɿ］［ʅ］和一个卷舌元音［ər］，［ɿ］是土话构成音素，［ʅ］［ər］用于比较时对北京音的描写。

## （三）声调符号及其他

声调标法采用传统的五度制，直接以数字标明调值，数字标在音标的右上角，例如：土［t'au³⁵］、话［fu²¹］。轻声字在其音标前加小圆点，音标右上角无标记，例如：细人子［sei²⁴ȵiɛ²¹·tɯə］、被子［pa³³·tɯə］。轻不轻两可时，音标前加小圆点，音标右上角再标调值，例如：闭起［mai²⁴·çi³⁵］。

其他符号：

［　］　例子须要加注音标的，外加方括号，如不致误会，亦可不加。

（　）　除平常用法外，在条目与注音里表示其中的成分可有可无，如"细雨（子）［sei²⁴xau³³（tɯə）］"。

~　　条目注释与例子里用来替代本条目，无论本条目有几个字，都只用一个替代号。

/　　表示"或"，如"哪［la³³/lai³³］"。

有的符号在相关章节说明。

# 五、发音合作人概况

从 2001 年到 2015 年，两位主要发音人始终未变，其他发音人后来中途加入。

以下是发音合作人简况：

陈素玉　主要发音人之一。桃川镇沐田村人，75 岁，经过商，高小文化程度。

郑红光　主要发音人之一。桃川镇所城村人，62 岁，江永一中教师，大专程度。

陈碧园　桃川朝阳村人，39 岁，湖南科技学院教师，大学本科程度。

肖如凤　桃川镇人，在锦堂生活十年，67 岁，职工，初中文化程度。

# 第二章 桃川土话语音

## 一、声韵调分析

### （一）声母

桃川土话声母包括零声母在内，共有 20 个。

| p | p' | m | f | |
|---|----|---|---|---|
| t | t' | n | | l |
| ts | ts' | | s | |
| tɕ | tɕ' | ȵ | ɕ | |
| k | k' | ŋ | x | |
| ∅ | | | | |

下面按声母顺序分别举例：

| | | | | | | |
|---|---|---|---|---|---|---|
| [p] | 波 pəɯ³³ | 皮 pa²¹ | 摆 pia³⁵ | 平 piɛ²¹ | 斧 pau³³ | 白 pu²¹ |
| [p'] | 派 p'ia²⁴ | 拼 p'iɛ³³ | 浦 p'əu³⁵ | 坡 p'əɯ³³ | 品 p'iɛ³⁵ | 扑 p'u⁵⁵ |
| [m] | 买 mia³³ | 本 muo³⁵ | 迷 mai²¹ | 毛 maɯ²¹ | 班 miɛ³³ | 木 mau²¹ |
| [f] | 飞 fai³³ | 湖 fu²¹ | 反 fyɛ³⁵ | 回 fua²¹ | 虾 fu³³ | 客 fu⁵⁵ |
| [t] | 大 ta²¹ | 台 tia²¹ | 淡 tuo³³ | 沉 tiɛ²¹ | 弟 tei³³ | 滴 ti⁵⁵ |
| [t'] | 推 t'ua³³ | 贪 t'uo³³ | 厅 t'iɛ³³ | 桶 t'ɯ³⁵ | 梯 t'ei³³ | 铁 t'ei⁵⁵ |
| [n] | 南 nuo²¹ | 胆 nuo³⁵ | 年 nəŋ²¹ | 拈 nəŋ³³ | 灯 nɯo³³ | 丹 nuo³³ |
| [l] | 来 lia²¹ | 堆 lua³³ | 虫 liɛ²¹ | 钓 lei²⁴ | 炉 lau²¹ | 答 lu⁵⁵ |
| [ts] | 资 tsʅ³³ | 池 tsʅ²¹ | 姊 tsai³⁵ | 齐 tsei²¹ | 做 tsəɯ²⁴ | 杂 tsu²¹ |
| [ts'] | 权 ts'u³³ | 吹 ts'uai³³ | 炒 ts'əu³⁵ | 葱 ts'ɯə³³ | 草 ts'aɯ³⁵ | 七 ts'ai⁵⁵ |
| [s] | 沙 su³³ | 三 suo³³ | 送 sɯə²⁴ | 四 sai⁴⁴ | 笑 sei²⁴ | 俗 səu⁵⁵ |
| [tɕ] | 奇 tɕi²¹ | 居 tɕia³³ | 颈 tɕio³⁵ | 针 tɕiɛ³³ | 群 tɕyɛ²¹ | 涩 tɕiu⁵⁵ |

| | | | | | |
|---|---|---|---|---|---|
| [tɕ'] | 猜 tɕ'ia$^{33}$ | 寸 tɕ'io$^{24}$ | 请 tɕ'iɛ$^{35}$ | 春 tɕ'yɛ$^{33}$ | 丑 tɕ'iəu$^{35}$ | 尺 tɕ'iu$^{55}$ |
| [ȵ] | 耳 ȵiəu$^{33}$ | 惹 ȵiu$^{35}$ | 疑 ȵi$^{21}$ | 女 ȵia$^{33}$ | 人 ȵiɛ$^{21}$ | 玉 ȵia$^{55}$ |
| [ç] | 开 çia$^{33}$ | 起 çi$^{35}$ | 孙 çio$^{33}$ | 神 çiɛ$^{21}$ | 秀 çiəu$^{24}$ | 雪 çyɛ$^{55}$ |
| [k] | 关 kyɛ$^{33}$ | 假 ku$^{35}$ | 怪 kua$^{24}$ | 公 kɯə$^{33}$ | 古 kau$^{35}$ | 谷 kau$^{55}$ |
| [k'] | 快 k'ua$^{24}$ | 考 k'au$^{35}$ | 科 k'əɯ$^{33}$ | 空 k'aŋ$^{33}$ | 劝 k'uəŋ$^{24}$ | 缺 k'uei$^{55}$ |
| [ŋ] | 恩 ŋɯə$^{33}$ | 鱼 ŋau$^{21}$ | 牛 ŋəu$^{21}$ | 饿 ŋəɯ$^{24}$ | 按 ŋa$^{33}$ | 屋 ŋau$^{55}$ |
| [x] | 婚 xuo$^{33}$ | 红 xɯə$^{21}$ | 雨 xau$^{33}$ | 去 xau$^{24}$ | 火 xəɯ$^{35}$ | 黑 xəu$^{55}$ |
| [Ø] | 移 i$^{21}$ | 爱 a$^{24}$ | 煨 uai$^{33}$ | 云 yɛ$^{21}$ | 腰 iəɯ$^{33}$ | 挖 uo$^{55}$ |

[说明] ①有些例字口语还有不同读音，因而声母也有改变，如"摆"还读 [mia$^{35}$]、"丑"还读 [t'iəu$^{35}$]、"空"还读 [xɯə$^{33}$]、"雪"还读 [suei$^{55}$]，等等。

②[n、l] 有混同现象，但分混有规律可寻，详见音韵特点说明。

## （二）韵母

桃川土话韵母35个，包括自成音节的辅音在内。

```
ɿ        i      u        y
a        ia     ua       ya
         io     uo
ɛ        iɛ              yɛ
ɯə
ai              uai
ei              uei
au       iau
aɯ
əu       iəu
əɯ       iəɯ
         iu
aŋ       iaŋ    uaŋ
əŋ       iəŋ    uəŋ      yəŋ
                uŋ
ŋ̍
```

下面按韵母顺序分别举例：

[ɿ]　资 tsɿ³³　思 sɿ³³　始 sɿ³⁵　志 tsɿ²⁴　齿 tsʻɿ³⁵　次 tsʻɿ²⁴

[i]　机 tɕi³³　喜 ɕi³⁵　艺 ȵi²⁴　欺 tɕʻi³³　世 ɕi²⁴　计 tɕi²⁴

[u]　巴 pu³³　下 fu³³　辣 lu²¹　家 ku³³　渣 tsu³³　补 pu³⁵

[y]　区 tɕʻy³³　主 tɕy³⁵　戌 ɕy³³　举 tɕy³⁵　菊 tɕy²¹　余 y²¹

[a]　脾 pa²¹　肥 pa²¹　糜 ma²¹　按 ŋa³³　塔 tʻa²¹　虱 sa⁵⁵

[ia]　排 pia²¹　厨 tia²¹　珠 tɕia³³　菜 tɕʻia²⁴　海 ɕia³⁵　袜 mia⁵⁵

[ua]　对 lua²⁴　乖 kua³³　雷 lua²¹　灰 xua³³　队 lua²⁴　滑 ua²¹

[ya]　拳 tɕya²¹　斜 tɕʻya²⁴　诀 tɕya²¹

[io]　轻 tɕʻio³³　镜 tɕio²⁴　声 ɕio³³　笋 ɕio³⁵　成 ɕio²¹　肉 tɕio²⁴

[uo]　马 muo³³　盆 puo²¹　茶 tsuo²¹　困 kʻuo²⁴　粉 xuo³⁵　骨 kuo⁵⁵

[ɛ]　耕 kɛ³³　硬 ŋɛ²¹　共 kɛ²⁴　限 xɛ³³　埂 kɛ³⁵　监 kɛ²⁴

[iɛ]　鞭 piɛ³³　明 miɛ²¹　听 tʻiɛ²⁴　陈 tɕiɛ²¹　生 ɕiɛ³³　信 ɕiɛ²⁴

[yɛ]　翻 fyɛ³³　均 tɕyɛ³³　顺 ɕyɛ²¹　棍 kyɛ²⁴　穿 tɕʻyɛ³³　万 yɛ²¹

[ɯə]　动 tɯə³³　总 tsɯə³⁵　送 sɯə²⁴　工 kɯə³³　肯 xɯə³⁵　冲 tsʻɯə³³

[ai]　比 pai³⁵　地 tai²¹　知 lai³³　闭 mai²⁴　迟 tai²¹　日 lai⁵⁵

[uai]　追 tsuai³³　水 suai³⁵　泪 luai²¹　锤 tsuai²¹　卫 uai²¹　橘 kuai⁵⁵

[ei]　杯 pei³³　米 mei³⁵　条 tei²¹　帝 lei²⁴　西 sei³³　接 tsei⁵⁵

[uei]　翠 tsʻuei²⁴　桂 kuei²⁴　雪 suei⁵⁵　决 kuei⁵⁵　汇 xuei²⁴　外 uei²⁴

[au]　浮 pau²¹　肚 tau³³　土 tʻau³⁵　姑 kau³³　苦 kʻau³³　屋 ŋau⁵⁵

[iau]　猪 liau³³　绿 liau²¹　曲 tɕʻiau³³　绍 ɕiau²¹　猫 ȵiau³³　录 liau²¹

[aɯ]　老 laɯ³³　早 tsaɯ³⁵　高 kaɯ³³　好 xaɯ³⁵　帽 maɯ²¹　刀 laɯ³³

[əu]　头 təu²¹　步 pəu²¹　苗 məu³³　斗 ləu²⁴　吵 tsʻəu³⁵　勾 kəu³³

[iəu]　标 piəu³³　苗 miəu²¹　收 ɕiəu³³　旧 tɕiəu²⁴　留 liəu²¹　学 ɕiəu⁵⁵

[əɯ]　婆 pəɯ²¹　拖 tʻəɯ³³　坐 tsəɯ³³　多 ləɯ³³　可 kʻəɯ³⁵　禾 xəɯ²¹

[iəɯ]　挑 tʻiəɯ³³　料 liəɯ³³　交 tɕiəɯ³³　小 ɕiəɯ³⁵　巧 tɕʻiəɯ³⁵　耳 ȵiəɯ³³

[iu]　遮 tɕiu³³　车 tɕʻiu³³　石 ɕiu²¹　扯 tɕiu³⁵　夜 iu²¹　尺 tɕʻiu⁵⁵

[aŋ]　房 paŋ²¹　胖 pʻaŋ²⁴　帮 maŋ³³　庄 tsaŋ³³　甘 kaŋ³³　孔 kʻaŋ³⁵

[iaŋ]　丈 tiaŋ³³　量 liaŋ²¹　章 tɕiaŋ³³　唱 tɕʻiaŋ²⁴　常 ɕiaŋ²¹　勇 iaŋ³⁵

[uaŋ]　狂 kuaŋ²¹　王 uaŋ²¹　况 kʻuaŋ²⁴　旺 uaŋ²⁴　矿 kʻuaŋ²⁴　往 uaŋ³⁵

[əŋ]　篇 pʻəŋ³³　边 məŋ³³　田 təŋ²¹　天 tʻəŋ³³　年 nəŋ²¹　庚 kəŋ³³

[iəŋ] 正 tɕiəŋ³³　千 tɕ'iəŋ³³　仙 ɕiəŋ³³　琴 tɕiəŋ²¹　县 ɕiəŋ²⁴　英 iəŋ³³

[uəŋ] 圈 k'uəŋ³³　拳 kuəŋ²¹　捆 k'uəŋ³⁵　远 uəŋ³³　永 uəŋ³³　圆 uəŋ²¹

[yəŋ] 砖 tɕyəŋ³³　宣 ɕyəŋ³³　船 ɕyəŋ²¹　全 tɕyəŋ²¹　川 tɕ'yəŋ³³　串 tɕ'yəŋ²⁴

[uŋ] 猛 muŋ³³　孟 muŋ²¹　董 tuŋ³⁵　隆 luŋ²¹　恐 k'uŋ³⁵　巩 kuŋ³⁵

[ŋ] 我 ŋ³⁵　碗 ŋ³⁵　案 ŋ²⁴　五 ŋ³³　武 ŋ³³　安 ŋ³³

[说明] ①桃川土话韵母由 10 个元音和 1 个辅音构成。10 个元音 [ɿ、i、u、y、a、o、e、ɛ、ə、ɯ]，1 个辅音是 [ŋ]。[i、u、y、a、ɛ] 和 [ŋ] 能自成音节，[o、e、ə、ɯ] 用来构成复合音，[i、u、y] 和 [ɯ] 作韵头，[i、u、ɯ] 和 [ŋ] 作韵尾。

②[ɯə] 中的 [ə] 是比较松弛的央元音，[ɯ] 是短暂的过渡音。

③[aɯ] 与 [au]，主要元音相同，但音节收尾不同。[au] 韵的字与官话趋同，[aɯ] 韵的字处于土话向官话靠拢的过渡状态。

④[əɯ] 与 [əu]，后者与官话发音相同，而前者因收 [ɯ] 尾显出差异。

⑤[iəŋ]、[yəŋ] 与 [iŋ]、[yŋ] 有明显差别。

⑥虽有极少数字可以读出 [an] 尾，如"盘"字，但存在游移不定情况。涉及鼻尾字，发 [aŋ] 占绝对优势，故统作 [aŋ]。

## （三）声调

桃川土话声调 5 个，轻声在外。

阴平 33　高 开 今 肩 方 三 丈 柱 亩 料
阳平 21　明 茶 华 成 桃 培 步 杂 碟 辣
上声 35　水 火 土 草 酒 祖 洗 鼓 宝 口
去声 24　醉 进 对 店 货 贺 燕 问 厚 稻
入声 55　百 鸽 达 阔 俗 八 吉 族 尺 粒

[说明] ①入声无塞音韵尾，读音与舒声相间。

②例字中略微反映调类的一些归并情况。

# 二、声韵调配合关系

## （一）声韵配合关系

桃川土话的声韵配合关系如表 2 - 1。表中把韵母分成开齐合撮四类，声母分成六组。空格表示不相配合。

表 2 - 1　声韵配合关系表

| | 开口呼 | 齐齿呼 | 合口呼 | 撮口呼 |
|---|---|---|---|---|
| p p‘ m f | 包 坡 每 飞 | 膘 拼 买 | 布 门 孟 客 | 昏 |
| t t‘ n l | 大 胎 年 低 | 重 听　 来 | 淡 推 南 对 | |
| ts ts‘ s | 租 初 梳 | | 茶 差 沙 | |
| tɕ tɕ‘ ɳ ɕ | | 鸡 菜 女 起 | | 专 春 月 笋 |
| k k‘ ŋ x | 姑 苦 鱼 去 | | 乖 快 汇 | 关 |
| ∅ | 衣 | 医 | 雾 | 运 |

从表中可以看到桃川土话声韵配合关系的一些特点：

①［p－］组能全面拼开、合两呼，但和齐齿呼拼时，［f］排除在外，另外，撮口呼可以和［f］相拼。

②［t－］组能全面拼开、合两呼，拼齐齿呼时，［n］排除在外。

③［ts－］组只拼开、合两呼，［tɕ－］组只拼齐、撮两呼，正相对。

④［k－］组拼开、合两呼，但合口呼中，［ŋ］无拼合关系，另外，［k］还可拼撮口呼。

⑤［∅］四呼俱全，仅此一组。

## （二）声韵调配合表

桃川土话的声韵调配合表见表 2 - 2 至表 2 - 10。表中同一横行表示声母相同，同一竖行表示韵母和声调相同。空格表示没有配合关系。有意义而无适当字可写的，表里用圆圈表示，并在表后加注。另有一些标记三角号的字也在表后加注。

加注次序，先给圆圈加注，再给带三角号的字加注。在此基础上，按韵母排列顺序，从上到下，从左到右。

表2-2　声韵调配合表之一

| | ɿ | | | | | i | | | | | u | | | | | y | | | | |
|---|---|---|---|---|---|---|---|---|---|---|---|---|---|---|---|---|---|---|---|---|
| | 阴平33 | 阳平21 | 上声35 | 去声24 | 入声55 | 阴平33 | 阳平21 | 上声35 | 去声24 | 入声55 | 阴平33 | 阳平21 | 上声35 | 去声24 | 入声55 | 阴平33 | 阳平21 | 上声35 | 去声24 | 入声55 |
| p | | | | | | | | | | | 哺△ | 白 | 补 | 布 | 腹△ | | | | | |
| p' | | | | | | | | | | | | | | | | | | | | |
| m | | | | | | | | | | | | | | | | | | | | |
| f | | | | | | | | | | | 虾 | 湖△ | 虎 | 富△ | 客 | | | | | |
| t | | | | | | | 笛 | | | 滴 | | | | | | | | | | |
| t' | | | | | | | | | | | | | | | | | | | | |
| n | | | | | | | | | | | | | | | | | | | | |
| l | | | | | | | | | | | ○ | 辣 | | | 答 | | | | | |
| ts | 资 | 池 | 紫 | 志 | 汁△ | | | | | | 渣 | 杂 | | | 铡 | | | | | |
| ts' | | 齿 | 刺 | | | | | | | | 杈 | | | | 拆 | | | | | |
| s | 私 | 十 | 使△ | 试 | 湿 | | | | | | 沙△ | | | 粟△ | 撒 | | | | | |
| tɕ | | | | | | 鸡 | 奇 | 纪 | 记 | 直 | | | | | | 菊 | | 主△ | | |
| tɕ' | | | | | | 欺 | ○ | | 气 | | | | | | | 区△ | | 取 | | |
| ɲ | | | | | | | | 疑 | 艺△ | | | | | | | | | | | |
| ɕ | | | | | | 失 | | 起 | 戏 | 食△ | | | | | | 戌△ | | ○ | | |
| k | | | | | | | | | | | 家 | | 假 | | 隔 | | | | | |
| k' | | | | | | | | | | | | | | | | | | | | |
| ŋ | | | | | | | | | | | | | | | | | | | | |
| x | | | | | | | | | | | | | | | | | | | | |
| ø | | | | | | 医 | 移 | 椅 | 意 | 揖△ | 乌△ | 握 | 哑 | 雾 | 鸭 | | 余 | | 誉 | |

tɕ'i²¹　不~声：不做声

lu³³　~头：里面

ɕy²¹　~鸡公：倒立

汁 tsɿ⁵⁵　酿~：溃脓

使 sɿ³⁵　又 sai³⁵

艺 ɲi²⁴　又 lai²⁴

食 ɕi⁵⁵　又 iəu²¹　~哺：吃午饭

揖 i⁵⁵　作~

哺 pu³³　后日~：后天

腹 pu⁵⁵　~泻

湖 fu²¹　又 xau²¹

富 fu²⁴　又 pu²⁴　~隆：地名

沙 su³³　又 suo³³

粟 su²⁴　又 ɕia⁵⁵　~子：小米儿

乌 u³³　又 ŋau³³

主 tɕy³⁵　又 tɕia³⁵

区 tɕ'y³³　又 tɕ'ia³³

戌 ɕy³³　又 suai⁵⁵

表2-3 声韵调配合表之二

| | a | | | | | ia | | | | | ua | | | | | ya | | | | |
|---|---|---|---|---|---|---|---|---|---|---|---|---|---|---|---|---|---|---|---|---|
| | 阴平33 | 阳平21 | 上声35 | 去声24 | 入声55 | 阴平33 | 阳平21 | 上声35 | 去声24 | 入声55 | 阴平33 | 阳平21 | 上声35 | 去声24 | 入声55 | 阴平33 | 阳平21 | 上声35 | 去声24 | 入声55 |
| p | 被 | 皮 | | 沸 | | 蹳 | 排 | 摆 | 拜 | 八 | | | | | | | | | | |
| p' | | | | | ○ | | | ○ | 派 | | | | | | | | | | | |
| m | | 糜△ | ○ | | | 买 | 埋 | 摆 | ○ | 袜 | | | | | | | | | | |
| f | | | | | | | | | | | | 回 | | | | | | | | |
| t | | | 大 | | 跶△ | 爹△ | 台 | | 袋 | | | | | | | | | | | |
| t' | | | | | | 胎 | | 太 | | | 推 | | 腿 | 退 | | | | | | |
| n | | | | | | | | | | | | | | | | | | | | |
| l | 哪△ | | | | | | | 来 | 带 | | 堆 | 雷 | ○ | 对 | | | | | | |
| ts | 担△ | ○ | | | | | | | | | | | | | | | | | | |
| ts' | 叉 | | | | | | | | | | | | | | | | | | | |
| s | | | | | 虱 | | | | | | | | | 赛 | | | | | | |
| tɕ | | | | | | 居 | 徐 | 煮 | 锯 | 烛 | | | | | | | 拳△ | | | |
| tɕ' | | | | | | 猜 | | 彩 | 菜 | 插 | | | | | | | | | | 斜 |
| ȵ | | | | | | 女 | 挨△ | | | 玉 | | | | | | | | | | |
| ɕ | | | | | | 开 | 鞋 | 海 | 晒 | 掐 | | | | | | | | | | |
| k | ○ | | | | | | | | | | 乖 | | 拐 | 怪 | | | | | | |
| k' | | | | | | | | | | | 夸 | | 垮 | 快 | | | | | | |
| ŋ | 按 | | | | | | | | | | | | | | | | | | | |
| x | | ○ | | | ○ | | | | | | 灰△ | | | | | | | | | |
| ø | 衣 | | 矮 | 爱 | 轭 | 丫 | 牙 | | | | ○ | | | | 滑 | | | | | |

p'a55 那。又 p'ai55
ma35 ~□tɕi55：乳房
tsa21 ~筛：罗（筛粉末状细物用的器具）
ka33 耳~：耳朵
xa21 肠气~：疝气
xa55 这。又 xai55
p'ia35 一~：一庹（两臂平伸两手伸直的长度）
mia24 洒
lua35 ~水：泉水
ua33 药~子：小型药罐子

糜 ma21 食~：吃饭
跶 ta55 ~下去：跌下去
哪 la33 ~个。又 lai33
担 tsa33 拿
蹳 pia33 ~脚：瘸子
爹 tia33 父亲
袋 tia24 又 lia24
挨 ȵia21 ~打
灰 xua33 ~薯脑：芋头。又 fuai33
拳 tɕya21 又 kuəŋ21、tɕyəŋ21

表 2-4　声韵调配合表之三

| | io 阴平33 | io 阳平21 | io 上声35 | io 去声24 | io 入声55 | uo 阴平33 | uo 阳平21 | uo 上声35 | uo 去声24 | uo 入声55 | ε 阴平33 | ε 阳平21 | ε 上声35 | ε 去声24 | ε 入声55 | iɛ 阴平33 | iɛ 阳平21 | iɛ 上声35 | iɛ 去声24 | iɛ 入声55 |
|---|---|---|---|---|---|---|---|---|---|---|---|---|---|---|---|---|---|---|---|---|
| p | | | | | | | | | | | | | | | | 辫 | 平 | | 扮 | 聘 |
| p' | | | | | | 分△ | 盆 | 把 | 霸 | 帕 | | | | | | 拼 | | | 品 | 聘 |
| m | | | | | | 分△ | 门 | 本 | 问 | | | | | | | 班 | 蚊 | 丙 | 磅 | |
| f | | | | | | | | | | | | | | | | | | | | |
| t | | | | | | 淡 | 谈 | | | 达 | | | | | | 重 | 沉 | | 钉△ | |
| t' | | | | | | 贪 | | 坦 | 炭 | 塔 | | | | | | 厅 | | 挺 | 听 | |
| n | | | | | | 丹 | 南 | 胆 | 担 | | | | | | | | | | | |
| l | | | 鼎△ | | | | | | | | | | | | | 钉△ | 虫 | 打△ | | |
| ts | | | | | | | 茶 | 崽 | 诈 | 摘△ | | | | | | | | | | |
| ts' | | | | | | 参 | | | | | | | | | | | | | | |
| s | | | | | | 三 | | 伞 | 散 | | | | | | | | | | | |
| tɕ | 正△ | | 颈 | 蔗 | 啄△ | | | | | | | | | | | 针 | 钱△ | 井 | 正△ | 鲫 |
| tɕ' | 村 | 雀 | | 寸 | | | | | | | | | | | | 青 | | 请 | 秤 | |
| ȵ | | 嬴 | 惹 | | | | | | | | | | | | | 眼 | 人 | | ○ | |
| ç | 孙 | 成 | 笋 | 犯△ | 刷 | | | | | | | | | | | 新 | 神 | 恐 | 姓 | 惜 |
| k | | | | | | 枷 | | ○ | 价 | 骨 | 更△ | ○ | 梗 | 更△ | | | | | | |
| k' | | | | | | | | 款 | 困 | 豁△ | | | ○ | | | | | | | |
| ŋ | | | | | | | | | | | | | | 硬 | | | | | | |
| x | | | | | | 婚 | 活 | 粉 | 夏△ | 罚 | 限 | ○ | | | | | | | | |
| ∅ | | 爷 | | 夜△ | | 温 | 芽△ | 稳 | | 挖 | | | | 蕹 | | 音 | 壬 | | 印 | |

kuo³⁵ ~权：树枝  
kɛ²¹ ~台：圆桌  
k'ɛ²¹ □ɕiəu³³ ~：翅膀  
xɛ²¹ ~定：料定  
ȵiɛ²⁴ 要  
鼎 lio³⁵ 铁锅 ~：烧水的锅  
正 tɕio³³ ~月。又 tɕiaŋ³³  
啄 tɕio⁵⁵ ~脑：点头  
犯 çio²⁴ ~法。又 maŋ²⁴  
夜 io²⁴ 一~。又 iu²¹  
分 puo³³ ~数。又 muo³³  
把 puo³⁵ 又 uo³⁵  
分 muo³³ ~开。又 puo³³、xuo³³  
摘 tsuo⁵⁵ 又 tsu⁵⁵

豁 k'uo⁵⁵ ~唇  
粉 xuo³⁵ 排~：傲子。又 sai³⁵  
夏 xuo²⁴ ~至。又 fu²¹  
芽 uo²¹ 又 ia²¹  
更 kɛ³³ 五~  
更 kɛ²⁴ ~加  
蕹 ɛ²⁴ ~菜  
重 tiɛ³³ 轻~  
钉 tiɛ²⁴ ~住  
钉 liɛ³³ ~子  
打 liɛ³⁵ ~铁  
钱 tɕiɛ²¹ 又 tsəŋ²¹  
正 tɕiɛ²⁴ ~确  
恐 çiɛ³⁵ 怕 又 k'uŋ³⁵

表2－5 声韵调配合表之四

| 声母 | yɛ | | | | | ɯə | | | | | ai | | | | | uai | | | | |
|---|---|---|---|---|---|---|---|---|---|---|---|---|---|---|---|---|---|---|---|---|
| | 阴平33 | 阳平21 | 上声35 | 去声24 | 入声55 | 阴平33 | 阳平21 | 上声35 | 去声24 | 入声55 | 阴平33 | 阳平21 | 上声35 | 去声24 | 入声55 | 阴平33 | 阳平21 | 上声35 | 去声24 | 入声55 |
| p | | | | | | | | | | | 碑 | 鼻 | 比 | 闭△ | 笔 | | | | | |
| p' | | | | | | | | 捧 | | | 披 | | | | | | | | | |
| m | | | | | | 不 | | | | | 每 | 迷 | | 闭 | 没 | | | | | |
| f | 昏 | 烦 | 反 | 混 | 血△ | | | | | | 飞 | 肥 | | | | 灰 | | | 坏 | |
| t | | | | | | 动 | 铜 | 子△ | 洞 | | | 迟△ | | | | | | | | |
| t' | | | | | | | | 桶 | 痛 | | | | | | | | | | | |
| n | | | | | | 灯 | 聋 | 等 | 冻 | | | | | | | | | | | |
| l | | | | | | | | | | | 知 | 梨 | ○ | 荔 | 粒 | 旅 | 泪 | | | |
| ts | | | | | | 宗 | | 总△ | | 泽 | 荠 | 集 | 姊 | 眨 | | 锥 | 锤 | 嘴△ | 醉 | |
| ts' | | | | | | 葱 | | | | | | ○ | | | 七 | 吹 | | | | |
| s | | | | | | ○ | | | 送 | | | | 死 | 四 | | 虽 | 除 | 水 | 岁 | 出 |
| tɕ | 专 | 群 | 准 | | | | | | | | | | | | | | | | | |
| tɕ' | 春 | | 蠢 | | | | | | | | | | | | | | | | | |
| ɲ | | 月△ | | | | | | | | | | | | | | | | | | |
| ç | 薰 | 纯 | 笋 | 训 | 雪△ | | | | | | | | | | | | | | | |
| k | 关 | 裙 | | 棍 | | 公 | ○ | | 供 | | | | | | | 龟 | | 鬼 | 贵 | 橘 |
| k' | | | | | | | | | | | | | | | | 亏 | | | | |
| ŋ | | | | | | 恩 | | 物△ | | | | | | | | | | | | |
| x | | | | | | 空△ | 红 | 肯 | | 吓 | | | | ○ | | | 槐△ | 匪 | | |
| ø | 孕 | 云△ | ○ | 运 | | | | | | | | | | | | 煨 | 围 | 癸 | | |

yɛ35 舀

sɯə33 哄骗

kɯə21 整：鸡蛋食～个

lai35 捆

ts'ai33 一～萝卜：一把儿萝卜

xai55 这。又 xa55

血 fyɛ55 又 fei55

月 ŋyɛ21 又 uei55

雪 çyɛ55 又 suei55

云 yɛ21 又 uəŋ21

子 tɯə35 又 tsʅ35

总 tsɯə35 又 tsaŋ35

物 ŋɯə21 又 u55

空 xɯə33 又 k'aŋ33

闭 pai24 又 mai24

迟 tai21 又 tsʅ21

嘴 tsuai35 又 tɕia35

槐 xuai21 又 ua21

表 2-6　声韵调配合表之五

| 声母 | ei 阴平33 | ei 阳平21 | ei 上声35 | ei 去声24 | ei 入声55 | uei 阴平33 | uei 阳平21 | uei 上声35 | uei 去声24 | uei 入声55 | au 阴平33 | au 阳平21 | au 上声35 | au 去声24 | au 入声55 | iau 阴平33 | iau 阳平21 | iau 上声35 | iau 去声24 | iau 入声55 |
|---|---|---|---|---|---|---|---|---|---|---|---|---|---|---|---|---|---|---|---|---|
| p | 杯 | 陪 | | 辈 | 壁 | | | | | | 斧 | 浮 | | | | | | | | ○ |
| pʻ | 批 | | | | 劈 | | | | | | | | | | | | | | | |
| m | 米 | 媒 | | | | | | | | | | | 木 | | | | | | | |
| f | | | | 费 | 血△ | | | | | | | | | | | | | | | |
| t | 弟 | 条 | | | | | | | | | 杜 | 桃 | | | | | | | | |
| tʻ | 梯 | | 体 | 跳 | 铁 | | | | | | | | 土 | 兔 | | | | | | |
| n | | | | | | | | | | | | | | | | | | | | |
| l | 低 | 泥 | 鸟 | 钓 | 裂 | | | | | | ○ | 炉 | 赌 | 稻 | | 猪 | 绿 | | | |
| ts | | 齐 | | 际 | 节 | 绝△ | | | | | 租 | 锄 | 组 | 昼△ | | | | | | |
| tsʻ | | | | 砌 | 切 | | | | 翠 | | 初 | | | 醋 | | | | | | |
| s | 西 | | 洗 | 笑 | 息 | | | | 婿 | 薛 | 梳 | | 数△ | 数△ | 属 | | | | | |
| tɕ | | | | | | | | | | | | | | | | 曲△ | | | | |
| tɕʻ | | | | | | | | | | | | | | | | | | | | |
| ȵ | | | | | | | | | | | | | | | | 猫 | | | | |
| ɕ | | | | | | | | | | | | | | | | | | 绍 | 邵 | |
| k | | | | | | | | 瘸△ | 桂 | 决 | 姑 | | 古 | 故△ | 谷 | | | | | |
| kʻ | | | | | | | | | | 缺 | | | 苦△ | 库 | | | | | | |
| ŋ | | | | | | | | | | | 午△ | 鱼 | | ○ | 屋 | | | | | |
| x | | | | | | | | | 汇 | | 雨 | 壶 | 苦△ | 去 | 哭 | | | | | |
| ∅ | | | | | | | | 委 | 外△ | 月△ | | | | | | | | | | |

lau³³ 踢

ŋau²⁴ 骂

piau⁵⁵ ～水：热水

血 fei⁵⁵ 又 fyɛ⁵⁵

绝 tsuei³³ 又 tɕye²¹

瘸 kuei²¹ ～脚：瘸腿；～手：拽子

外 uei²⁴ 又 ua²¹

月 uei⁵⁵ 又 ŋyɛ²¹

昼 tsau²⁴ 朝～：上午

数 sau³⁵ 动词

数 sau²⁴ 名词

苦 kʻau³⁵ ～头

午 ŋau³³ 上～、下～。又 ŋ³³

苦 xau³⁵ ～瓜

曲 tɕʻiau³³ 歌～

猫 ȵiau³³

表2-7 声韵调配合表之六

| | aɯ | | | | | əu | | | | | iəu | | | | | əɯ | | | | |
|---|---|---|---|---|---|---|---|---|---|---|---|---|---|---|---|---|---|---|---|---|
| | 阴平33 | 阳平21 | 上声35 | 去声24 | 入声55 | 阴平33 | 阳平21 | 上声35 | 去声24 | 入声55 | 阴平33 | 阳平21 | 上声35 | 去声24 | 入声55 | 阴平33 | 阳平21 | 上声35 | 去声24 | 入声55 |
| p | 煲△ | | | 爆△ | | 包 | 袍△ | 饱 | 刨△ | 北 | 膘 | | 表 | 漂△ | | 波 | 婆 | 簸 | 破 | 拍 |
| p‘ | | | | | | 铺△ | | 浦 | 铺△ | 扑 | 飘 | 瓢 | 漂 | 票 | | 坡 | | | | |
| m | | 毛 | | | | 卯 | 茅 | | 茂 | | | 苗 | 秒 | | | 摸 | 磨△ | | | |
| f | | | | | | | | | | | | | | | | | | | | |
| t | | | | | | ○ | 头 | | | | | | | | 直△ | | 驼 | 舵 | | |
| t‘ | | | 讨 | 套 | | 偷 | | 敨△ | 透 | 脱 | | | 丑△ | | 畜△ | 拖 | | | | 托 |
| n | | | | | | | | | | | | | | | | | | | | |
| l | 刀 | 劳 | 脑 | 到 | | 蔸 | 楼 | 斗△ | 斗△ | 夺 | 溜 | 流 | 柳 | 廖 | 竹 | 多 | 锣 | 朵 | | 得 |
| ts | 抓△ | 曹 | 早 | 灶 | | 抓△ | 愁 | 走 | 皱 | 祝 | | | | | | | 坐 | 左 | 做 | 族 |
| ts‘ | 操 | | 草 | | | 抄 | | 炒 | 凑 | | | | | | | 搓 | | 楚 | 锉 | 错 |
| s | 骚 | | 扫 | | | 搜 | | | 瘦 | 俗 | | | | | | 梭 | | 锁 | | 索 |
| tɕ | | | | | | | | | | | 周 | 袖 | 酒 | 救 | 触 | | | | | |
| tɕ‘ | | | | | | | | | | | 秋 | | 丑△ | 臭 | | | | | | |
| ɲ | | | | | | | | | | | | | 扭 | | | | | | | |
| ç | | | | | | | | | | | 收 | 仇 | 手 | 秀 | 叔 | | | | | |
| k | 高 | ○ | 稿 | | | 勾 | | 狗 | 窖 | 角 | | | | | | 歌 | | 果 | 过 | 鸽 |
| k‘ | | | 考 | 靠 | | 敲 | | 口△ | 扣 | 磕 | | | | | | 科 | | 可 | 课 | 刻 |
| ŋ | | | | 拗△ | | | 牛 | 藕 | 沤 | | | | | | | | 鹅 | | 饿 | |
| x | 薅△ | 毫 | 好△ | | | 有 | 学 | 口△ | 孝 | 黑 | | | | | | 蘦△ | 和△ | 火 | 货 | 阔 |
| ø | | | | | | | | | | 恶 | 优 | 食△ | 酉 | 右 | 育 | 屙△ | 禾△ | | | |

kaɯ$^{21}$ ~脑:抬头

təu$^{33}$ 鸟~:鸟窝

煲 paɯ$^{33}$ ~药:煎药;~蛋:煮鸡子儿

爆 paɯ$^{24}$ 用油炸,一种烹调法,把鱼肉等放在滚油里炸

抓 tsaɯ$^{33}$ ~紧

拗 ŋaɯ$^{24}$ ~风:顶风

薅 xaɯ$^{33}$ ~草

好 xaɯ$^{35}$ ~坏;喜~

铺 p‘əu$^{33}$ 把东西展开或摊平

铺 p‘əu$^{24}$ 商店:百货~;地名:朱塘~

敨 t‘əu$^{35}$ ~衣:用清水漂洗衣服

斗 ləu$^{35}$ 一~米

斗 ləu$^{24}$ ~争

抓 tsəu$^{33}$ ~痒

口 k‘əu$^{35}$ 又xəu$^{35}$

学 xəu$^{21}$ ~习

孝 xəu$^{24}$ 守~

漂 p‘iəu$^{35}$ ~白

直 tiəu$^{55}$ 又tɕi$^{55}$

丑 t‘iəu$^{35}$ 又tɕ‘iəu$^{35}$

畜 t‘iəu$^{55}$ ~牲

食 iəu$^{21}$ ~朝:吃早饭

磨 məɯ$^{21}$ ~刀;石~

蘦 xəɯ$^{33}$ ~毛虫:毛虫

和 xəɯ$^{21}$ ~气。另见əɯ$^{21}$ ~尚

禾 əɯ$^{21}$ 割~:割稻子。另见xəɯ$^{21}$ ~苗

表2－8　声韵调配合表之七

| | iəɯ 阴平33 | 阳平21 | 上声35 | 去声24 | 入声55 | iu 阴平33 | 阳平21 | 上声35 | 去声24 | 入声55 | aŋ 阴平33 | 阳平21 | 上声35 | 去声24 | 入声55 | iaŋ 阴平33 | 阳平21 | 上声35 | 去声24 | 入声55 |
|---|---|---|---|---|---|---|---|---|---|---|---|---|---|---|---|---|---|---|---|---|
| p | | | | | | | | | | | 伴 | 防 | 棒 | | | | | | | |
| p' | | | | | | | | | | | 潘 | | 纺 | 胖 | | | | | | |
| m | | | | | | | | | | | 帮 | 忙 | | 放△ | | | | | | |
| f | | | | | | | | | | | 方 | 凤 | 晃 | 放△ | | | | | | |
| t | | 调 | 调△ | | | | | | | | 断 | 堂 | | | | 丈△ | 长△ | | | |
| t' | 挑 | | | | | | | | | | 汤 | | | 叹 | | | | | | |
| n | | | | | | | | | | | 当 | 郎 | 短 | 栋 | | | | | | |
| l | 料 | | 镣 | | 着△ | | | | | | | | | | | 张△ | 良 | 两△ | 胀△ | |
| ts | | | | | | | | | | | 装 | 肠△ | 总 | 壮 | | | | | | |
| ts' | | | | | | | | | | | 仓 | | 闯 | 创 | | | | | | |
| s | | | | | | | | | | | 双 | | | 算 | | | | | | |
| tɕ | 交 | 樵△ | 绞 | 照 | 脚 | 遮 | 谢△ | | | 涩△ | | | | | | 章 | 强 | 长△ | 帐 | |
| tɕ' | 超 | | 巧 | 窍 | | 车 | | 扯 | | 尺 | | | | | | 枪 | | 厂 | 唱 | |
| ȵ | | 耳 | 尿 | 绕 | | | | | 惹 | | | | | | | | 娘 | | 酿 | |
| ɕ | 消 | 效 | 小 | 孝△ | | 赊 | 射 | 舍△ | | 赤 | | | | | | 湘 | 雄 | 想 | 向 | |
| k | | | | | | | | | | | 光 | 扛 | 敢 | 冠△ | | | | | | |
| k' | | | | | | | | | | | 空 | | 孔 | 空△ | | | | | | |
| ŋ | | | | | | | | | | | 庵 | 岩 | | 案 | | | | | | |
| x | | | | | | | | | | | 糠 | 黄 | | 汉 | | | | | | |
| ∅ | 腰 | 摇 | | | | | | 野 | 夜△ | | | | | | | 秧 | 萤 | 勇 | | |

调 tiəɯ²¹　～和

着 liəɯ⁵⁵　～衣裤：穿衣服

樵 tɕiəɯ²¹　又 tsei²¹，土话中往往以 "樵" 代 "柴"

孝 ɕiəɯ²⁴　～子。另见 xəɯ²⁴　守～

谢 tɕiu²¹　姓氏。另见 tɕiɛ²⁴　感～

涩 tɕiu⁵⁵　～嘴

舍 ɕiu³⁵　～得

夜 iu²¹　又 io²⁴

放 maŋ²⁴　～花炮。又 faŋ²⁴

放 faŋ²⁴　～心。又 maŋ²⁴

当 naŋ³³　～时；～作

肠 tsaŋ²¹　又 liaŋ²¹

冠 kaŋ²⁴　～军

空 k'aŋ³³　～气。又 xɯaŋ³³

空 k'aŋ²⁴　～缺

丈 tiaŋ³³　又 tɕiaŋ³³

长 tiaŋ²¹　～短

张 liaŋ³³　一～纸。姓氏读 tɕiaŋ³³

两 liaŋ³⁵　斤～。另见 liaŋ³³　～个

胀 liaŋ²⁴　又 tɕiaŋ³³

长 tɕiaŋ³⁵　生～

表 2-9　声韵调配合表之八

| | uaŋ | | | | | əŋ | | | | | iəŋ | | | | | uəŋ | | | | |
|---|---|---|---|---|---|---|---|---|---|---|---|---|---|---|---|---|---|---|---|---|
| | 阴平33 | 阳平21 | 上声35 | 去声24 | 入声55 | 阴平33 | 阳平21 | 上声35 | 去声24 | 入声55 | 阴平33 | 阳平21 | 上声35 | 去声24 | 入声55 | 阴平33 | 阳平21 | 上声35 | 去声24 | 入声55 |
| p | | | | | | 便△ | | | | | | | | | | | | | | |
| p' | | | | | | 篇 | | | 片 | | | | | | | | | | | |
| m | | | | | | 边 | 棉 | 勉 | 变 | | | | | | | | | | | |
| f | | | | | | | | | | | | | | | | | | | | |
| t | | | | | | | 田 | | 店△ | | | | | | | | | | | |
| t' | | | | | | 天 | | | | | | | | | | | | | | |
| n | | | | | | 拈 | 年 | 顶△ | 念 | | | | | | | | | | | |
| l | | | | | | | | | | | | | | | | | | | | |
| ts | | | | | | ○ | 前 | | | | | | | | | | | | | |
| ts' | | | | | | | | | | | | | | | | | | | | |
| s | | | | | | | | | 线△ | | | | | | | | | | | |
| tɕ | | | | | | | | | | | 正△ | 琴 | 枕 | 政△ | | | | | | |
| tɕ' | | | | | | | | | | | 千△ | | 浅△ | 浸△ | | | | | | |
| ȵ | | | | | | | | | | | | | | 验 | | | | | | |
| ɕ | | | | | | | | | | | 仙△ | 神△ | 显 | 现 | | | | | | |
| k | | 狂 | | | | 庚 | | | | | | | | | | | 拳△ | 滚 | | |
| k' | | | | 矿 | | | | | | | | | | | | 圈△ | | 捆 | 劝 | |
| ŋ | | | | | | | | | | | | | | | | | | | | |
| x | | | | | | | | 很△ | 恨 | | | | | | | | | | | |
| ø | 弯 | 王 | 往 | 旺 | | | | | | | 烟 | 盐 | 染 | 燕△ | | 冤 | 园 | | 院 | |

tsəŋ³³ 交合

便 pəŋ²¹ 方~

店 təŋ²⁴ 又 tiɛ²⁴

顶 nəŋ³⁵ 又 liɛ³⁵

线 səŋ²⁴ 又 çiɛ²⁴

很 xəŋ³⁵ 又 çiɛ³⁵

正 tɕiəŋ³³ ~月。又 tɕio³³

政 tɕiəŋ²⁴ 又 tɕiɛ²⁴

千 tɕ'iəŋ³³ 又 tɕ'iɛ³³

浅 tɕ'iəŋ³⁵ 又 tɕ'iɛ³⁵

浸 tɕ'iəŋ²⁴ 又 tɕ'iɛ²⁴

仙 çiəŋ³³ 又 çiɛ³³

神 çiəŋ²¹ 又 çiɛ²¹

燕 iəŋ²⁴ 又 iɛ²⁴

拳 kuəŋ²¹ 又 tɕya²¹、tɕyəŋ²¹

圈 k'uəŋ³³ 又 tɕ'yəŋ³³

表 2-10 声韵调配合表之九

| | yɐŋ | | | | | uŋ | | | | | ŋ | | | | | |
|---|---|---|---|---|---|---|---|---|---|---|---|---|---|---|---|---|
| | 阴平 33 | 阳平 21 | 上声 35 | 去声 24 | 入声 55 | 阴平 33 | 阳平 21 | 上声 35 | 去声 24 | 入声 55 | 阴平 33 | 阳平 21 | 上声 35 | 去声 24 | 入声 55 | |
| p | | | | | | | | | | ○ | | | | | | |
| p' | | | | | | | | | | | | | | | | |
| m | | | | | | 猛 | 孟 | 懵△ | | | | | | | | |
| f | | | | | | | | | | | | | | | | |
| t | | | | | | | | 董 | | | | | | | | |
| t' | | | | | | | | | | | | | | | | |
| n | | | | | | | | | | | | | | | | |
| l | | | | | | | 隆 | | | | | | | | | |
| ts | | | | | | | | | | | | | | | | |
| ts' | | | | | | | | | | | | | | | | |
| s | | | | | | | ○ | | | | | | | | | |
| tɕ | 砖 | 传△ | 转△ | 倦 | | | | | | | | | | | | |
| tɕ' | 川 | | | 串 | | | | | | | | | | | | |
| ɲ | | | | | | | | | | | | | | | | |
| ç | 鲜 | 船 | 选 | | | | | | | | | | | | | |
| k | | | | | | | | 巩 | | | | | | | | |
| k' | | | | | | | | 恐△ | | | | | | | | |
| ŋ | | | | | | | | | | | | | | | | |
| x | | | | | | | 冯 | | | | | | | | | |
| ø | | | | | | | | | | | 我 | | 碗 | 案△ | | |

puŋ⁵⁵ 凸  
suŋ²¹ 装~：装傻  
传 tɕyɐŋ²¹ ~达；~记  
转 tɕyɐŋ³⁵ ~送

懵 muŋ³⁵ ~懂：糊涂  
恐 k'uŋ³⁵ 又 çiɛ³⁵  
案 ŋ²⁴ 又 ŋɐŋ²⁴

# 三、音韵特点

## （一）声母方面

（1）古全浊声母今读塞音、塞擦音，无论平仄，一律读不送气清音。

①古全浊平声

蒲 p –　　徒 t –　　求 tɕ –　　曹 ts –　　厨 t –　　锄 ts –

②古全浊上声、去声

杜 t –　　舅 tɕ –　　柱 t –　　步 p –　　住 t –　　助 ts –

③古全浊入声

读 t –　　绝 tɕ –　　直 ts –　　碟 t –　　族 ts –　　截 ts –

以上各代表字后面标记的辅音是桃川土话读音的声母，全部是不送气清音。通过比较，可以看出，这种读音局面与西南官话、赣客方言以及保留浊音系统的湘语，其区别自不待言。唯与浊音已经清化的湘语（如长沙方言），其区别要略加说明。这当中，①和②双方都读不送气清音，是一致的。③则有所不同，桃川土话古全浊入声今读一律不送气，而长沙方言是部分不送气，部分送气。"读、绝、直"是不送气类型的代表字，"碟、族、截"是送气类型的代表字。

"特、突"二字桃川土话也都念不送气音。"特"是定母入声，许多方言念送气音，在湘语里更是普遍念送气音，《湘方言概要》中 16 个代表点有 15 个点是念送气音（一个点文读念不送气），而桃川土话念 $[\text{tɯə}^{21}]$。"突"有两个反切，一个据《集韵》"他骨切"，属透母，一个是据《广韵》"陀骨切"，属定母。《方言调查字表》按《广韵》排在定母位置上。多数方言的今读是读送气音，桃川土话却是不送气，读 $[\text{tau}^{21}]$。

（2）帮母有读 [m] 现象。

在已调查到的阳声韵中的帮母字，有 20 余字读 [m]：

班、斑、扳 ~手 $\text{miɛ}^{33}$　　板、版 $\text{miɛ}^{35}$（山开二）

变 $\text{məŋ}^{24}$（山开三）

边、蝙 $\text{məŋ}^{33}$（山开四）

般 $\text{maŋ}^{33}$　　搬 $\text{miɛ}^{33}$　　半 $\text{maŋ}^{24}$（山合一）

宾 $\text{miɛ}^{33}$（臻开三）

本 $\text{muo}^{35}$（臻合一）

帮 $\text{maŋ}^{33}$　　榜 $\text{miɛ}^{35}$（宕开一）

冰 $\text{miɛ}^{33}$（曾开三）

兵 $\text{miɛ}^{33}$　　丙 $\text{miɛ}^{35}$　　饼 $\text{miɛ}^{35}$（梗开三）

膀肩 ~ $\text{muo}^{35}$　　绑 ~柴 $\text{miɛ}^{35}$（据《古今字音对照手册》宕开一）

磅 $\text{miɛ}^{24}$

此外，并母"并、蚌"二字分别读 $\text{məŋ}^{24}$、$\text{maŋ}^{24}$。还有阴声韵中的

"摆、闭"的又音也读 [m] 声母：摆 mia$^{35}$，闭 mai$^{24}$。

总观全局，帮母读 [m] 是和古阳声韵的来源有关，并不与今韵母的读音有什么牵连。上面所举"摆、闭"二字的又音读 [m] 声母只能看作例外。当然，帮母由塞音变到鼻音，相同的发音部位自然也是一个相关的因素。

和桃川的这个现象相同而且更典型的是南部吴语区的金华、汤溪、义乌、武义等方言。曹志耘的《南部吴语语音研究》（2002）曾以汤溪方言为例，指出"只要是来自古阳声韵的字一律读成鼻音声母，只要是来自古阴声韵、入声韵的字一律读成塞音声母，规律非常严谨"。

（3）端母读 [l] 或 [n]

先看阴声韵。除"假、止"二摄无端母不在此列外，其余五摄均有明显反映，规律性较强。

果摄　多 ləɯ$^{33}$　朵 ləɯ$^{35}$（"躲、剁"二字均为训读，与此规律无关。）

遇摄　都 lau$^{33}$　赌 lau$^{35}$（"肚猪~"跟定母的"肚"趋同，"堵、妒"未能调查到，是否和土话运用有关？）

蟹摄　戴 lia$^{24}$　带 lia$^{24}$　低 lei$^{33}$　底 抵 lei$^{35}$　帝 lei$^{24}$　堆 lua$^{33}$
　　　　对 碓 lua$^{24}$（"呆"土话不说；"堤"受"题、提"影响，读 tei$^{21}$。）

效摄　刀 laɯ$^{33}$　倒打~laɯ$^{35}$　到　倒~水 laɯ$^{24}$　刁　雕 lei$^{33}$　鸟 lei$^{35}$
　　　　钓　吊 lei$^{24}$（"叼、祷、岛、貂"未读）

流摄　兜 ləu$^{33}$　斗量具 ləu$^{35}$　斗~争 ləu$^{24}$（"兜、抖、陡"未读）

再看阳声韵（含入声韵）。除无端母的"深、江"二摄外，其余各摄均有反映。

咸摄　耽 naŋ$^{33}$　担挑~nuo$^{24}$　胆 nuo$^{35}$　点 nəŋ$^{35}$（"掂"不说；"店"读 t 声母）

山摄　丹　单~独　nuo$^{33}$　旦 nuo$^{24}$　典 nəŋ$^{35}$　端 naŋ$^{33}$　短 naŋ$^{35}$
　　　　（"掸、颠"未读；"断、锻"受定母"断、段"影响，声母也读 t。）

臻摄　顿 nuo$^{24}$（"敦、墩、扽"未读。）

宕摄　当~时；~作 naŋ$^{33}$　党挡 naŋ$^{35}$

曾摄　灯 nɯə$^{33}$　等 nɯə$^{35}$　凳 nɯə$^{24}$　得　德 ləɯ$^{55}$（"登、镫"未读）

梗摄　打 liɛ$^{35}$　丁 钉 疔 liɛi$^{33}$　顶 liɛ$^{35}$　鼎 lio$^{35}$（"钉~住订"读 tiɛ$^{24}$）

通摄　东 nɯəɯ$^{33}$　冻 nɯəɯ$^{24}$　栋 naŋ$^{24}$　冬 nɯə$^{33}$

总观全貌，桃川土话端母字今读的特点是，逢古阴声韵端母变读 [l]，逢古阳声韵端母变读 [n]。梗摄的情况有些特别，"打"字在桃川土话中用

得很少，表示"打"词义的另有用字（详见词汇部分）。"顶"字的又音是
[nəŋ³⁵]。其他几个字待进一步考察。

还有 9 个定母字声母也由塞音变 [l]，估计和大批端母字变读有关联，也一并附记于此：

代　袋 lia²⁴　队　兑 lua²⁴　稻 lau²⁴　道 laɯ²⁴

掉　调 ～动 lei²⁴　夺 ləu⁵⁵

（4）非组字存留"重唇"音现象

遇摄合口三等　斧 pau³³　辅 p'əu³³

止摄合口三等　肥 pa²¹ 出 ～

流摄开口三等　浮 pau²¹　妇 pəu³³ 媳 ～　富 pu²⁴ ～隆：地名

咸摄合口三等　犯 maŋ²⁴ ～错误

山摄合口三等　袜 mia⁵⁵

臻摄合口三等　分 puo³³/muo³³　份 puo²¹　蚊 miɛ²¹　闻 muo²¹　问 muo²⁴

宕摄合口三等　房　防 paŋ²¹　纺 p'aŋ³⁵ ～木棉　放 maŋ²⁴ ～花炮

通摄合口三等　风 muo³³ 吹 ～　腹 pu⁵⁵ ～泻　蜂 p'əɯ³³ ～子

这种保留重唇的现象往往是和基本的常用词联系在一起的。例如"肥"是农村中使用频率很高的一个词，下列词语中都念 [pa²¹]：

淋肥（浇粪）　肥凼（粪坑）　拾肥（拾粪）　猪屎肥（猪粪）

牛屎肥　鸡屎肥　鸭屎肥　煨肥

但"化肥、追肥"等词中"肥"念 [fai²¹]。

地名沿来已久，往往能提供早期的读音，如"富隆"这是一例。

"风、放、分、犯"有读 [m] 的音，有些不同一般。推测最初也经历过读 [p] 的阶段，如"分"字就还有 [puo³³] 一读。由 [p] 而 [m]，和本方言中大量的帮母读 [m] 的现象有关。

（5）知组字存留"舌头"音现象

字数不是很多，但有其代表性。

除　厨 tia²¹　柱 tia³³　住 tia²⁴　迟 tai²¹　丑 t'iəu³⁵　沉 tiɛ²¹

长 ～短 tiaŋ²¹　着 睏～ təɯ²¹　重轻～ tiɛ³³　畜 ～牲 t'iəu⁵⁵

还有一些字在其他留存舌头音的方言里一般是念 [t/t']，而在桃川土话里是读边音 [l]，这些字是：

猪 liau³³　知 lai³³　朝 今～ lei³³　砧 ～板 liɛ³³　张 一～纸 liaŋ³³　肠 liaŋ²¹

胀 liaŋ²⁴　着 ～衣 liəɯ⁵⁵　中 ～间 liaŋ³³　虫 liɛ²¹　竹 liəu⁵⁵

这实际上是知组字发展演变中的一个侧面，也不妨看作知组字存留古音的一个变体。可以推测这些读 [l] 的知组字当初也曾经经历过读 [t] 的阶段。由 [t] 变 [l]，可能是受到端母字变读 [l] 的影响。

沅陵乡话知组字存留舌头音时主要是 [t、tʻ、d]，有的也出现读 [l]，如"肠"lioŋ¹³，或者 [l]、[d] 两读，如"虫"liaɔ¹³或 diaɔ¹³。

（6）泥母与来母洪音相混，细音有别

随着古今语音的变迁，桃川土话中泥母与来母的分混出现了一些复杂情况。这里的洪细是按照今读来定位的，如"泥、犁"本属细音，但桃川今读已都变成洪音，那就以洪音规则对待。洪音声母或用 [l]，或用 [n]，看韵母的条件，开尾或元音尾，声母用 [l]，鼻音尾声母用 [n]，或者虽非鼻尾而该韵来自古阳声韵，声母也用 [n]。细音前泥母用 [ɲ]，来母用 [l]。

洪音

①韵母是开尾或元音尾

雷 = 内 lua²¹　楼 = 奴 lɘu²¹　犁 = 泥 lei²¹

老 = 脑 laɯ（声调不同，"老"阴平，"脑"上声）

②韵母有鼻尾

年 = 怜 nɘŋ²¹　暖 = 卵 naŋ³³　鲇 = 鳞 nɘŋ²¹

③韵母来自古阳声韵

南 = 兰 nuo²¹　难 = 蓝 nuo²¹

细音

良 liaŋ²¹ ≠ 娘 ɲiaŋ²¹　柳 liɘu³⁵ ≠ 扭 ɲiɘu³⁵

量 liaŋ²⁴ ≠ 酿 ɲiaŋ²⁴　料 liɘɯ³³ ≠ 尿 ɲiɘɯ²¹

有些字文读音声母相混，如上述洪音②这一类型，用上白读，就可以区别开来，如"怜、鳞"白读音都是 [liɛ²¹]，就可以分别与"年、鲇"的鼻音声母区别开来了。

（7）溪母读擦音

桃川土话溪母读擦音有两个特点：一是使用频率很高，口语中极为常见，如"去、起、开、口、哭、客"等；二是涉及韵摄很广泛，目前根据调查所见，除"果假效深"四摄暂未发现外，其余各摄均列入其中。以下例字有关文读略去。

苦 xau³⁵　裤 xau²⁴　去 xau²⁴　　　　　　　　　　　（遇摄）

开 çia³³　　　　　　　　　　　　　　　　　　　　　（蟹摄）

起 ɕi³⁵　弃 ɕi²⁴　器 ɕi²⁴ 　　　　　　　　　　　　　　（止摄）

口 xəɯ³⁵ 　　　　　　　　　　　　　　　　　　　　　　（流摄）

掐 ɕia⁵⁵ 　　　　　　　　　　　　　　　　　　　　　　（咸摄）

渴 xəɯ⁵⁵　阔 xəɯ⁵⁵ 　　　　　　　　　　　　　　　　（山摄）

睏 xuo²⁴ ~不着：睡不着　窟 xuo⁵⁵ 井~：水井 　　　　　（臻摄）

糠 xaŋ³³　炕 xaŋ²⁴ 烤东西 　　　　　　　　　　　　　　（宕摄）

壳 xəɯ⁵⁵ 　　　　　　　　　　　　　　　　　　　　　　（江摄）

肯 xɯə⁵⁵ 　　　　　　　　　　　　　　　　　　　　　　（曾摄）

客 fu⁵⁵ 　　　　　　　　　　　　　　　　　　　　　　（梗摄）

空 xɯə³³　哭 xau⁵⁵　恐 ɕiɛ³⁵ 怕：~要落雨 　　　　　　（通摄）

（8）喻云母有字读〔x〕

桃川土话云母字一般读零声母，如：云 yɛ²¹、友 iəu³³、永 uəŋ³³、荣 iəŋ²¹ 等。但有两个常用字声母为〔x〕：一个是"雨"，读〔xau³³〕，一个是"有"，读〔xəu³³〕。在《汉语方音字汇》（2003 年语文出版社）排列的 20 个方言点中，只有闽语的四个点白读中"雨"字有此情况：厦门读〔hɔ²〕、潮州读〔ᶜhou〕、福州读〔xuɔ²〕、建瓯读〔xy²〕。"有"字这些方言也都是读零声母。

另据《现代汉语方言大词典》可作如下补充：同属闽语的海口、雷州两处"雨"的读音分别是〔hɔu³³〕和〔hɛu³³〕，与其他闽语大同小异。另外，从上海、崇明、苏州、宁波 4 地的吴方言中看到"雨、有"两字前面都带有一个浊喉擦音，如上海方言"雨"字读〔ɦiy¹³〕，"有"字读〔ɦix¹³〕。这与闽语中所带有的清喉擦音〔h〕或清舌根擦音〔x〕不同。

桃川话"雨"和"有"实际上都有一个自身演变的过程。桃川"雨"所在的遇摄有〔au〕的层次（同摄有"斧"〔pau〕、"数"〔sau〕等），"有"所在的流摄有〔əu〕的层次（同摄有"妇"〔pəu〕、"愁"〔tsəu〕等），"雨"、"有"曾经分别有一个〔ŋau〕、〔ŋəu〕的阶段，然后从舌根鼻音到舌根浊擦音〔ɣ〕，再到清擦音〔x〕。我们曾在东安花桥土话中见到"有"念〔ɣau²⁴〕，恐怕是同一个道理。

## （二）韵母方面

（1）果、假、蟹三摄包含一个变化的推链形式

果摄　　　　　假摄　　　　　蟹摄

| | | |
|---|---|---|
| 婆 əɯ | 耙 uo | 排 ia |
| 磨 əɯ | 马 uo | 买 ia |
| 左 əɯ | 茶 uo | 才 ia |
| 梭 əɯ | 沙 uo/u | 晒 ia |
| 过 əɯ | 嫁 uo | 盖 ia |
| 禾 əɯ | 牙 uo/ia | 爱 a |

蟹摄的主要元音是［a］，它对假摄有所排斥，使假摄做出了调整，这又影响到果摄。在有些方言里，果摄可以调整为［ʊ］或［u］，但桃川话假摄还有［u］的层次，"家 假 杈 岔 虾 下 哑 花"等一批字都是［u］韵，因此，果摄只得另觅蹊径，用复合元音形式解决了"争端"。某些方面类似这种处理方式的方言可以联想到湘语娄邵片中的双峰（荷叶）和吴语中的苏州。

（2）止摄读［ai］现象

桃川土话止摄开口字中有的读［ɿ］韵或［i］韵，这是一个层面。另一个层面的主要读音是［ai］，有的字这两个层面兼而有之。如"迟"tsɿ²¹/tai²¹，"宜"n̠i²¹/lai²¹。这里专门说一说［ai］的覆盖面之广的问题。下面举例：

帮系　碑 pai³³　彼 pai³⁵　避 pai²¹　比 pai³⁵　秕 pai²¹　秘 mai²¹　鼻 pai²¹
　　　披 p'ai³³丨飞 非 fai³³　肥 fai²¹（后三字为合口）

端组　地 tai²¹（该组本只一字）

泥组　离 篱 璃 梨 利 莉 lai²¹　李 里 理 鲤 狸 厘 lai³³　荔 lai²⁴

精组　姊 tsai³⁵　四 肆 sai²⁴　死 sai³⁵

庄组　使 史 sai³⁵

知章组　知 lai³³　迟 tai²¹　氏 sai²¹

日母　尔 lai³³　二 lai²¹

见系　宜 lai²¹

止摄读［ai］且覆盖面如此之广，一般方言实属少见。查阅《汉语拼音字汇》，看到闽语中厦门、潮州、福州等地有所反映（例字一般是白读，这里声调略去未记）：

| | 治 | 师 | 狮 | 使~用 | 使大~ | 驶 | 梨 | 里 | 利 |
|---|---|---|---|---|---|---|---|---|---|
| | t'ai | sai | sai | sai | sai | sai | lai | lai | lai |
| 厦门 | √ | √ | √ | √ | √ | √ | √ | √ | √ |
| 潮州 | √ | √ | √ | √ | √ | √ | | √ | √ |
| 福州 | √ | √ | √ | √ | √ | √ | | | |

这一特点在其他闽语著作，如《漳平方言研究》（张振兴 1992）、《澄海方言研究》（林伦伦 1996）中都有大致相同的反映。

（3）效摄部分混入流摄

桃川土话流摄读［əu］、［iəu］，除三等字知章组外，与官话相当一致，而效摄就要复杂一些。效摄有［au、aɯ、ei、əu、iau、iəu、iəɯ］等多种读音。

［au］与［aɯ］比较，前者是官话影响所致，后者是土话本体。如"高、篙"二字读音不同，"高"读［kaɯ³³］，"篙"读［kau³³］，在"竹篙"一词中"篙"的读音是随着官话的影响接受进来的。"薅草"的"薅"［xaɯ³³］不同于"蓬蒿"的"蒿"［xau³³］，也是同一个道理。

这里主要说［əu］韵的问题。

效摄一等帮组：袍 抱 暴 菢 保 宝 报

效摄二等帮、泥、庄、见组：包 胞 饱 豹 爆 炮 刨 茅 闹 抄 钞 炒 吵 潲 敲 咬 觉

以上这些字都读［əu］韵，并入了流摄。于是下列字同音：

抱＝妇媳～pəu³³　　　闹＝漏 ləu²¹

潲＝瘦 səu²⁴　　　敲＝抠 k'əu³³

咬＝藕 ŋəu³³

效摄三等帮组"膘 标 表 飘 漂～白 票 漂～亮 瓢 嫖 苗 描 秒 庙 妙"全部混入了流摄。

流摄也有几个字读［au］韵，进入了效摄：

浮 pau²¹　　　昼 tsau²⁴　　　漱 sau²⁴

（4）阳声韵白读变纯粹元音

汉语方言里文白异读的语音形式多种多样，有的阳声韵白读仍带鼻尾，如北京话"巷"，文读［ɕiaŋˀ］，白读［xaŋˀ］；武汉话"间"，文读［ˌtɕiɛn］，白读［ˌkan］；双峰话"醒"，文读［˚ɕiɛn］，白读［˚ɕioŋ］。有的阳声韵白读失去鼻尾，成为纯粹元音。桃川土话就是后面这种类型。双峰话的"醒"字，在桃川话里，文读为［˚ɕiəŋ］，白读为［˚ɕiɛ］。

桃川话把这个特点贯彻得很彻底，除了极少数字音，桃川话的阳声韵，配合的白读形式都为纯粹元音。

这些白读韵除 uo（io）、ɯə、əɯ 等之外，iɛ 的覆盖面最大，阳声韵各摄都涉及到了。

| 咸摄 | 闪 çiɛ³⁵ | 店 tiɛ²⁴ | 签 tçʻiɛ³³ |
|---|---|---|---|
| 深摄 | 侵 tçʻiɛ²⁴ | 品 pʻiɛ³⁵ | 阴 iɛ³³ |
| 山摄 | 千 tçʻiɛ³³ | 垫 tiɛ²¹ | 前 tçiɛ²¹ |
| 臻摄 | 信 çiɛ²⁴ | 勤 tçiɛ²¹ | 伸 çiɛ³³ |
| 宕摄 | 榜 miɛ³⁵ | 磅 miɛ²⁴ | |
| 江摄 | 绑 miɛ³⁵ | | |
| 曾摄 | 剩 çiɛ²¹ | 冰 miɛ³³ | 升 çiɛ³³ |
| 梗摄 | 顶 liɛ³⁵ | 静 tçiɛ²⁴ | 竞 tçiɛ²⁴ |
| 通摄 | 虫 liɛ²¹ | 恐 çiɛ³⁵ | 粽 tçiɛ²⁴ |

（5）［aŋ］韵构成的多面性

湘南一带流行西南官话，其中有一个现象比较突出，在北京话里读［an］韵的字（如"甘、干"之类），到这一带的官话里，常并入［aŋ］韵。曾献飞的《湘南官话语音研究》（2004）讨论的 11 个点中，就有 7 个（江永、新田、蓝山、郴州、桂阳、嘉禾、临武）属于这种情况，到了各地土话中，吸收时又发生变化。

通过比较可以发现不同方言的特点，下面的比较设置北京话、江永官话，桃川土话三种话。

第一组字　甘 纲 官 光

| | 甘 | 纲 | 官 | 光 |
|---|---|---|---|---|
| 北 京 话 | kan | kaŋ | kuan | kuaŋ |
| 江永官话 | → | kaŋ | → | kuaŋ |
| 桃川土话 | → | kaŋ | ← | ← |

第二组字　餐 仓 窗 聪

| | 餐 | 仓 | 窗 | 聪 |
|---|---|---|---|---|
| 北 京 话 | tsʻan | tsʻaŋ | tʂʻuaŋ | tsʻuŋ |
| 江永官话 | → | tsʻaŋ | tsʻuaŋ | tsʻoŋ |
| 桃川土话 | → | tsʻaŋ | ← | ← |

桃川话的［aŋ］韵以宕摄为基础，不但从咸山两摄中吸取相关部分，也把江通二摄的相关部分纳入其中，因而增大了［aŋ］字的容量（可参看土话音系和北京音比较的韵母部分）。土话声韵调配合表中的［uaŋ］韵实际上是受官话影响新出现的单位，目前只有个别的直接从官话中接受过来的字音。

这种音韵的简单划一之所以不一定影响交际的正常进行，是因为土话中有大量的白读穿梭其中（如咸山摄中的 iɛ、yɛ、uo 等白读韵随处可见），有效地避开了许多麻烦。

# 四、文白异读

湘南一些土话都有着悠久的历史。随着社会的发展，各种方言的接触、碰撞，每一种土话里不知要留下多少变化的痕迹，但某些古老的语言矿藏不是那么容易时时发生改变的。语言有它的传承性。一个方言内在的体系经过长期的冲刷、打磨，有的可能会消磨掉一些成分，但有的会越来越稳定。

文白异读是了解一个方言的历史面貌和构造特点的重要窗口。

分析文白异读可以观察一种方言在发展过程中的历史层次，哪些语言单位是早期的，哪些语言单位是后来兴起的，还可以探视此方言和彼方言之间是否存在关系，本方言未来发展的趋势和道路。

桃川土话里文白异读现象比较丰富，口语中存在大量的白读音，例如有关自然现象的词语：吹风 [ts'uai$^{33}$ muo$^{33}$]、落雨 [ləɯ$^{21}$ xau$^{33}$]、响雷 [ɕiaŋ$^{35}$ lua$^{21}$]、彩云 [tɕ'ia$^{35}$ yɛ$^{21}$]、乌云 [ŋau$^{33}$ yɛ$^{21}$]，这其中就一个"响"字是文读音，其余皆为白读。又如一个极普通的词"开除"，说成 [ɕia$^{33}$ suai$^{21}$]，外地人听起来，叫人摸不着头脑。

分析桃川土话的文白现状，从属于调查记录的实际情况。

发音人的读音有时只出现白读，甚至大面积地都在白读线上（如某一摄的某一面几乎全是一种白读音），有时一个字读出两种不同的念法（实际是文白差异），或者连在一起的两个字，读出两个不同的音（正好反映文白的区别）。因此，有的文白异读规律可以从发音人的读音实例中直接引出结论，而有的规律要注意找线索去寻求文白对应关系。词汇调查的材料有时可以提供线索，如"铁锅鼎" [t'ei$^{55}$ uo$^{33}$ lio$^{35}$]、莴笋 [uo$^{33}$ ɕyɛ$^{35}$] 这些词为了解果摄的文白对应起了作用。

分析文白异读的状况，我们主要着眼于文读层与白读层的划分，而不拘泥于一个字的文白读音排比。

## （一）韵母的文白异读

（1）果摄

白读字十分活跃，形成了一个丰富的白读层。开合口一等主要读 [əɯ]，如"多拖罗左搓歌可饿"和"波婆朵螺坐科火过货"等，文读层读[uo]，发现语料不多，如"蓑衣"的"蓑"suo³³、"铁锅鼎"的"锅"uo³³、"莴笋"的"莴"uo³³，说明文读音来自官话影响。三等字的"茄"tɕiəɯ²¹、"瘸"kuei²¹均为白读，"靴"ɕyɛ³³是文读。另有一些训读音夹杂其中，如"个"lai⁵⁵、"刹"tɕiəɯ⁵⁵、"锅"的另一个音tɕʻiɛ³³，这些字音集中在训读字部分解释，以下各摄的训读字音也不再一一指出。

（2）假摄

开口二等白读为[u]，如"家假巴渣沙岔虾下哑"等，或者为[uo]，如"麻马粑霸茶架嫁"等。文读为[a]，如"妈芭厦"，[ia]如"牙芽丫差"。"叉"字白读[tsʻu³³]，文读[tsʻa³³]，"牙芽"白读[uo²¹]，文读[ia²¹]。

开口三等白读为[iu]，如"遮车扯舍社射蔗惹野"等，文读为[iɛ]，如"写且泻"等。

合口二等白读[u]，如"瓜花寡化"等，"花化"白读还有[uo]，文读[ua]，如"夸垮"。

（3）遇摄

一等白读[əu]，如"铺蒲部步"，或者读[au]，如"都赌土兔肚祖苏姑苦故裤"；文读[u]，如"布~匹布散~篦虎补胡"等。"湖壶狐"等字白读[xau²¹]，文读[u²¹]，"乌"白读[ŋau³³]，文读[u³³]。

三等鱼韵白读[ia]，如"女徐居许锯"，或者读[uai]，如"吕虑滤除又音"，或者读[au]，如"初锄助疏鱼去"，读[iau]如"猪"，读[əɯ]如"楚所"；文读[y]，如"举余处誉"等。

三等虞韵白读[ia]，如"须厨柱朱珠"，或者读[au]，如"斧数雨"；文读[y]，如"主区"，读[u]，如"舞雾务"。"主"字白读[tɕia³⁵]，文读[tɕy³⁵]，"区"白读[tɕʻia³³]，文读[tɕʻy³³]。

（4）蟹摄

开口一、二等白读[ia]，如"台来猜彩才开海""带泰赖奈蔡害""排拜斋豺阶挨""牌摆派买鞋""败寨"等。如"海"读[ɕia³⁵]，若问"海军""上海"等词的读法，回答是[ɕia³⁵ tɕyɛ³³]、[ɕiaŋ³³ ɕia³⁵]，[ɕia³⁵]在其中照念不变。

开口三等白读[ai]，如"例厉艺""迷闭莽"，或者读[ei]，如"米批低底梯泥西洗细"等；文读[i]，如"世势""鸡计契系"。"艺"

字白读［lai²¹］，文读［ȵi²⁴］

合口一、二等白读［ua］，如"堆推雷腿队回兑外""乖怪拐快"，另有［u］（画话）、［yɛ］（怀）；文读一等为［ei］，如"杯背梅妹"，或者［ai］，如"每背又音"，另有［uai］，如"最催罪灰会恢"等。"灰"字白读［xua³³］，文读［fuai³³］。文读二等为［uai］，如"坏槐"，但"槐"在地名"槐木"中含［ua²¹］，为白读。

合口三、四等［ei］（肺）、［uei］（桂）均为文读，读［uai］的"岁税鳜卫"也宜看作文读系统。

（5）止摄

开口三等支脂之韵白读均为［ai］，如"碑彼披离知尔""枇秕秘鼻地姊利二""李里理鲤厘使史"等；文读为［ʅ］和［i］，如"紫此刺池纸""资私迟师自""司丝字芝志"和"奇技寄移椅""弃器饥尼姨""棋欺起喜矣"等，如"迟"字白读［tai²¹］，文读［tsʅ²¹］。开口三等微韵只有见系字，读［i］韵，"机依气几～个"属文读。

合口三等支脂微韵一般读［uai］韵，从官话引入［uei］韵后，形成差异，"跪追"等字均有［uai］、［uei］两读，若分文白，前者宜看作白读，后者可看成文读。目前还是［uai］占优势，如"累随吹为规亏危""虽锤捶槌锥龟位柜""归鬼贵威围违胃"等，读［uei］的除已提及的"跪追"外，只有"委翠汇"几个字。脂韵的"帅"读［suai］有所不同，应看作文读。合口三等还有帮系的［ai］（非飞肥）、［ei］（费）两韵，前者为白读，后者为文读。"肥"字除读［fai］外，还有一个读音［pa］（用在"肥凼"、"拾肥"、"猪屎肥"等词中），不但声母［f］与［p］有文白之分，而且韵母［ai］与［a］也是文白区别。可以说，其中的［ai］也曾是文读，但随着方言的演变，遇上官话［ei］的强力渗透后，其原来文读的地位开始动摇，会逐渐退居到白读的位置上。而"肥"的早期白读［pa］，随着时间的推移，会最终消失。

（6）效摄

开口一二等有［əu］、［əɯ］、［au］等读音，［əu］是白读，如"保宝袍抱菢报""包饱豹炮茅闹炒吵敲咬"等；［au］是文读，如"桃稻糟篙熬蒿"等，［əɯ］可看作是由［əu］向［au］发展的过渡阶段，例字有"毛刀劳到套早草扫高薅靠"等，由［əu］到［au］，元音的开口度改大了，可整个音节的收尾部分还未完全到位。具有［əɯ］发音特点的字音在土话里还会存留一段时间。在效开一等字里，［aɯ］与［au］相比，仍可作白读看待。但在效开二等字里，［aɯ］是与［əu］相比，在走向效摄文读［au］的读音上是向前走了一步，［əu］还处在保守旧读的位置上，自当作白读看待，而［aɯ］则可处理为文读，例字有"貌罩爪"等。另外，［iəɯ］（文 郊 绞 教 巧 孝）相对于［əu］，也属文读系统。

开口三四等有［iəu］、［ei］、［iəɯ］等读音。［iəu］是帮组"膘 飘 表庙"等字的读音，这跟一二等效摄混于流摄是同一个时期的音读特点，应属于白读层次。［ei］韵有"樵 朝令~笑""鸟 钓 跳 刁"等例字，这更是早期的读音，当属白读。唯［iəɯ］有些不同，从"小 赵 消 照""桃 料 箫 叫"等例字分析，这个读音出现的时期应该稍后，是在土话向官话靠拢的过程中发生的，应属文读层。

（7）流摄

流摄是桃川土话中与官话走得最近的一个韵摄。

开口一等读音［əu］，如"头 走 口 兜 后 欧"等，这自是文读层。

开口三等分别有［u］、［əu］、［iəu］几个读音。［u］有例字"富 副 负复~~兴"等，这是帮组的文读，"浮"［pau］、"谋"［mei］、"妇"［pəu］几个字不同，属于白读。［əu］的例字有"愁 皱 搜 瘦"等，应是庄组的文读。［iəu］是泥组、精组、知章组和见系的读音，如"流 柳 秋 收 休 油"等，这也是文读层，只有"昼"［tsau］、"牛"［ŋəu］、"有"［xəu］等几个字要看作白读。

（8）咸摄

开口一等白读［uo］，如"贪 南 男 参""担 胆 淡 三 暂"等；文读［aŋ］，如"耽 探 蚕 含 感""痰 甘 柑 敢"等。

开口二等白读［iɛ］，如"斩 减"，或者读［ɛ］，如"监"；文读［aŋ］，如"斩 搀 岩"。

开口三等白读［iɛ］，如"签 潜 占~有 沾 闪 厌"、"剑 酽"等；文读［iəŋ］，如"签 占~有 钳 闪 盐 焰 验"、"欠 严"等。其中"签 占~有 闪"三字直接提供了文白两种读法。

开口四等白读也是［iɛ］，如"店 歉 点"；文读［əŋ］，如"点 店 添 鲇念"，或者读［iəŋ］，如"歉 嫌"。其中"店 点 歉"三字分别提供了文白两种读法。

合口三等文读［aŋ］，如"凡 范"。

（9）深摄

白读 [iɛ]，如"品 林 心 沉 深 参人~ 针 今 金"等；文读 [iəŋ]，如"侵 浸 枕 琴 锦 饮"等，另有"临"读 [əŋ]。"侵浸阴"三字都直接提供了文白两种读法。

（10）山摄

开口一等白读 [uo]，端系中的常用字读法一致，如"丹 单~独 滩 摊 难 兰 懒 散 炭"等；文读 [aŋ]，如"餐 残 叹 肝 寒 韩 旱"等。另有"安案"白读为 [ŋ]。

开口二等白读 [iɛ]，如"办 山 眼 间 闲""班 斑 扳 板 版"等；文读 [aŋ]，如"蛮 攀 奸"。"颜"的文读为 [iəŋ]。

开口三等白读 [iɛ]，如"鞭 连 仙"等；文读 [əŋ/iəŋ]，前者如"碾 联 钱 贱 变 面"，后者如"剪 善 件 箭 扇 演"等。其中"钱 剪 连 箭 扇 建"等都直接提供了文白两种读法。

开口四等白读也是 [iɛ]，如"辫 佃 殿 垫 先 前 肩 坚"等；文读 [əŋ]，如"边 天 田 年 电"等，或者读 [iəŋ]，如"烟 燕 见 牵"等。其中"前 千 见 燕"等都直接提供了文白两种读法。

合口一等提供的几乎都是文读 [aŋ]，如"般 伴 半 端 短 断 暖 乱 酸 算 官 管 贯 欢 换"等，"款 唤"二字读 [uo]，当是白读。

合口二等白读 [yɛ]，如"关 惯 患 还 栓 弯"等；文读有 [aŋ]，如"栓 还"，有 [uaŋ]，如"弯"。"还 栓 弯"都提供了文白两读。

合口三等白读也是 [yɛ]，如"专 穿 捐""翻 反 烦 万 楦"等；文读 [yəŋ]，如"全 选 传 川 权 卷"等，或者读 [uəŋ]，如"圆 员 缘 沿 铅 院""元 原 园 远 劝 愿"等。另外，个别字情况不一样，如"圈"有两读；[kʻuəŋ] [tɕʻyəŋ]，前白后文。"拳"有三读：[tɕya] [kuəŋ] [tɕyəŋ]，前两个是白读，后一个是文读。

合口四等白读 [iɛ]，文读 [iəŋ]，如"县" [ɕiɛ] [ɕiəŋ]。

（11）臻摄

开口一等字很少，白读 [ɯə]，如"跟 根 恩"；文读 [əŋ]，如"很恨"。

开口三等字多，文白清晰。白读 [iɛ]，如"宾 贫 民 邻 亲 珍 真 人 巾 印"等；文读 [iəŋ]，如"伸 肾 认 忍 银 因"等。"信 神 勤 伸"等字都提供了文白两种读音。"衬"读 [tɕʻio] 是因为简体"衬"的字形有"寸"所致。

合口一等白读有两个系列：一是［io］［uo］，一是［iɛ］［yɛ］。读［io］的有"村寸孙损"，读［uo］的有"本门盆闷嫩婚"等，读［iɛ］的有"奔尊存盾"，读［yɛ］的有"喷混棍昏"等；文读［ən］，如"论"，或［uən］，如"滚"。"顿"有［tiɛ］［nuo］两读。

合口三等谆韵白读［yɛ］，如"春准纯均匀顺"等，"笋"读［io］［yɛ］，"俊"读［io］［iɛ］；文读［ən］，如"轮"。

合口三等文韵白读［uo］，如"分粉坟文闻问份"等，或者读［yɛ］，如"愤粪奋君军裙云"等；文读［yən］，如"勋薰"，或［uən］，如"云闻"。"云薰闻"都提供了文白两种读法。

（12）宕摄

开口一等白读［uo］，如"躺烫廊藏"等；文读［aŋ］，如"帮旁当堂党仓刚纲"等。

开口三等，合口一、三等文读占绝对优势。开口三等文读［iaŋ］或［aŋ］，除庄组读［aŋ］外，其余各组全部读［iaŋ］。唯一个"爽"字读［uo］。合口一、三等文读［aŋ］，如"光广旷黄方房网"等，或者读［uaŋ］，如"汪王往望狂"等。

（13）江摄

文读为［aŋ］［iaŋ］，读［aŋ］的如"绑蚌胖桩窗双撞扛港"，读［iaŋ］的如"江讲降"。"虹"读［kɛ］属白读。

（14）曾摄

开口一等白读［ɯə］，如"登灯等凳藤肯"等，或者读［iɛ］，如"邓增层"。文读［əŋ］，如"腾能"。

开口三等白读［iɛ］，如"冰凭陵菱征蒸升"等，"孕"白读［yɛ］；文读［iəŋ］，如"剩胜"。

（15）梗摄

开口二等白读［iɛ］，如"冷撑铛生杏硬争幸"等，或者读［ɛ］，如"更羹哽耕"等，或者读［mɯ］，如"彭棚"；文读［iəŋ］，如"行～为"白读［çiɛ］，文读［çiəŋ］。另有文读［uŋ］，如"猛孟"。开口三等白读［iɛ］，如"兵命京境敬庆""名饼领井姓"等，或者读［io］，如"镜省声整颈轻赢"等；文读［iəŋ］，如"警迎英"。一系列字如"静竞政整正"等都提供了文白两读。有的字兼两种白读，如"成城"。

开口四等白读以［iɛ］为主，如"拼瓶丁听亭灵顶定"等，读［io］的也有几个："鼎 星"。文读 [əŋ]，如"并 顶 另 庭 宁"等，或者 [iəŋ]，如"醒"。

合口二等白读 [yɛ]，只一个"横"字；文读 [aŋ]，或 [uaŋ]，只一个"矿"字。

合口三、四等白读 [io]，如"兄"；文读 [iəŋ]，有"荣 营"，或 [uəŋ]，有"永"。还有一个"萤"[iaŋ]，恐怕要看作白读。

（16）通摄

合口一等白读 [ɯə]，如"东 铜 桶 聋 葱 洞 送 公 工 功 红"等，少数字白读 [uo]："篷 笼 农 脓"；文读 [aŋ]，如"通 聪 总 空 孔 控 统"，或者读 [uŋ]，如"蒙 懵"。

合口三等白读有多个音：[uo] 限于东韵非组字，如"风 疯"。[ɯə] 东冬两韵均有"弓 躬 宫 捧 逢 缝 冲"。[iɛ] 两韵也都有："虫 穷 重 种 恐"。[mɯ] 有"蜂"一字，[ɛ] 有"共"一字。

合口三等文读也有多个音：[aŋ] 如"风 枫 丰 讽 凤 封 奉"，[əŋ] 如"浓 从"，[uŋ] 如"巩 恐"。至于 [iaŋ] 宜看作白读为妥，这些字有："中 终 众 铳 熊 雄 融 钟 胸 容 镕 用 恭"，其中"恭"读 [tɕiaŋ] 是用于地名"恭城"，这正好是白读的例证。

## （二）声母的文白异读

声母的文白异读不及韵母那样纷繁，主要集中在非组、知组与见晓组上面。下面举例说明：

（1）非组

| 例字 | 文读 | 白读 |
| --- | --- | --- |
| 风 | faŋ³³（～俗） | muo³³（大～、吹～、顺～） |
| 放 | faŋ²⁴（～心） | maŋ²⁴（～假、～花炮） |
| 纺 | faŋ³⁵（～织） | p'aŋ³⁵（～木棉） |
| 分 | xuo³³（～数） | muo³³（～开）　　puo³³（～数） |
| 富 | fu²⁴（贫～） | pu²⁴（～隆：地名） |
| 妇 | fu²⁴（～女） | pəu³³（媳～） |
| 肥 | fai²¹（化～） | pa²¹（～凼、拾～、牛屎～） |
| 闻 | uəŋ²¹（新～） | muo²¹（用鼻子～） |

（2）知组

| 例字 | 文读 | 白读 |
|------|------|------|
| 张 | tɕiaŋ³³（~先生） | liaŋ³³（一~纸） |
| 迟 | tsʅ²¹（~到） | tai²¹（~禾、~禾米） |
| 肠 | tasŋ²¹（~子） | liaŋ²¹（~气□：疝气） |
| 胀 | tɕiaŋ³³（~肚） | liaŋ²⁴（~倒矣：撑着了） |
| 中 | tɕiaŋ³³（~秋） | liaŋ³³（~间、~旬） |
| 丈 | tɕiaŋ³³（光芒万~） | tiaŋ³³（姨~、姑~公） |
| 柱 | tɕia³³（~木） | tia³³（~子） |

（3）见晓组

| 例字 | 文读 | 白读 |
|------|------|------|
| 拳 | tɕyəŋ²¹（太极~） | kuəŋ²¹（~古：拳头） |
| 圈 | tɕʻyəŋ³³（转~~） | kʻuəŋ³³（颈~、手~、耳~） |
| 苦 | kʻau³⁵（~头） | xau³⁵（药好~） |
| 口 | kʻəu³⁵（食一~） | xəu³⁵（~水、~舌） |
| 恐 | kʻuŋ³⁵（~吓） | ɕiɛ³⁵（~要落雨） |
| 空 | kʻaŋ³³（~气） | xɯə³³（~心） |
| 学 | ɕiəu⁵⁵（~堂） | xəu²¹（私~、~习） |
| 孝 | ɕiɯ²⁴（~子） | xəu²⁴（守~、带~） |

# 五、训读字

方言里由于同义的关系用甲字的音去读乙字，如用"夜"字的音［iu²¹］去读"晚"字，这"晚"字就是训读字，借用的"夜"字的音就是训读音。训读音有的有明确的本字，如上述［iu²¹］这个训读音的本字就是"夜"。有的本字不甚明确，但可以提出某些线索，有的本字暂不明白，在待考之列。

分析文白异读现象有时可能与训读现象发生纠葛。桃川土话既有比较丰富的文白异读，又有相当数量的训读现象。为了便于研究土话的内部规律，现把已经初步搜集到的训读字列举如下，并从中选出一部分（字前加"＊"者）简略说明。

| | | | |
|------|------|------|------|
| 我 ŋ³³ | 他 ləu³⁵ | ＊剁 tɕiɯ⁵⁵ | ＊个 n̠iɛ²¹/lai⁵⁵ |
| ＊锅 tɕʻiɛ³³ | ＊怕 ɕiɛ³³ | ＊拿 tsa³³ | 骂 ŋau²⁴/sau³⁵ |
| 洒 mia²⁴ | 姐 tsai³⁵ | 斜 tɕʻya²⁴ | 蛙 kua³⁵ |

| | | | |
|---|---|---|---|
| 墓 tsau³⁵ | 戽 sau²⁴ | *树 mau²¹ | 瓦 lei²¹ tɕiəŋ³⁵ |
| *芋 çia²¹ | *柴 tsei²¹ | 你 lai³³ | 稀 sau³³ |
| *睡 xuo²⁴ | *尾 muo³³ | *跑 pai²⁴ | 要想 ~ȵiɛ²⁴ |
| 丢 fyɛ²⁴ | *炸油 ~paɯ²⁴ | 站立 tɕi³³ | 脸 məŋ²¹ |
| 舔 t'ei⁵⁵ | *跌 ta⁵⁵ | *叠 təɯ⁵⁵ | 法 çiəɯ⁵⁵ |
| 寻 tei²¹ | 干~湿 çiɛ³⁵ | *蛋 uəŋ²¹ | *看 tɕ'ia²⁴ |
| *晏 tai²¹ | 攒 tsəɯ³³ | *宽 xəɯ⁵⁵ | 唤 uo³³ |
| *环 k'uəŋ³³ | 软 çia³³ | 说 çi⁵⁵ | *晚 iu²¹/io²⁴ |
| *饭 ma²¹ | 蹲 pəu²¹/tsəu³³ | 捆 lai³⁵ | 床 tau²¹ |
| *桌 tia²¹ | 层 tiɛ²¹ | *打 pəu³⁵/k'əu³³ | *窄 a²⁴ |
| 踢 lau³³ | *吃 iəu²¹ | 烘 xaŋ²⁴ | 哄 suɯ³³ |
| 松~紧 xaŋ³³ | 舀 yɛ³⁵ | 弦 səŋ²⁴ | 忘 məu²¹ xəɯ⁵⁵ |
| 河 kuo³³ | | | |

## 训读字举列

（1）个

"个"字有本音［kəɯ²⁴］，用于助词。

作量词用时有两个训读音，称人的读［ȵiɛ²¹］，如"一个人"，此中的"个"应该读［ȵiɛ²¹］。称物的读［lai⁵⁵］，如"一个奖章"，此中的"个"应该读［lai⁵⁵］。

第一个训读，和"人"同音，不用另作解释。

第二个训读［lai⁵⁵］，本字是"粒"，是深摄开口三等入声缉韵来母字。"粒"作量词，使用范围较广，如"米、砖、蜂、帽子"等都可搭配。

（2）剁

"剁"都唾切，果摄合口一等去声过韵端母字。土话读为［tɕiəɯ⁵⁵］，与该音韵地位不合，实为训读，本字当是"斫"，广韵药韵之若切，刀斫。应在宕开三入药章的位置上。例词：斫木［tɕiəɯ⁵⁵ mau²¹］

（3）锅

"锅"古禾切，果摄合口一等平声戈韵见母。土话读为［tɕ'iɛ³³］，实为训读，本字当是"鿶"，集韵庚韵楚耕切，釜属。书写一般用本字，如：大鿶、细鿶、鿶盖等。

（4）怕

"怕"普驾切，假摄开口二等去声祃韵滂母。土话读为 $[\varsigma i\varepsilon^{35}]$，实为训读，本字当是"恐"，广韵肿韵丘陇切，惧也。$[\varsigma i\varepsilon^{35}]$ 是"恐"的白读，文读为 $[k'u\eta^{35}]$。通摄合口三等钟韵的白读 $[i\varepsilon]$ 还有"重、种"等常用字。"恐"是溪母读擦音，符合规律。

（5）拿

拿，女加切，假摄开口二等平声麻韵泥母。土话读为 $[tsa^{33}]$，实为训读，本字是"挏"或"攎"，集韵麻韵庄加切，说文挹也，一曰取物泥中。《方言》卷十"挏、攎，仄 加 反，取也，南楚之间凡取物沟泥中谓之挏，或谓之攎。"

（6）树

树，常句切，遇摄合口三等去声遇韵禅母。土话"树"字本音读 $[\varsigma i a^{21}]$ 但少用，而常训读为 $[mau^{21}]$，本字是通摄合口一等入声屋韵明母的"木"字。如"树林"说"木园"，"树苗"说"木秧"，"种树（动宾）"说"种木"，"一棵树"说"一蔸木"，各种树的名称也多以木称说。这种称"树"为"木"的说法历史悠久，至少是保留了两汉以前的用法。（汪维辉《东汉—隋常用词演变研究》，南京大学出版社，2000 年 5 月）

（7）芋

芋，王遇切，遇摄合口三等去声遇韵云母。土话读为 $[\varsigma i a^{21}]$，实为训读，本字是"薯"，遇摄合口三等去声御韵禅母。如"马铃薯"说"洋薯"$[ia\eta^{21} \varsigma i a^{21}]$，"芋头"说成"灰薯脑"$[xau^{33} \varsigma i a^{21} lau\mathrm{u}^{35}]$。

（8）柴

柴，士佳切，蟹摄开口二等平声佳韵崇母。土话读为 $[tsei^{21}]$，实为训读，本字是"樵"，效摄开口三等字，该摄的白读音之一是 $[ei]$，有"今朝"的"朝"$[lei^{33}]$、"笑"$[sei^{24}]$。

（9）睡

睡，是伪切，止摄合口三等去声寘韵禅母。土话读为 $[xuo^{24}]$，实为训读，本字是"睏"，臻摄合口一等魂韵溪母。该位置还有"困"字，读 $[k'uo^{24}]$，而"睏"读擦音声母，因为它更为常用。常用词语有"～不着"、"～着□了"、"～晡觉（睡午觉）"等。

（10）尾

尾，无匪切，止摄合口三等上声尾韵微母。土话读为 $[muo^{33}]$，实为训读，本字是"末"，山摄合口一等入声末韵明母。

（11）跑

跑，薄交切，效摄开口二等平声肴韵并母。土话读为［pai²⁴］，实为训读，本字当是"胏"，广韵未韵方味切，行疾。同属止摄合口三等微韵的"飞 非 肥"等字都念［ai］韵，"胏"与"痱"的音韵地位相同。

（12）炸油~

炸，士洽切，咸摄开口二等入声洽韵崇母。土话读为［paɯ²⁴］，实为训读，本字当是"爆"。"爆"字有两音：一读［pəu²⁴］，是炸裂、爆炸的意思；一读［paɯ²⁴］，即油炸的"炸"，是一种烹调方法，把鱼肉等放在滚油里炸。

（13）跌

跌，徒结切，山摄开口四等入声屑韵定母。土话读为［ta⁵⁵］，实为训读，本字当是"趒"，广韵曷韵他达切，足跌。桃川土话读为不送气音。长沙方言、武汉方言都有此说法，参见《长沙方言词典》和《武汉方言词典》。

（14）叠

叠，徒协切，咸摄开口四等入声帖韵定母。土话读为［təɯ⁵⁵］，实为训读，本字疑是"挜"，集韵哿韵待可切，加也。长沙方言中把一物压放在另一物上，或是用于量词，用了"挜"这个字，音义吻合。在桃川土话里声韵符合，但声调读入声，有改变。

（15）蛋

蛋，徒案切，山摄开口一等去声翰韵定母。土话读为［uəŋ²¹］，实为训读，本字当是"丸"。"丸"字为古"卵"字，《吕氏春秋·本味》："流沙之西，丹山之南，有凤之丸"。（参见《中华大字典》）土话常用词有"鸡丸、鸭丸、生丸"等。

（16）看

看，苦旰切，山摄开口一等去声翰韵溪母。土话读为［tɕ'ia²⁴］，实为训读，本字当是"觑"。广韵御韵七虑切，伺视也。应在遇摄合口三等去声御韵清母的位置。常用词语有"觑亲（相亲）、觑病、觑风水、觑人"等。湘南土话不少地点都有"觑"的用法。

（17）晏

晏，乌涧切，山摄开口二等去声谏韵影母。土话读为［tai²¹］，实为训读，本字当是"迟"。"迟"字还有文读［tsʅ²¹］，但白读仍很活跃，不但成为"晏"字的训读，还在"晚点""晚婚"这些词语中出现：迟点［tai²¹ nəŋ³⁵]、迟婚 [tai²¹ xuo³³]。

（18）宽

宽，苦官切，山摄合口一等平声桓韵溪母。土话读为 [xəɯ⁵⁵]，实为训读，本字当是"阔"。山摄合口一等入声末韵溪母。土话不用平声的"宽"，而用入声的"阔"。

（19）窄

窄，侧伯切，梗摄开口二等入声陌韵庄母。土话读为 [a²⁴]，实为训读，本字当是"隘"。蟹摄开口二等去声卦韵影母。合上上一条，土话不用"宽窄"，而用"阔隘"，对应整齐。

（20）环

环，户关切，山摄开口二等平声删韵匣母。土话读为 [kʻuəŋ³³]，如"耳环"说 [ɲiəɯ³³ kʻuəŋ³³]。与"环"音韵地位相同的"还"，在"还原"中读 [xaŋ²¹]，在"还愿"中读 [fyɛ²¹]，一文一白。唯"环"字不同，用了训读，本字应是"圈"，"圈"字有文白两读：[tɕʻyəŋ³³]、[kʻuəŋ³³]。

（21）晚

晚，无远切，山摄合口三等上声阮韵微母。土话读为 [iu²¹/io²⁴]，实为训读，本字是"夜"。土话里一般不用"晚"字，如"晚饭"说"夜糜"，"晚婚"说"迟婚"。但"春晚"这样的词不能不接受官话了。

（22）饭

饭，符万切，山摄合口三等去声愿韵奉母。土话读为 [ma²¹]，实为训读，本字是"糜"，广韵支韵靡为切，糜粥。如同饭有干饭稀饭之分，糜在长期沿用后，也由粥泛指所有的饭食了。土话中"糜"已成为饭的代名词。桃川土话常说的有"朝糜、晡糜（午饭）、夜糜、剩糜"等词语。

（23）吃

吃，苦击切，梗摄开口四等入声锡韵溪母。土话读为 [iəu²¹]，实为训读，本字是"食"，广韵职韵乘力切，是曾摄开口三等职韵船母字。同地位的"蚀"字未能调查到，但地位相近的"识"字读 [çiəu⁵⁵]。民以食为天，土话中"食"字用得十分广泛。如：～朝、～晡、～夜、～糜、～烟、～青（吃素）等。

（24）桌

桌，竹角切，江摄开口二等入声觉韵知母。土话读为 [tia²¹]，实为训读，本字是"台（臺）"，蟹摄开口一等平声哈韵定母。常用词语很多，如：

~子、方~、办公~、食糜~等。

（25）打

打，德冷切，梗摄开口二等上声梗韵端母。土话本音读为 $[lie^{35}]$，实际上用得很少，目前搜集到的主要就是"打铁、打铜、打银、打牌"之类。经常听到的是两个训读音。

一个是 $[k'əu^{33}]$，本字可能是"推"，广韵觉韵苦角切，击也。由这个语素构成的词语，多为具体的敲击行为，如：~桩、~墙脚、~破、~针、~手板、~嘴巴，等等。

一个是 $[pəu^{35}]$，本字疑为同摄的入声陌韵明母的"拍"字（闽语多用"拍"，也有用"拍"的。此二字《说文》只收了"拍"，认为从"百"从"白"为同字，而广韵加以区别。是否可以认为，无论用"拍"或用"拍"，字音都属唇音范围，应是同一个来源的变异）。桃川土话用这个训读音表示的词语很多，如：~拳、~工、~听、~算、~仗、~通、~抢、~假、~通关、~游击、~擂台、~平伙、~倒、~架，等等。和"推"类词的差异是否在不那么具体地和敲击发生联系。

# 六、同音字表

## 说明

（一）字表按照江永桃川土话音系排列，先以韵母为序，同韵的字以声母为序，声韵相同的字再以声调为序。

1. 韵母的次序是：[ ʅ i u y a ia ua ya io uo ɛ iɛ yɛ ɯə ai uai ei uei au iau au ʯ uʯ ʮeʮ ue ʮ uʮ ɛ uaʮ əʮ iəʮ uəʮ yəʮ uʮ ŋ̍ ]

2. 声母的次序是：[ p p' m f t t' n l ts ts' s tɕ tɕ' ɲ ç k k' ŋ x ∅ ]

3. 声调的次序是：阴平33 阳平21 上声35 去声24 入声55

（二）表内又音既涵盖了文与白的不同读音，也包括了一些非文白异读的多音情况，如□这 $xa^{55}$，又音 $xai^{55}$。文白异读不另用符号显示，规律可参看文白异读一节内容。

（三）方框"□"表示暂写不出的音节。

（四）替代号"~"代替所注的字或□。

（五）注释用小号字体，以示区别。

（六）需要注明繁体字用括号，如：把（欛）坝（壩）。

（七）引注《广韵》《集韵》等韵书时，书名号略去。

## ɿ

| ts | 33 | 资 姿 之 支 枝 脂 胭~ |
| | 21 | 池 瓷 迟又tai²¹ 慈 鹚鸪~：水鸟，南方多饲养来帮助捕鱼 磁 糍~粑 词 祠 |
| | | 饲 字 脐腹~窟：肚脐眼 |
| | 35 | 紫 纸 指又tʉɯə³⁵子又tʉɯə³⁵止 只 |
| | 24 | 志 痣 自 至夏~ 致 既 翅 寺 痔 巳地支的第六位 |
| | 55 | 汁 酿~：溃脓 |
| tsʻ | 35 | 此 齿 |
| | 24 | 次 刺 柿 |
| s | 33 | 私 师 狮 蛳螺~ 尸 是 司 丝 鸶鹭~ 思 豉 示 □~□tɕio³⁵：打尖的食物 |
| | 21 | 时 事 十 实 匙锁~ 视近~眼 |
| | 35 | 始 使又sai³⁵史又sai³⁵屎 |
| | 24 | 试 市 士 |
| | 55 | 湿 |

## i

| t | 21 | 笛 敌 |
| | 55 | 滴 |
| tɕ | 33 | 鸡 饥 机 箕 徛 今又tɕie³³ |
| | 21 | 奇 骑 棋 期 旗 及 |
| | 35 | 几~个 纪 己 |
| | 24 | 计 技 继 寄 祭 记 |
| | 55 | 级 极 疾 吉 急 激 绩 击 吸 即 直又tiəu⁵⁵值 执 质 织 蛰 职 折~被揭 |
| | | 又 tɕio³⁵ □奶汁 |
| tɕʻ | 33 | 欺 溪 |
| | 21 | □不~声：不做声 |
| | 24 | 气 汽 契 |
| ȵ | 21 | 疑 尼 □~~母：蝉 |
| | 24 | 义 议 艺又lai²¹ □话~多：叽唠 |
| ɕ | 21 | 失 式 饰 |
| | 35 | 喜 起 |

| | | |
|---|---|---|
| | 24 | 世 势 系 戏 弃 器 |
| | 55 | 室 释 食又iəu²¹适 歇 说 |
| ∅ | 33 | 医 依 □在 |
| | 21 | 移 姨 舌 叶 |
| | 35 | 椅 以 易交~ □语助词，表已然 |
| | 24 | 易难~ 忆 亿 意 |
| | 55 | 一 乙 益 揖作~ 腌 |

u

| | | |
|---|---|---|
| P | 33 | 巴 疤 粑糍~ 晡后日~：后天 |
| | 21 | 白 |
| | 35 | 补 |
| | 24 | 布~匹 布~告 富~隆：地名。又fu²⁴ |
| | 55 | 百 柏 泊 伯 北又pəu⁵⁵腹 ~泻 |
| f | 33 | 虾下底~；~降。又xuo²⁴花又xuo³³幅 父岳~ |
| | 21 | 夏~天。又xuo²⁴化又xuo²⁴湖又xau²¹胡 葫 糊 狐又xau²¹符 扶 壶又xau²¹复 ~兴 划计~ 画 话 服 伏 佛 覆 |
| | 35 | 虎 浒 腑 腐 |
| | 24 | 副 富又pu²⁴咐 妇~女。又pəu³³ |
| | 55 | 福 客 荷薄~ |
| l | 33 | □~头：里面 |
| | 21 | 辣 腊 蜡 □~屎：尿床 |
| | 55 | 答~应 搭 |
| ts | 33 | 渣 |
| | 21 | 杂 宅 |
| | 55 | 铡 择 摘又tsuo⁵⁵责 筑 闸 扎用针~ |
| ts' | 33 | 杈 岔 差~不多 又ts'a³³ |
| | 55 | 拆 策 |
| s | 33 | 沙又suo³³纱 杉 衫又ɕiɛ³³厦偏~ |
| | 24 | 粟又ɕia⁵⁵ |
| | 55 | 撒~秧 萨 |
| k | 33 | 家 加 瓜 箍 痂 |
| | 35 | 假 寡 |

| | 55 | 格 隔 甲又tɕia⁵⁵ 革 |

| ø | 33 | 乌又ŋau³³舞 戌又ŋau³³雨谷~。又xau³³ |
| | 21 | 握 |
| | 35 | 哑 |
| | 24 | 雾务 |
| | 55 | 鸭押压物动~。又ŋuə²¹ |

**y**

| tɕ | 21 | 菊 |
| | 35 | 举 主想~意。又tɕia³⁵ |
| tɕ' | 33 | 区又tɕ'ia³³ |
| | 35 | 取 |
| ç | 33 | 戌又suai⁵⁵荽芫~ |
| | 21 | □~鸡公：倒立 |
| ø | 21 | 余馀 |
| | 24 | 誉 |

**a**

| p | 33 | 被~子 □~丝烟：香烟 芭 |
| | 21 | 皮脾肥猪屎~：猪粪。又fai²¹ |
| | 24 | 沸~水：开水 |
| p' | 55 | □那。又p'ai⁵⁵ |
| m | 21 | 糜食~：吃饭 |
| | 35 | □~□tɕi⁵⁵：乳房 |
| t | 21 | 大 |
| | 55 | 跶~下去：跌下去。广韵曷韵他达切，足跌。桃川今读不送气音 |
| l | 33 | 哪~个。又lai³³□一下：想~ |
| ts | 33 | 挅拿。集韵麻韵庄加切，说文挅也，一曰取物泥中 |
| | 21 | □~筛：罗（筛粉末状细物用的器具）□~子：粑粑（一种食品） |
| ts' | 33 | 叉又ts'u³³ |
| s | 55 | 虱 |
| k | 33 | □耳~：耳朵 □~颈矣：噎住了 |
| ŋ | 33 | 按 |
| x | 21 | □肠气~：疝气 |

| | 55 | □这。又 xai⁵⁵ |
|---|---|---|
| ∅ | 33 | 衣 |
| | 35 | 矮 |
| | 24 | 爱隘 |
| | 55 | 轭又 uo⁵⁵ |

**ia**

| | | |
|---|---|---|
| P | 33 | 蹕 ~脚：瘸子 □大~：大腿；手~母：胳膊 |
| | 21 | 排牌稗 |
| | 35 | 摆又 mia³⁵ □~家：丈夫 |
| | 24 | 拜败罢 ~意：故意 |
| | 55 | 八 □~砖：碎砖 □~□çiɛ³⁵裤：开裆裤 |
| P' | 35 | □一~：一庹（两臂平伸两手伸直的长度） |
| | 24 | 派 □□çiɛ³⁵ ~：屁股 |
| m | 33 | 买 |
| | 21 | 卖埋 |
| | 35 | 摆又 pia³⁵ |
| | 24 | □洒 |
| | 55 | 袜 |
| t | 33 | 爹父 待柱又 tɕia³³ |
| | 21 | 台（臺、檯）抬薹蒜~ 厨~师 除又 suai²¹ |
| | 24 | 态袋又 lia²⁴住驻 |
| t' | 33 | 胎 |
| | 24 | 太泰 |
| l | 21 | 来藾~抱鸡母 耐奈赖瘌 |
| | 24 | 代袋又 tia²⁴带贷戴 □两~：兄弟俩；姐妹俩 |
| tɕ | 33 | 诸居车~马炮 柱~木：柱子。又 tia³³朱珠灾在再该阶~级街佳寨 |
| | 21 | 徐~家续手~才材财裁豺局柴 |
| | 35 | 煮主又 tɕy³⁵改解嘴又 tsuai³⁵载三年五~ |
| | 24 | 据根~锯句盖介芥~菜界戒债载~重 |
| | 55 | 夹挟~菜甲又 ku⁵⁵卒又 tɕio⁵⁵足镯烛嘱~咐颊面~：脸掐~瘀。又 çia⁵⁵ |
| tɕ' | 33 | 区又 tɕ'y³³蛆揩猜差~别；出~钗鳍鱼~ |

| | | |
|---|---|---|
| | 35 | 彩采（採）踩楷 |
| | 24 | 菜蔡觑看：~病，~戏，~风水 |
| | 55 | 插 |
| ŋ̩ | 33 | 女挨~近奶 |
| | 21 | 挨~打艾~叶崖~母：老鹰 |
| | 55 | 玉 |
| ç | 33 | 墟赶~：赶集 虚书鳃腮开须（鬚）胡~输筛□软 |
| | 21 | 鞋薯匣树害亥竖 |
| | 35 | 鼠暑海~带蟹许 |
| | 24 | 晒 |
| | 55 | 杀瞎掐~死。又tɕia$^{55}$粟~子：小米 |
| ø | 33 | 丫~环□交合 |
| | 21 | 牙又uo$^{21}$芽又uo$^{21}$ |

**ua**

| | | |
|---|---|---|
| f | 21 | 回 |
| tʰ | 33 | 推 |
| | 35 | 腿 |
| | 24 | 退褪 |
| l | 33 | 堆□~筋：抽筋 |
| | 21 | 雷内 |
| | 35 | □~水：泉水 |
| | 24 | 对碓队兑□牛~嘴：牛笼嘴 |
| s | 24 | 赛 |
| k | 33 | 乖 |
| | 35 | 拐□蛙 |
| | 24 | 怪挂卦□肚~：整个腹部□麻点~：麻子 |
| kʰ | 33 | 夸 |
| | 35 | 垮 |
| | 24 | 块会~计快筷 |
| x | 33 | 灰~薯脑：芋头。又fuai$^{33}$ |
| ø | 33 | □药~子：小型的药罐子 |

| | 21 | 滑 猾 外又 uei²⁴ 槐 ~木：地名。又 xuai²¹ |

**ya**

| tɕ | 21 | 拳又 kuəŋ²¹、tɕyəŋ²¹ □~道：气味 诀 |
| tɕ' | 24 | 斜训 |

**io**

| l | 35 | 鼎铁锅~：烧水的锅 顶又 nəŋ³⁵ |
| tɕ | 33 | 正~月。又 tɕiəŋ³³ |
| | 35 | 颈 整又 tɕiəŋ³⁵ 揭又 tɕi⁵⁵ □□sŋ³³ ~：打尖的食物 |
| | 24 | 蔗 镜 肉 俊~当：俊俏。又 tɕiɛ²⁴ |
| | 55 | 啄~脑：点头 卒又 tɕia⁵⁵ □四~：钉钯 |
| tɕ' | 33 | 村 轻 |
| | 21 | 雀 鹊 却 |
| | 24 | 寸 衬~衣 |
| ȵ | 33 | 惹 |
| | 21 | 赢 |
| ɕ | 33 | 孙~子声 □侄：~子，~女 星又 ɕiɛ³³ 兄 耍 |
| | 21 | 蛇 成又 tɕiɛ²¹ 城~墙。又 tɕiɛ²¹ 盛~满 |
| | 35 | 损 笋又 ɕyɛ³⁵ 省节~；反~ |
| | 24 | 犯~法。又 maŋ²⁴ |
| | 55 | 刷 |
| ø | 21 | 爷 |
| | 24 | 夜一~。又 iu²¹ |

**uo**

| P | 33 | 分~数。又 muo³³ |
| | 21 | 爬 钯 耙 盆 份又 xuo²¹ 篷 杷 枇~ □~鸡公：连续翻跟斗 拔 |
| | 35 | 把又 uo³⁵ |
| | 24 | 霸 把（欛）坝（壩） |
| P' | 24 | 帕 佩 配~得起：配得上 |
| m | 33 | 分~开。又 puo³³，xuo³³ 马 码 蚂 末又 məu³³ 风吹~。又 faŋ³³ 美富~：地名。又 mai³³ |
| | 21 | 麻 门 闻又 uəŋ²¹ 抹~台布：抹布 □篙~：篙箕 茉 没又 mai⁵⁵ |
| | 35 | 本 膀肩~ 母又 məu³³ 牡 |
| | 24 | 问 闷 |

| | | |
|---|---|---|
| t | 33 | 淡 |
| | 21 | 谈 |
| | 55 | 达 |
| tʻ | 33 | 贪 摊 滩 瘫 躺 |
| | 35 | 毯 坦 疸黄~病 |
| | 24 | 炭~盆:火盆 烫 |
| | 55 | 塔 |
| n | 33 | 丹 单 懒 □被:~他关起来;把:~他关起来 |
| | 21 | 南 男 难~易;患~ 兰 栏 拦 嫩 蓝 农 脓 笼 篮 廊又 naŋ²¹□~□tiɛ³³:我们 |
| | 35 | 胆 |
| | 24 | 担□ləɯ³⁵~子:挑担子 旦 顿又 tiɛ²¹ |
| ts | 21 | 茶 搽 查 察 凿 藏~东西。又 tsaŋ²¹、tɕiu²¹ |
| | 35 | 盏又 tɕiɛ³⁵崽儿子 |
| | 24 | 诈 炸 榨 暂 站 栈 瓒 赞 组~扣子:钉扣子。广韵桐韵丈苋切,補缝 |
| | 55 | 摘又 tsu⁵⁵ |
| tsʻ | 33 | 参~加 |
| s | 33 | 三 蓑 沙又 su³³痧 |
| | 35 | 伞 爽 |
| | 24 | 散鞋带~开;分~ |
| k | 33 | □河 枷 □~母:巴掌 |
| | 35 | □~杈:树枝 |
| | 24 | 架 驾 嫁 价 剐 |
| | 55 | 刮 括又 kəɯ⁵⁵ 骨 胛~头:肩膀 葛 |
| kʻ | 35 | 款 |
| | 24 | 困 |
| | 55 | 豁~唇 |
| x | 33 | 婚 疯 荤 分~数。又 puo³³,muo³³花又 fu³³ |
| | 21 | 活 魂又 fyɛ²¹坟 份又 puo²⁴华 |
| | 35 | 粉 排~:徽子。又 sai³⁵ |
| | 24 | 睏~不着:睡不着 夏~至。又 fu²⁴下~种。又 fu³³化~肥。又 fu²⁴ |
| | 55 | 发 罚 窟井:水井 |
| ∅ | 33 | 窝 苪~笋 锅~鼎:烧水的锅 □凹 温 瘟 唤喊(用于对人) |

| | 21 | 牙又ia²¹ 芽又ia²¹ 文 |
|---|---|---|
| | 35 | 稳 把又puo³⁵ |
| | 55 | 挖 轭又a⁵⁵ |

ɜ

| k | 33 | 耕 更五~ 庚 羹调~ |
| | 21 | □~台：圆桌 □~□liɛ³³：父亲 |
| | 35 | 梗 埂田~ |
| | 24 | 更~加 虹 杠 监~察 共 □~子：单间屋子 |
| k' | 21 | □□çiəu³³ ~：翅膀 |
| ŋ | 21 | 硬又n̦iɛ²¹ 额 |
| x | 33 | 限 |
| | 21 | □~定：料定 |
| ø | 24 | 雍~菜 |

iɜ

| P | 33 | 鞭 编 辫 奔 |
| | 21 | 办 便~宜 贫 平 苹 坪 评 瓶 凭 病 |
| | 24 | 扮打~ |
| P' | 33 | 拼 |
| | 35 | 品大~碗：海碗 |
| | 24 | 聘 |
| m | 33 | 班 斑 扳~手 搬 宾 兵 冰 □蟑螂 □阳哥~~：蜻蜓 边又mɘŋ³³ |
| | 21 | 民 明 蚊 名 命 慢 |
| | 35 | 板 版 丙 饼 绑~柴 榜 |
| | 24 | 磅~秤 □□kuŋ³³ 子：潜水 |
| t | 33 | 重轻~ 存~款 盾 矛 □我 ~：我们 □酒 ~：酒窝 |
| | 21 | 沉 殿 佃 垫又tɘŋ²⁴顿又nuo²⁴邓 层 亭 廷 □山~谷：山谷 |
| | 24 | 钉~住 订 店又tɘŋ²⁴定 |
| t' | 33 | 厅 □~~展：木展 |
| | 35 | 挺 |
| | 24 | 听 |
| l | 33 | 丁 钉 疗 砧~板 冷 岭 领 令 拉 □嫂~：嫂子 □我~：我们 |
| | 21 | 林 淋 陵 凌 菱 绫 灵 零 铃 虫 龙~门田：地名。又liaŋ²¹鳞又nɘŋ²¹磷又 |

nəŋ$^{21}$隆富~：地名。又 luŋ$^{21}$怜又 nəŋ$^{21}$鲢 连又 nəŋ$^{21}$龄 楝苦~木：苦楝树

35　打~铁 点一~东西。又 nəŋ$^{35}$顶脑~：头顶。又 nəŋ$^{35}$□米~古：锅巴

tɕ　33　尖 煎 肩 坚 间时~今又 tɕi$^{33}$金 禁~不住 津 尽 斤 巾 筋 近 京 惊 精 晶 睛 经 境 贞 侦 真 震 珍 针 斟 徵 征 争 筝 睁 蒸 曾 姓 增 尊 遵 肫 鸡~重~来 席 沾□捉~猴：捉迷藏

　　21　前又 tsəŋ$^{21}$潜 钱又 tsəŋ$^{21}$秦 勤又 tɕiəŋ$^{21}$芹 陈 阵 臣 尘 橙 情 晴 成又 ɕio$^{21}$城又 ɕio$^{21}$诚 程 穷 昨训

　　35　剪又 tɕiəŋ$^{35}$简 减 拣 枧香~：肥皂 井 紧 斩又 tsaŋ$^{35}$盏又 tsuo$^{35}$种~类 肿 □厚

　　24　见又 tɕiəŋ$^{24}$箭又 tɕiəŋ$^{24}$建又 tɕiəŋ$^{24}$剑 溅 进 劲 镇 竞又 tɕiəŋ$^{24}$敬 静又 tɕiəŋ$^{24}$净 禁~止 正~确 证 症 政又 tɕiəŋ$^{24}$郑 俊又 tɕio$^{24}$谢感~ 借 占~地方。又 tɕiəŋ$^{24}$种~木：种树 粽羊角~：粽子 □叫唤（对动物也可对人）

　　55　卿 脊 积 贼

tɕ'　33　千又 tɕ'iəŋ$^{33}$迁又 tɕ'iəŋ$^{33}$签~名。又 tɕ'iəŋ$^{33}$签求~。又 tɕ'iəŋ$^{33}$牵又 tɕ'iəŋ$^{33}$亲 青 清 称 撑 铛锅

　　35　产 铲 请 且 浅又 tɕ'iəŋ$^{35}$

　　24　称相~ 秤 庆 欠又 tɕ'iəŋ$^{24}$歉又 tɕ'iəŋ$^{24}$侵又 tɕ'iəŋ$^{24}$笪斜 浸~湿。又 tɕ'iəŋ$^{24}$衬（襯）~衣。又 tɕ'io$^{24}$趁 掌椅子~

ŋ̢　33　眼 忍~气又 iəŋ$^{33}$□（马蜂）蜇人 □称人的量词，相当于"个"，一~人：一个人

　　21　人 银 延 酽 仁 硬又 ŋɛ$^{21}$业

　　24　要训

ɕ　33　心 参人~ 深 辛 新 星又 ɕio$^{33}$腥 兴~旺 身 申 伸又 ɕiəŋ$^{33}$升 生 牲~畜 甥 山 衫又 su$^{33}$仙又 ɕiəŋ$^{33}$先 间中~□铛~：锅烟子 些

　　21　嫌又 ɕiəŋ$^{21}$贤又 ɕiəŋ$^{21}$闲~事 行~为。又 ɕiəŋ$^{21}$行品~ 形 刑 神又 ɕiəŋ$^{21}$剩又 ɕiəŋ$^{21}$乘 承 晨 辰 唇 协 胁 还~有

　　35　沈 写 恐又 k'uŋ$^{35}$□干湿 险又 ɕiəŋ$^{35}$闪又 ɕiəŋ$^{35}$醒又 ɕiəŋ$^{35}$擤~鼻：擤鼻涕 □~□p'ia$^{24}$：屁股 很好得~。又 xəŋ$^{35}$

　　24　泻 苋 信又 ɕiəŋ$^{24}$兴高~ 杏 姓 性 幸 圣 善又 ɕiəŋ$^{24}$扇又 ɕiəŋ$^{24}$县又 ɕiəŋ$^{24}$线又 ɕiəŋ$^{24}$卸 现又 ɕiəŋ$^{24}$□叫唤（对动物亦可对人）

　　55　惜 锡~壶

Ø　33　音 阴又 ɕiəŋ$^{33}$因 姻 鹰 鹦 樱 蝇 隐 引又 iəŋ$^{35}$

　　21　壬

| | 24 | 任 燕又iəŋ²⁴雁 印 应 厌 认又iəŋ²¹ |

yɛ

| | | |
|---|---|---|
| f | 33 | 番 翻 昏 |
| | 21 | 汇又xuei²⁴会开~ 怀 烦 魂又xuo²¹还~愿 |
| | 35 | 反 □~婆：蚯蚓 |
| | 24 | 患 喷~水 愤 混 粪 奋 痱~子 □扔 |
| | 55 | 血又fei⁵⁵穴 |
| tɕ | 33 | 均 君 军 专 捐 |
| | 21 | 群 松~树 绝又tsuei³³圳~子：水渠 |
| | 35 | 准 |
| tɕ' | 33 | 春 椿 穿 |
| | 35 | 蠢 |
| ŋ̩ | 21 | 月又uei⁵⁵ |
| ɕ | 33 | 薰又ɕyəŋ³³靴 栓门~。又saŋ³³ |
| | 21 | 顺 邪歪门~道 纯 旬 巡 |
| | 35 | 笋又ɕio³⁵癣 |
| | 24 | 训 楦 |
| | 55 | 雪又suei⁵⁵□喝。又suei⁵⁵ |
| k | 33 | 关 菌 |
| | 21 | 裙 |
| | 24 | 惯 棍 |
| ø | 33 | 孕 弯又uaŋ 晕 |
| | 21 | 云又uəŋ²¹匀 横~路 越 氄~毛子：寒毛 万 |
| | 35 | 舀训 |
| | 24 | 闰 润 熨 运 韵 |

ɛ ɯ ə

| | | |
|---|---|---|
| P' | 35 | 捧 |
| m | 33 | 不 |
| t | 33 | 动 |
| | 21 | 同又taŋ²¹铜 桐 筒 藤 童 特 |
| | 35 | 子又tsɿ³⁵指又tsɿ³⁵ |
| | 24 | 洞 |

| t' | 35 | 桶 统 |
| | 24 | 痛 |
| n | 33 | 灯 东 冬 登 |
| | 21 | 聋 |
| | 35 | 等 戥 懂 |
| | 24 | 凳 冻 |
| ts | 33 | 宗 |
| | 35 | 总又 tsaŋ³⁵ |
| | 55 | 泽 |
| ts' | 33 | 葱 冲 |
| s | 33 | □哄骗 |
| | 24 | 送 宋 |
| k | 33 | 公 工 功 攻 弓 宫 跟 根 哽 |
| | 21 | □整：鸡蛋食~个 |
| | 24 | 供 □冷：~糜 |
| ŋ | 33 | 蚁 恩 |
| | 21 | 物又 u⁵⁵ |
| x | 33 | 空又 k'aŋ³³ |
| | 21 | 红 衡 逢 缝 洪 或 弘 |
| | 35 | 肯 |
| | 55 | 吓 |

ai

| P | 33 | 碑 □赤~吸：蚂蟥蜚广韵微韵符非切，蜚，虫名，即负盘虫。负盘，臭虫 |
| | 21 | 避~开 秕 鼻 篦 枇~杷 |
| | 34 | 比 彼 □扁 |
| | 24 | 闭又 mai²⁴算 背又 pei²⁴蹄广韵未韵方味切，行疾 |
| | 55 | 笔 毕 |
| P' | 33 | 披又 p'ei³³□迷~巴（母）：蝴蝶 □女阴 □那。又 p'a⁵⁵ |
| m | 33 | 每~年 美又 muo³³ |
| | 21 | 迷 秘 密 蜜 眉又 mei²¹ |
| | 24 | 闭又 pai²⁴ |
| | 55 | 没又 muo²¹ |

| | | |
|---|---|---|
| f | 33 | 非 飞 挥 |
| | 21 | 肥又 pa²¹ |
| t | 21 | 地 迟又 tsʅ²¹ |
| l | 33 | 知 尔 你 李 里 理 鲤 狸 厘 哪又 la³³ |
| | 21 | 离 璃 篱 利 莉 梨 例 厉 立 笠~斗：斗笠 粟 二 艺又 ȵi²⁴宜便~ 入~屋 □i³⁵：回家了 如 |
| | 35 | □捆 |
| | 24 | 荔 |
| | 55 | 粒 日今~ |
| ts | 33 | 荠 |
| | 21 | 集 |
| | 35 | 姊 |
| | 55 | 眨 习学~ |
| tsʻ | 33 | □一~萝卜：一把儿萝卜 |
| | 55 | 七 漆 |
| s | 21 | 氏 |
| | 35 | 死 使又 sʅ³⁵史又 sʅ³⁵□粉：面~ |
| | 24 | 四 肆 |
| x | 55 | □这，又 xa⁵⁵ |

**uai**

| | | |
|---|---|---|
| f | 33 | 灰又 xua³³恢 |
| | 24 | 坏 |
| l | 33 | 吕 铝 旅 |
| | 21 | 累连~ 滤 虑挂~ 类 泪 |
| ts | 33 | 罪 追 锥 |
| | 21 | 随 锤 捶~背 槌 |
| | 35 | 嘴又 tɕia³⁵ |
| | 24 | 最 醉 |
| tsʻ | 33 | 催 吹 炊 |
| s | 33 | 虽 术 |
| | 21 | 除开~。又 tia²¹ |
| | 35 | 水 |

|  |  |  |
|---|---|---|
|  | 24 | 岁 税 帅 |
|  | 55 | 出 戌又$\varphi y^{33}$ |
| k | 33 | 规 跪 闺 龟 归 |
|  | 35 | 鬼 诡 |
|  | 24 | 贵 柜 鳜又$kuei^{24}$ |
|  | 55 | 橘 |
| k' | 33 | 亏 昆 崑 |
| x | 21 | 槐又$ua^{21}$ |
|  | 35 | 匪 |
| ø | 33 | 威 煨~肥 |
|  | 21 | 为~什么:作~ 维 围 违 卫 位 未 味 胃 会~不~ 危 |
|  | 35 | 癸 |

**ei**

|  |  |  |
|---|---|---|
| P | 33 | 杯 |
|  | 21 | 培 陪 赔 鋻 |
|  | 24 | 辈 背又$pai^{24}$ 毙 币 别 贝 |
|  | 55 | 鳖 憋 逼 壁 必 |
| P' | 33 | 苤 批 披又$p'ai^{33}$ 坯 |
|  | 55 | 匹 劈 撇 |
| m | 33 | 米 □和;跟 |
|  | 21 | 谜 梅 媒 煤 眉又$mai^{21}$ 霉 谋 枚 猜~:行酒令 妹 猫 籈又$mi\varepsilon^{21}$ |
| f | 24 | 费 肺 |
|  | 55 | 血又$fy\varepsilon^{55}$ |
| t | 33 | 弟 |
|  | 21 | 堤 提 题 蹄 啼 第 隶 条 □寻的目~ 碟 |
| t' | 33 | 梯 |
|  | 35 | 体 |
|  | 24 | 替 剃 跳 涕 |
|  | 55 | 帖 贴 铁 □舐 |
| l | 33 | 朝 刁 雕 滴~起下来 礼 |
|  | 21 | 犁 力 历 泥 热 孽~子崽 |
|  | 35 | 底 抵 鸟 了~结 |

|  |  |  |
|---|---|---|
|  | 24 | 帝 钓 吊 掉 调~动 □背~：背后 |
|  | 55 | 裂 |
| ts | 21 | 齐 樵 又 tɕiəɯ²¹ 拾~肥：拾粪 |
|  | 24 | 际 |
|  | 55 | 接 劫 折打~ 浙~江 节 截 洁 结 |
| ts' | 24 | 砌 |
|  | 55 | 切 戚 撤 |
| s | 33 | 西~方 |
|  | 35 | 洗 |
|  | 24 | 细 笑 媳~妇 |
|  | 55 | 涉 息 |

**uei**

|  |  |  |
|---|---|---|
| ts | 33 | 绝 又 tɕye²¹ |
| ts' | 24 | 翠 |
| s | 24 | 婿 |
|  | 55 | 薛 雪 又 çye⁵⁵ □喝。又 çye⁵⁵ |
| k | 21 | 瘸~脚：瘸腿；~手：拐子 |
|  | 24 | 桂 鳜 又 kuai²⁴ |
|  | 55 | 决 蕨~菜 |
| k' | 55 | 缺 |
| x | 24 | 汇 又 fye²¹ 惠 |
| Ø | 35 | 委 |
|  | 24 | 秽 外 又 ua²¹ |
|  | 55 | 月 又 ȵye²¹ |

**au**

|  |  |  |
|---|---|---|
| P | 33 | 斧 |
|  | 21 | 浮 |
| m | 21 | 木 目 穆 沐~田：地名 |
| t | 33 | 杜 肚 道 又 lau²⁴ |
|  | 21 | 度 渡 桃 逃 淘 陶 萄 读 独 毒 突 □床 |
| t' | 35 | 土 |
|  | 24 | 吐 兔 |

| l | 33 | 都 □踢 |
| | 21 | 卢 炉 芦 鸬 路 露 鹭 鹿 |
| | 35 | 赌 |
| | 24 | 稻 |
| ts | 33 | 租 糟 抓 |
| | 21 | 锄 助 |
| | 35 | 祖 组 |
| | 24 | 昼朝~：上午。又 tɕiəu²⁴ |
| tsʻ | 33 | 初 粗 |
| | 24 | 醋 |
| s | 33 | 苏 酥 梳 蔬 疏 |
| | 35 | 数 □骂 |
| | 24 | 素 □庢 数 漱~口 诉 |
| | 55 | 属 |
| k | 33 | 姑 篙 |
| | 35 | 古 牯 鼓 股 估 |
| | 24 | 故 顾 告 教~书 雇 固 |
| | 55 | 谷 |
| kʻ | 35 | 苦又 xua³⁵ |
| | 24 | 库 |
| ŋ | 33 | 乌又 u³³午上~，下~。又 ɲ³³戊又 u³³ |
| | 21 | 鱼 渔 吴 梧 熬 |
| | 24 | □骂 |
| | 55 | 屋 |
| x | 33 | 雨又 u³³：谷~蒿 户 |
| | 21 | 壶暖~ 湖又 fu²¹ 狐又 fu²¹ 瓠 胡~须 |
| | 35 | 苦又 kʻau³⁵ |
| | 24 | 裤 去 |
| | 55 | 哭 |

**iau**

| P | 55 | □~水：热水 |
| l | 33 | 猪 |

|  | 21 | 绿 録 |
|---|---|---|
| tɕʻ | 33 | 曲歌~ |
| ȵ | 33 | 猫 |
| ɕ | 21 | 绍 |
|  | 24 | 邵 |

aɯ

| P | 33 | 煲~药：煎药；~蛋：煮鸡子儿 |
|---|---|---|
|  | 24 | 爆用油炸，一种烹调法，把鱼肉等放在滚油里炸 |
| m | 21 | 毛 帽 貌 □脑骨~：头晕 |
| tʻ | 35 | 讨~米 |
|  | 24 | 套 □搁 |
| l | 33 | 老 刀 |
|  | 21 | 劳 捞 痨 牢 |
|  | 35 | 脑 恼 倒打~ |
|  | 24 | 到 倒~水 盗 导 道又tau³³ |
| ts | 33 | 抓 |
|  | 21 | 曹 |
|  | 35 | 早 枣 蚤 爪 |
|  | 24 | 皂 罩 灶 造 □疼痛 |
| tsʻ | 33 | 操 |
|  | 35 | 草 |
| s | 33 | 骚 |
|  | 35 | 扫~地；~杆：扫帚 嫂 |
| k | 33 | 高 膏~药 |
|  | 21 | □~脑：抬头 |
|  | 35 | 稿~垫：蒲团；~堆：柴草堆 |
| kʻ | 35 | 考 烤 拷 |
|  | 24 | 靠 铐 |
| ŋ | 24 | 傲 拗~风：顶风 |
| x | 33 | 薅~草 |
|  | 21 | 毫 豪~下：村名 号~数 |
|  | 35 | 好~坏；喜~ |

əɯ

| | | |
|---|---|---|
| p | 33 | 包 胞 苞 妇媳~ 簿 抱 |
| | 21 | 袍 蒲 菩 步 暴 菢赖~鸡母:抱窝鸡 □蹲 □躲 |
| | 35 | 饱 保 宝 㨄打 部 |
| | 24 | 报 豹 爆~破 刨 雹 □两崽~:父亲和子女 |
| | 55 | 剥 钵 拨 北~瓜:南瓜。又 pu⁵⁵ |
| p' | 33 | 铺~路 辅 抛 |
| | 35 | 浦地名 谱 |
| | 24 | 铺店~ 拼~命 炮 泡 |
| | 55 | 泼 扑 |
| m | 33 | 卯 亩 母又 muo³⁵ 模 末又 muo³³ |
| | 21 | 茅~刀:镰刀 □~xəɯ⁵⁵:忘记 |
| | 24 | 茂 |
| t | 33 | □鸟~:鸟窝 □些:哪~ □□ləɯ³³~:垃圾 |
| | 21 | 头 投 徒 涂 图 豆 痘 豚屎根~:肛门 |
| t' | 33 | 偷 |
| | 35 | 敨~衣 |
| | 24 | 透 |
| | 55 | 脱 |
| l | 33 | 篓 卤 苑 □~□təɯ³³:垃圾 |
| | 21 | 楼 奴 漏 陋 闹~热:热闹 |
| | 35 | 斗一~米 □他 □~水:从井里或河里取水 □挑:~担子 □饭糊了 |
| | 24 | 斗~争 |
| | 55 | 夺 劈杉木~:杉针。广韵职韵林直切,赵魏间呼棘出方言 □~水:浑水 |
| ts | 33 | 抓~痒 □攒:~钱 □蹲 |
| | 21 | 愁 |
| | 35 | 走 |
| | 24 | 皱 |
| | 55 | 祝 捉 |
| ts' | 33 | 捯用手托着向上 抄 钞 |
| | 35 | 炒 吵 |
| | 24 | 凑 |

| s | 33 | 搜 馊 □歇~：歇歇 |
| | 24 | 瘦 潲 嗽 |
| | 55 | 肃 宿 束 速 缩 赎 俗 塞 色 嗍~烟：吸烟。集韵觉韵色角切，说文吮也。 |
| k | 33 | 勾 钩 沟 阄 鸠白~：斑鸠 |
| | 35 | 搅 搞 狗 苟 |
| | 24 | 窖 够 笱~子：捕鱼器具 |
| | 55 | 各 阁 郭 角 觉睏~国 |
| k' | 33 | 敲又tɕ'əɯ³³抠 眍 搉打 |
| | 35 | 口又xəu³⁵ |
| | 24 | 扣 |
| | 55 | 扩 确~实 磕 |
| ŋ | 33 | 咬 藕 偶 欧 瓯~子：杯子 |
| | 21 | 牛 |
| | 24 | 沤 怄 |
| x | 33 | 候 后~年 后皇~ 有 |
| | 21 | 学~习 侯 喉 猴 |
| | 35 | 口又k'əu³⁵ |
| | 24 | 厚 孝守~ |
| | 55 | 黑 壳 |
| ø | 55 | 恶善~ |

### iəu

| P | 33 | 膘 彪 标 |
| | 35 | 表 婊 |
| P' | 33 | 飘 |
| | 21 | 瓢 嫖 |
| | 35 | 漂~白 |
| | 24 | 票 漂~亮 |
| m | 21 | 苗 描 妙 庙 |
| | 35 | 秒 |
| t | 55 | 直~话。又tɕi⁵⁵ |
| t' | 35 | 丑又tɕ'iəu³⁵ |
| | 55 | 畜~牲 |

| | | |
|---|---|---|
| l | 33 | 溜 |
| | 21 | 流 刘 留 榴 硫 琉 六 |
| | 35 | 柳~木 □美（指女人） |
| | 24 | 廖 |
| | 55 | 竹 |
| tɕ | 33 | 周 州 洲 就 纠 舅 酱 梳个~。广韵尤韵即由切，又自秋切，接发 |
| | 21 | 绸 求 球 袖 |
| | 35 | 酒 九 久 韭 守又 ɕiəu³⁵ |
| | 24 | 救 旧 昼又 tsau²⁴ 咒 究 |
| | 55 | 粥 触 |
| tɕ' | 33 | 秋~天；~千 抽 丘 |
| | 35 | 丑又 t'iəu³⁵ 醜 |
| | 24 | 臭 |
| ȵ | 35 | 纽 扭 |
| ɕ | 33 | 修 休 稍 筲 ~□muo²¹：筲箕 羞 收 受 □~□k'ɛ²¹：翅膀 |
| | 21 | 仇 熟 寿 |
| | 35 | 手 着 守又 tɕiəu³⁵ 朽 |
| | 24 | 秀 绣 锈 兽 |
| | 55 | 叔 识 熄 □法：办~ □~田：插秧 学~生 |
| Ø | 33 | 优 忧 友 |
| | 21 | 尤 由 油 邮 游 食~朝：吃早饭 柔 |
| | 35 | 酉 也 |
| | 24 | 右 祐 幼又 亦 |
| | 55 | 育教~ 欲 |

əɯ

| | | |
|---|---|---|
| P | 33 | 波 菠 玻 卜 萝~ |
| | 21 | 婆 朋 棚 彭 薄 魄 □划：~船 |
| | 24 | 簸 薄~荷 |
| P' | 33 | 坡 蜂~子。又 faŋ³³ 蓬 |
| | 24 | 破 |
| | 55 | 拍 迫 |
| m | 33 | 摸 莫 |

|     |     |     |
| --- | --- | --- |
|     | 21  | 磨 ~刀；石~ 摩 魔 麦 墨 脉 |
| t   | 21  | 驼 砣秤~ 着睏不~：睡不着 |
|     | 24  | 舵 |
|     | 55  | �拃~起：一物压放在另一物上。集韵哿韵待可切，加也 |
| t'  | 33  | 拖 |
|     | 55  | 讬 托 |
| l   | 33  | 多 姼~公~婆：外祖父外祖母。集韵哿韵典可切，博雅妻父谓之父姼，妻母谓之母姼 |
|     | 21  | 罗 锣 箩 萝 螺 脶 糯 落 骆 络 烙 洛 乐 |
|     | 35  | 朵 □母~：母亲 □两母~：母亲和子女 |
|     | 55  | 得 德 |
| ts  | 33  | 坐 |
|     | 35  | 左 |
|     | 24  | 做 |
|     | 55  | 作 族 |
| ts' | 33  | 搓 擦 |
|     | 35  | 楚 |
|     | 24  | 措 锉 |
|     | 55  | 错 册 侧 测 |
| s   | 33  | 梭 |
|     | 35  | 锁 所 |
|     | 55  | 索 |
| k   | 33  | 歌 哥 胶又tɕiɑɯ³³ □xai⁵⁵ ~：这么；□p'ai⁵⁵ ~：那么 □大口舌~：大舌头 |
|     | 35  | 果 裹~细脚 馃~子：麻花 |
|     | 24  | 过 □~食婆：乞丐 □~鞋底：纳鞋底 个助词 灌 |
|     | 55  | 鸽 割 括又kuo⁵⁵ |
| k'  | 33  | 科 |
|     | 35  | 可 |
|     | 24  | 课 |
|     | 55  | 刻 克 咳 |
| ŋ   | 21  | 鹅 蛾 俄 |
|     | 24  | 饿 |
| x   | 33  | 蠚 |

| | 21 | 河 荷 何 和~气 禾~苗。又əɯ²¹合 盒 鹤 咸~淡 衔 |
|---|---|---|
| | 35 | 火 伙~铺 夥—~人 |
| | 24 | 货 贺 祸 |
| | 55 | 渴 阔 □□məu²¹ ~：忘记 |
| ∅ | 33 | 屙~屎 |
| | 21 | 禾割~ 和~尚 |

## iəɯ

| | | |
|---|---|---|
| t | 33 | 调音~ |
| | 21 | 调~和 |
| t' | 33 | 挑 |
| l | 33 | 料 镣 |
| | 55 | 着~衣。又 tɕiəɯ³³ |
| tɕ | 33 | 交 郊 胶又kəɯ³³ 焦 蕉 椒 骄 娇 浇 招 兆 召 着~急。又 liəɯ⁵⁵ |
| | 22 | 樵又tsei²¹ 朝~代 潮 桥 荞 轿 茄 嚼 |
| | 35 | 缴 绞 狡 饺 剿 |
| | 24 | 叫 较 教~育 赵 照 笊~篱 |
| | 55 | 脚 斫~木：砍树。广韵药韵之若切，刀斫 |
| tɕ' | 33 | 超 锹 敲又k'əɯ³³ |
| | 35 | 巧 |
| | 24 | 窍 翘 |
| ȵ | 33 | 耳 |
| | 21 | 尿 儿 |
| | 35 | 扰 绕 |
| ɕ | 33 | 消 硝 销 宵 萧 箫 烧 削 |
| | 21 | 校学~，上~ 效 |
| | 35 | 小~气 少多~ 晓 |
| | 24 | 少~年 孝~子 |
| ∅ | 33 | 腰 要~求 妖 |
| | 21 | 摇 窑 谣 瑶 姚 若 弱 虐 约 药 钥 岳 乐音~ |

## iu

| | | |
|---|---|---|
| tɕ | 33 | 遮 |
| | 21 | 谢姓 藏~东西。又 tsaŋ²¹、tsuo²¹ |

|     |    |                                               |
| --- | -- | --------------------------------------------- |
|     | 55 | 涩~嘴 只两~手 炙~热头：晒太阳 屐                |
| tɕʻ | 33 | 车马~                                          |
|     | 35 | 扯                                             |
|     | 55 | 尺                                             |
| ȵ   | 35 | 惹又 ȵio³³                                      |
| ɕ   | 33 | 赊 社                                          |
|     | 21 | 射 麝 石                                        |
|     | 35 | 舍（捨）                                        |
|     | 55 | 赤                                             |
| ø   | 33 | 野                                             |
|     | 21 | 夜又 io²⁴                                       |

aŋ

|     |    |                                                              |
| --- | -- | ------------------------------------------------------------ |
| P   | 33 | 伴                                                           |
|     | 21 | 旁 螃 房 防 盘                                                |
|     | 24 | 棒                                                           |
| Pʻ  | 33 | 潘                                                           |
|     | 35 | 髈肘子 纺~木棉。又 faŋ³⁵                                       |
|     | 24 | 胖 判 叛 襻 盼 畔马~村                                        |
| m   | 33 | 帮 般 满 网 蟒 漫 □~鞋面：鞔鞋帮儿                            |
|     | 21 | 忙 芒 蛮 瞒 馒 亡 氓 梦                                       |
|     | 24 | 蚌 半 放~花炮 犯~错误                                         |
| f   | 33 | 方 芳 肪 荒 慌 封 峰 锋 蜂又 pʻɯ³³ 丰 风~俗 枫 范            |
|     | 21 | 凡 矾 凤龙~                                                  |
|     | 35 | 谎 讽 晃~眼 纺又 pʻaŋ³⁵                                       |
|     | 24 | 奉 放~心                                                     |
| t   | 33 | 断~绝 □春 □~脚：跺脚                                          |
|     | 21 | 堂 棠 螳 膛 唐 糖 塘 团 潭 坛 枟 痰 弹~琴；子~ 段 缎 锻 凼肥~ 同又 tuə²¹ |
| tʻ  | 33 | 汤 通                                                        |
|     | 24 | 叹 探                                                        |
| n   | 33 | 端 当~时；~作 裆 耽 卵 暖                                     |
|     | 21 | 郎 廊又 nuo²¹ 狼 浪 乱 □蠢                                    |

|  | 35 | 党 短 挡 |
|---|---|---|
|  | 24 | 栋 |
| ts | 33 | 庄 装 妆 桩 簪 棕 |
|  | 21 | 肠又 lian²¹ 藏隐~；西~。又 tɕiu²¹ tsuo²¹ 蚕 残 撞 床 |
|  | 35 | 总 斩又 tɕiɛ³⁵ 崭~齐：很齐 |
|  | 24 | 壮 状 脏心~ 战 钻~石 葬 |
| ts' | 33 | 仓 苍 疮 窗 聪 餐 搀 |
|  | 35 | 惨 闯 |
|  | 24 | 创 |
| s | 33 | 桑 丧 霜掐~：打霜 双 酸 闩 栓又 ɕyɛ³³ |
|  | 24 | 算 蒜 |
| k | 33 | 甘 柑 肝 竿 奸 官 棺 观~灯 冠鸡~ 刚~好 纲 钢 岗 缸 光 |
|  | 21 | 扛 |
|  | 35 | 港 感 敢 杆笔~ 秆麻~ 擀 赶 广 管 馆 |
|  | 24 | 干~部；实~ 贯 罐 冠~军 间跳~：跳房子 |
| k' | 33 | 康 空~气 龛 |
|  | 35 | 孔 |
|  | 24 | 抗 旷~课 矿又 k'uaŋ²⁴ 控 空~缺 □眼~ □：瞌了看 |
| ŋ | 33 | 庵 岸 |
|  | 21 | 岩~洞 |
|  | 24 | 案又 ɳ²⁴ |
| x | 33 | 糠 松~紧 憨 欢 旱 换~衣 |
|  | 21 | 行~列 航 杭 寒 韩 汗 还~原 含 黄 蟥 簧 皇 隍 |
|  | 24 | 汉 焊 项 炕烤干 |

### iaŋ

| t | 33 | 丈又 tɕiaŋ³³ |
|---|---|---|
|  | 21 | 长~短 |
| l | 33 | 张一~纸。又 tɕiaŋ³³ 中~间。又 tɕiaŋ³³ 两~个；几~几钱 |
|  | 21 | 良 粮 凉 量~长短 梁 粱 亮 肠又 tsaŋ²¹ 龙又 liɛ²¹ |
|  | 35 | 辆 |
|  | 24 | 量数~ 谅 胀又 tɕiaŋ³³ |
| tɕ | 33 | 将~军 浆 张又 liaŋ³³ 章 樟 疆 姜 丈又 tɕiaŋ³³ 胀~肚。又 liaŋ²⁴ 江 终 钟 忠 像 障~城 恭~不起；~养 中~秋。又 liaŋ³³ 刚才~ |
|  | 21 | 墙 详 详 场 强 匠 重~阳节。又 tɕiɛ²¹ |

|  | 35 | 蒋 奖 桨 长生~ 涨 掌 讲 |
|---|---|---|
|  | 24 | 将大~ 酱 仗拍~: 打仗 杖 帐 账 降下~ 中射~ 众 贡 |
| tɕʻ | 33 | 枪 腔 昌文~阁 菖 倡 充 春 |
|  | 35 | 抢 强勉~ 厂 |
|  | 24 | 畅 唱 铳 |
| ȵ | 21 | 娘 浓又 nəŋ²¹ |
|  | 24 | 酿 |
| ɕ | 33 | 相互~ 湘 箱 镶 香 乡 商 伤 上~山; ~面 胸又 ɕie³³ 凶 吉~ |
|  | 21 | 降~伏 常 尝 裳 偿 熊 雄 |
|  | 35 | 想 响~雷: 打雷 享~福 赏~银 象~棋 |
|  | 24 | 相~貌 向 尚 饷 |
| Ø | 33 | 央 秧 殃 养 痒 |
|  | 21 | 羊 洋 烊 杨 阳 扬 样 用 让 萤 容 绒 融 镕 |
|  | 35 | 勇当~: 当兵 仰 |

uaŋ

| k | 21 | 狂 |
|---|---|---|
| kʻ | 24 | 况 矿又 kʻaŋ²⁴ |
| Ø | 33 | 汪 弯又 yɛ³³ 湾 |
|  | 21 | 王 亡 妄 忘 望 |
|  | 35 | 枉 往 |
|  | 24 | 旺 |

əŋ

| P | 21 | 便方~ |
|---|---|---|
| Pʻ | 33 | 篇 偏 |
|  | 24 | 片 遍又 məŋ²⁴ 骗 |
| m | 33 | 边又 miɛ³³ 蝙 |
|  | 21 | 棉 绵 面 □~橙: 柚子 |
|  | 35 | 勉 □腹~: 恶心 |
|  | 24 | 变 并~且 遍又 pʻəŋ²⁴ |
| t | 21 | 田 甜 填 簟 垫~被: 床单。又 tiɛ²⁴电 ~火: 电灯 腾 庭 法~ |
|  | 24 | 店又 tiɛ²⁴ |
| tʻ | 33 | 天 添 吞 肉 □~日: 明天 |

| | | |
|---|---|---|
| n | 33 | 拈 研 碾 联 |
| | 21 | 年 鲇 能 怜又$lie^{21}$ 莲 廉 镰 练 铼 恋 论另 鳞又$lie^{21}$磷又$lie^{21}$连又$lie^{21}$ 临 轮 浓又$\eta ia\eta^{21}$宁安~ 龄 |
| | 35 | 点又$lie^{35}$典 顶又$lie^{35}$ |
| | 24 | 念 |
| ts | 33 | □交合 |
| | 21 | 前又$t\varepsilon ie^{21}$钱又$t\varepsilon ie^{21}$贱 从~来 |
| s | 24 | 线又$\varepsilon ie^{24}$ |
| k | 33 | 庚 |
| x | 35 | 很又$\varepsilon ie^{35}$ |
| | 24 | 恨 |

$$ie\eta$$

| | | |
|---|---|---|
| tɕ | 33 | 正~月 又$t\varepsilon io^{33}$黏 占~米 件 |
| | 21 | 琴 勤又$t\varepsilon ie^{21}$钳 |
| | 35 | 检 捡~起来 枕 锦 景 警 仅 整~理。又$t\varepsilon io^{35}$剪又$t\varepsilon ie^{35}$展 发~ 枧泥~：瓦 |
| | 24 | 健 键 箭又$t\varepsilon ie^{24}$建又$t\varepsilon ie^{24}$见又$t\varepsilon ie^{24}$竞又$t\varepsilon ie^{24}$静又$t\varepsilon ie^{24}$政又$t\varepsilon ie^{24}$占~地方。又$t\varepsilon ie^{24}$ |
| tɕ' | 33 | 千又$t\varepsilon' ie^{33}$迁又$t\varepsilon' ie^{33}$签又$t\varepsilon' ie^{33}$牵又$t\varepsilon' ie^{33}$ |
| | 35 | 浅又$t\varepsilon' ie^{35}$ |
| | 24 | 欠又$t\varepsilon' ie^{24}$歉又$t\varepsilon' ie^{24}$茨~粉 侵又$t\varepsilon' ie^{24}$浸又$t\varepsilon' ie^{24}$ |
| ȵ | 21 | 验~血 |
| ɕ | 33 | 仙又$\varepsilon ie^{33}$伸又$\varepsilon ie^{33}$ |
| | 21 | 贤又$\varepsilon ie^{21}$神又$\varepsilon ie^{21}$行~为。又$\varepsilon ie^{21}$嫌又$\varepsilon ie^{21}$剩又$\varepsilon ie^{21}$ |
| | 35 | 显 审 闪又$\varepsilon ie^{35}$险又$\varepsilon ie^{35}$醒又$\varepsilon ie^{35}$ |
| | 24 | 现又$\varepsilon ie^{24}$肾 胜 善又$\varepsilon ie^{24}$鳝 扇又$\varepsilon ie^{24}$县又$\varepsilon ie^{24}$信又$\varepsilon ie^{24}$盛兴~ |
| ø | 33 | 阴又$ie^{33}$英 殷 胭~脂 烟 焰 演 影 忍又$\eta ie^{33}$ |
| | 21 | 盐 檐 阎 严 颜~色 燃 然 认又$\eta ie^{24}$营 炎 迎 寅 荣 |
| | 35 | 饮 拥 掩 染 引又$ie^{33}$ |
| | 24 | 燕又$ie^{24}$砚 映 |

$$ua\eta$$

| | | |
|---|---|---|
| k | 21 | 拳又$t\varepsilon ya^{21}$、$t\varepsilon ya\eta^{21}$ |
| | 35 | 滚 |
| k' | 33 | 圈又$t\varepsilon' y\eta^{33}$ |
| | 35 | 捆 |

| | | |
|---|---|---|
| | 24 | 劝 |
| ∅ | 33 | 冤 远 永 ~明：江永县旧称 |
| | 21 | 完 丸 顽 圆 元 芫 ~荽 员 缘 沿 铅 原 源 大古~：地名 园 袁 援 云又 yɛ²¹ 愿 闻又 muo²¹ |
| | 24 | 院 怨 |

**yəŋ**

| | | |
|---|---|---|
| tɕ | 33 | 砖 |
| | 21 | 全 泉 旋 拳又 tɕya²¹、kuəŋ²¹ 传 ~达；~记 转 ~圈圈 权 椽 ~架板：椽子 船又 ɕyəŋ²¹ |
| | 35 | 转 ~送 卷 ~起 |
| | 24 | 倦 卷 眷 绢 |
| tɕʻ | 33 | 川 圈又 kʻuəŋ³³ |
| | 24 | 串 |
| ɕ | 33 | 宣 勋 薰又 ɕyɛ³³ 鲜新~ |
| | 21 | 船又 tɕyəŋ²¹ |
| | 35 | 选 |

**uŋ**

| | | |
|---|---|---|
| P | 55 | □凸 |
| m | 33 | 猛 蒙 ~起：捂住 |
| | 21 | 蒙 ~古 孟 |
| | 35 | 懵 |
| t | 35 | 董 |
| l | 21 | 隆 |
| s | 21 | □装 ~：装傻 |
| k | 33 | □ ~□miɛ²⁴子：潜水 |
| | 35 | 巩 |
| kʻ | 35 | 恐又 ɕiɛ³⁵ |
| x | 21 | 冯 轰 |

**ŋ**

| | | |
|---|---|---|
| ∅ | 33 | 我训 五 伍 午 ~时。又 ŋau³³ 武练~ 安 鞍 |
| | 35 | 碗 |
| | 24 | 案又 ŋaŋ²⁴ 暗 |

# 七、土话音系和北京音比较

## （一）声母的比较

桃川土话 20 个声母，北京话 22 个声母。

下列 18 个声母两种话都有：p、p'、m、f、t、t'、n、l、ts、ts'、s、tɕ、tɕ'、ɕ、k、k'、x、ø。

土话有两个声母 ȵ、ŋ，北京话没有。

北京话有 4 个声母 tʂ、tʂ'、ʐ、ʂ，土话没有。

下面比较两种话每个声母所辖字的具体情况，可以看出更多的差异。比较时，先列土话音，再列北京音，最后举例。

| | | |
|---|---|---|
| p | p | 巴 补 布 被 摆 八 杯 背 笔 步 保 北 白 波 鞭 膘 棒 |
| | p' | 皮 脾 排 牌 盆 平 陪 婆 朋 瓶 贫 爬 便~宜 袍 蒲 |
| | f | 斧 浮 肥 沸~水 房 防 腹~泻 分~数 富~隆：地名 |
| p' | p' | 坡 披 派 帕 配 拼 品 聘 捧 劈 匹 铺 炮 泼 飘 票 胖 |
| | p | 蓖 遍 |
| | f | 蜂 辅 纺~木棉 |
| m | m | 马 买 卖 末 门 闷 民 明 名 每 迷 眉 蜜 米 媒 毛 木 |
| | p | 本 膀 班 搬 兵 冰 摆又 板 丙 饼 绑 闭又 帮 半 边 |
| | f | 风吹~ 放~花炮 分~开 犯~错误 |
| | ø | 闻 问 蚊 网 袜 |
| f | f | 飞 方 封 奉 费 痱 愤 奋 反 翻 富 腐 服 伏 福 佛 |
| | x | 花 画 话 壶又 湖又 虎 昏 汇 会 灰 坏 荒 晃 混 |
| | ɕ | 虾 下又 穴 血 |
| | k' | 客 |
| t | t | 大 爹 淡 垫 定 店 地 弟 杜 肚 度 道 读 独 达 笛 滴 |
| | t' | 台 头 桃 淘 亭 谈 同 铜 题 蹄 条 藤 套 堂 塘 |
| | tʂ' | 厨 除 沉 迟 丑又 畜~牲 长~短 |
| | tʂ | 住 柱又 重轻~ 丈又 |
| | ts' | 存 层 |
| | ts | 子又 |

| | | |
|---|---|---|
| tʻ | tʻ | 胎 太 推 腿 贪 坦 炭 滩 厅 听 挺 梯 桶 汤 通 铁 塔 |
| | t | 疸 |
| n | n | 南 男 难 嫩 农 暖 拈 碾 鲇 年 能 宁 浓 念 |
| | l | 兰 栏 蓝 篮 笼 聋 郎 浪 连 联 懒 轮 |
| | t | 丹 单~双 胆 担 顿 又 灯 东 冬 登 等 凳 冻 端 当 栋 |
| l | l | 来 雷 赖 领 林 灵 老 龙 隆 里 路 炉 梨 粒 绿 辣 腊 |
| | n | 耐 奈 你 鸟 泥 脑 闹 糯 |
| | t | 代 袋 带 都 对 堆 兑 多 钉 低 刀 帝 钓 赌 斗 蔸 |
| | tʂ | 知 猪 竹 着~衣 朝早饭 张一~纸 中~间 胀 |
| | tʂʻ | 虫 肠 |
| | ʐ | 日 热 入 |
| | ø | 二 艺又 宜便~ |
| ts | ts | 资 姿 字 紫 子 自 杂 择 崽 宗 总 姊 坐 醉 祖 早 钻 |
| | tʂ | 支 脂 纸 止 志 渣 盏 炸 站 锥 助 昼 铡 折 汁 筑 |
| | tsʻ | 瓷 慈 祠 残 蚕 从 词 磁 |
| | tʂʻ | 池 茶 查 锄 锤 愁 槌 床 |
| | tɕ | 脐 荠 接 节 结 绝 贱 既 |
| | tɕʻ | 齐 樵 前 钱 |
| | ɕ | 习学~ |
| | s | 饲 随 |
| tsʻ | tsʻ | 此 次 参~加 策 葱 催 粗 醋 操 草 凑 搓 擦 错 锉 |
| | tʂʻ | 齿 叉 权 差~不多 岔 冲 吹 初 楚 创 闯 窗 拆 炒 吵 |
| | tɕʻ | 七 漆 砌 切 戚 |
| | ʂ | 柿 |
| s | s | 私 司 丝 思 蛳 撒 萨 三 蓑 伞 散 送 四 岁 苏 素 嫂 扫 粟 |
| | ʂ | 师 是 时 事 实 始 数 试 市 梳 沙 杉 水 税 双 湿 术 |
| | ɕ | 戌又 婿 雪又 薛 线又 |
| | tʂ | 出 除开~ |
| tɕ | tɕ | 鸡 居 锯 尖 肩 金 军 颈 错 就 九 酒 交 讲 江 夹 脚 |
| | tɕʻ | 奇 期 晴 情 穷 芹 群 茄 桥 墙 琴 勤 钳 全 权 求 |
| | tʂ | 直 质 朱 诸 煮 蔗 正~月 真 针 争 沾 砖 周 招 章 烛 啄 |

| | | |
|---|---|---|
| | tʂ' | 陈 臣 成 潮 重~阳 程 橙 绸 触 |
| | ts | 增 尊 债 灾 在 再 载 足 卒 |
| | ç | 徐 祥 详 袖 谢感~ 续 手~ 席 |
| | k | 该 贡 刚 才~ 供~不起 恭~城：地名 |
| | ʐ̩ | 肉 |
| | ʂ | 守又 |
| tɕ' | tɕ' | 欺 气 区 轻 亲 青 千 浅 庆 牵 签 秋 丘 巧 枪 腔 |
| | tʂ' | 差~别 钗 称 撑 产 秤 春 穿 抽 超 扯 车 汽~ 插 |
| | ts' | 猜 彩 踩 菜 蔡 村 寸 |
| | ç | 斜 |
| | k' | 揩 |
| ȵ | n | 尼 女 奶 纽 扭 娘 酿 尿 浓又 |
| | ø | 疑 义 艺 挨 崖 银 延 眼 酽 硬 验 耳 赢 业 月 玉 |
| | ʐ̩ | 惹 人 忍 仁 扰 绕 |
| | m | 猫 |
| ç | ç | 心 喜 戏 墟 鞋 匣 少 星 兴 新 先 仙 香 乡 想 修 休 |
| | ʂ | 世 势 神 输 书 食 室 筛 薯 树 竖 晒 声 烧 刷 收 手 |
| | tʂ' | 晨 乘 唇 纯 仇 常 尝 偿 |
| | s | 腮 鳃 孙 笋 损 |
| | x | 海 害 亥 还~有 |
| | k' | 开 恐又 |
| | tɕ' | 掐 起 |
| | f | 犯又 |
| k | k | 姑 瓜 箍 规 跪 乖 拐 怪 挂 耕 梗 关 桂 棍 公 工 跟 |
| | tɕ | 家 加 假 架 驾 嫁 价 监 菌 橘 决 阄 鸠 搅 甲 蕨 觉晒~ |
| | tɕ' | 裙 拳又 |
| | k' | 狂 |
| k' | k' | 快 块 款 困 咳 亏 昆 苦 考 靠 抠 口 科 课 康 矿 抗 |
| | tɕ' | 敲 圈 劝 确 缺 |
| | x | 豁 |
| ŋ | ø | 按 硬 蚁 恩 乌 午 鱼 梧 煎 傲 咬 藕 饿 鹅 物 额 |

| | n | 牛 |
|---|---|---|
| x | x | 婚荤华化红洪槐汇惠户蒿胡好后猴火 |
| | k' | 空又肯裤苦又糠睏口又壳阔哭窟 |
| | ç | 夏~至下~种限学~习孝守~咸~淡项 |
| | f | 缝冯粉匪发罚 |
| | s | 松~紧 |
| | tç' | 去 |
| | Ø | 雨有 |
| Ø | Ø | 医姨舞哑鸭衣爱轭夜阴燕雁孕万运味秧 |
| | ʐ | 壬任认闰润容绒融镕荣让染 |
| | x | 滑猾横~路会~不~秽和~尚禾割~ |
| | k | 锅癸 |
| | ʂ | 食又 |
| | p | 把又 |

## （二）韵母的比较

桃川土话韵母 35 个，包括自成音节的鼻辅音在内。北京话韵母 40 个，也包括自成音节的鼻辅音在内。

桃川土话下列 26 个韵母：ɿ、i、u、y、a、ia、ua、uo、ɛ、iɛ、yɛ、ai、uai、ei、uei、au、iau、əu、iəu、aŋ、iaŋ、uaŋ、əŋ、iəŋ、uəŋ、uŋ 北京话也有，其中［ɛ］即北京话单用的 ê（此为汉语拼音字母），［iɛ、yɛ、əu、iəu、iəŋ］北京话记为［ie、ye、ou、iou、iŋ］。

余下的土话韵母除自成音节的鼻辅音外，还有以下 8 个是北京话没有的：ya、io、əɯ、aɯ、əɯ、iəɯ、iu、yəŋ。反过来看，北京话里除自成音节的鼻辅音外，下列韵母：ʅ、ər、ɤ、o、iai、an、iɛn、uan、yan、ən、in、uən、yn、iuŋ，土话也没有。

桃川土话与北京话韵母的差异远胜过声母，从具体比较中更可以明显地看出。

下面比较各韵母的对应情况，比较时仍先列土话音，后列北京音，最后举例。例字多的反映主要规律。因文白异读或其他异读的又音现象，同一个字可能在不同的地方出现，如"湖"字既出现在［u］韵里，又出现在［au］

韵里；"拳"字既出现在〔ya〕韵，又出现在〔uəŋ〕韵和〔yəŋ〕韵。各种情况详见同音字表。

| | | |
|---|---|---|
| ɿ | ɿ | 资 姿 瓷 慈 鹚 词 祠 饲 紫 子 自 此 次 刺 私 司 思 丝 字 |
| | ʅ | 支 之 脂 池 迟 纸 指 止 志 痣 至 汁 齿 柿 师 是 实 |
| | i | 脐 既 |
| i | i | 鸡 机 几 计 奇 起 气 契 喜 戏 医 依 移 椅 益 易 吉 级 急 吸 |
| | ʅ | 世 势 饰 失 室 释 食 适 式 直 值 执 质 织 职 |
| | ɤ | 舌 折~被 蛰 |
| | ie | 揭 歇 叶 |
| | iɛn | 腌 |
| u | u | 晡 补 布 符 扶 狐 腐 富 副 箍 乌 舞 雾 湖 伏 福 服 腹 筑 粟 |
| | a | 巴 疤 渣 差 沙 纱 撒 权 岔 答 搭 辣 腊 蜡 杂 铡 闸 |
| | ia | 虾 下 夏 家 加 痂 假 哑 鸭 押 压 甲 |
| | ua | 花 化 划 画 话 瓜 寡 |
| | ɤ | 荷 隔 格 责 择 客 |
| | o | 泊 伯 佛 |
| | uo | 握 |
| | ei | 北 |
| | an | 衫 杉 |
| y | y | 区 举 余 誉 菊 戌 |
| | u | 主 |
| | uei | 荽 |
| a | i | 衣 皮 脾 糜 |
| | ei | 肥 沸 被 |
| | a | 大 哪 |
| | ai | 矮 爱 |
| | ia | 狭 |
| | ɤ | 轭 |
| | ʅ | 虱 |
| | an | 按 |
| ia | ai | 排 牌 摆 拜 派 买 埋 台 抬 袋 胎 太 来 带 戴 该 财 开 改 菜 |

| | | |
|---|---|---|
| | y | 居 区 墟 虚 须 许 徐 蛆 觑 局 锯 据 句 续 女 玉 |
| | u | 朱 珠 煮 主 诸 除 厨 住 柱 书 输 薯 树 烛 粟 卒 |
| | ia | 佳 匣 丫 牙 芽 夹 挟 甲 掐 崖 瞎 |
| | ie | 爹 街 阶 解 介 界 戒 鞋 蟹 |
| | a | 八 罢 差~别 钗 插 杀 |
| | ua | 袜 |
| | uo | 镯 |
| | uei | 嘴 |
| | i | 鳍 |
| ua | uei | 对 碓 队 兑 堆 推 腿 退 褪 回 |
| | uai | 乖 拐 怪 块 会~计 快 筷 外 |
| | ua | 挂 卦 垮 滑 猾 |
| | ai | 赛 |
| | ei | 雷 内 |
| ya | ie | 斜 |
| | ye | 诀 |
| | yan | 拳 |
| io | əŋ | 正~月 整 声 成 城 盛 省 |
| | iŋ | 顶 鼎 颈 镜 轻 赢 星 |
| | uən | 村 寸 损 笋 |
| | yn | 俊 |
| | ən | 衬 |
| | ie | 爷 夜 |
| | ye | 雀 鹊 却 |
| | ɤ | 蛇 |
| | ua | 耍 刷 |
| | iuŋ | 兄 |
| | an | 犯 |
| uo | an | 单 胆 贪 摊 淡 毯 炭 懒 南 男 难 兰 盏 栈 三 伞 站 散 |
| | a | 爬 把 霸 帕 马 麻 茶 搽 查 察 炸 沙 痧 发 罚 达 塔 |
| | ən | 分~开 盆 份 本 门 闷 坟 粉 |

|  | uən | 问 闻 婚 荤 魂 睏 顿 困 温 瘟 稳 |
|---|---|---|
|  | ia | 架 驾 嫁 价 枷 夏~至 下~种 牙 芽 |
|  | ua | 华 化 挖 刮 刷 |
|  | uo | 锅 窝 莴 括 活 豁 蓑 |
|  | ei | 美 配 佩 没 |
|  | u | 母 牡 骨 窟 |
|  | ai | 崽 摘 |
|  | o | 末 茉 |
|  | ɤ | 葛 轭 |
|  | aŋ | 躺 烫 廊 膀 |
|  | əŋ | 风吹~ 疯 篷 |
|  | uŋ | 农 脓 笼 |
|  | uan | 款 唤 |
|  | au | 凿 |
|  | uaŋ | 爽 |
| ɜ | əŋ | 耕 更 庚 羹 梗 埂 |
|  | uŋ | 共 虹 |
|  | aŋ | 杠 |
|  | uəŋ | 雍 |
|  | iɛn | 限 监 |
|  | ɤ | 额 |
| iɜ | iɛn | 鞭 辫 店 垫 连 尖 肩 前 钱 仙 嫌 县 剪 减 千 浅 见 眼 雁 酽 |
|  | iŋ | 冰 平 丙 病 钉 听 亭 明 命 令 零 京 精 清 晴 请 兴 姓 蝇 应 |
|  | in | 宾 拼 品 民 林 今 金 斤 近 勒 紧 进 亲 心 新 信 阴 音 隐 引 印 |
|  | nə | 砧 真 针 陈 沉 镇 趁 人 认 参人~ 深 身 伸 神 臣 阵 沈 |
|  | əŋ | 蒸 争 增 成 正 政 邓 层 冷 称 撑 铛 秤 升 生 甥 剩 乘 橙 |
|  | an | 班 斑 扳 搬 板 版 慢 办 扮 沾 斩 盏 占 产 铲 山 衫 闪 |
|  | uən | 蚊 存 盾 顿 尊 遵 肫 唇 |
|  | uŋ | 重 虫 种 肿 粽 恐 龙 隆 |
|  | ie | 谢 写 泻 借 且 业 协 胁 |
|  | aŋ | 榜 磅 绑 |

| | | |
|---|---|---|
| | i | 席 惜 锡 积 脊 鲫 |
| | a | 打 |
| | ei | 贼 |
| | yn | 俊 |
| | iuŋ | 穷 |
| | uan | 还 |
| yɛ | uən | 昏 魂 混 准 春 椿 蠢 纯 笋 顺 闰 润 |
| | yn | 均 军 君 群 裙 菌 训 云 匀 孕 薰 熨 运 |
| | uan | 关 惯 专 穿 栓 患 还 万 |
| | yan | 捐 楦 癣 |
| | ye | 雪 靴 穴 月 越 |
| | ie | 血 邪 |
| | uei | 会 汇 |
| | uai | 怀 |
| | ei | 痱 |
| | əŋ | 横 |
| | uŋ | 酕 |
| | an | 番 翻 烦 反 |
| | ən | 喷 愤 粪 奋 |
| ɯə | uŋ | 东 冬 动 同 筒 童 桶 痛 冻 宗 总 葱 冲 送 公 工 空 红 |
| | əŋ | 捧 逢 缝 灯 登 等 戥 凳 藤 衡 哽 |
| | ən | 跟 根 恩 肯 |
| | ɤ | 咳 吓 |
| | i | 蚁 |
| | u | 物 |
| ai | i | 鼻 蓖 比 笔 披 闭 秘 密 蜜 地 李 里 理 你 利 笠 栗 七 漆 |
| | ei | 碑 背 眉 每 非 飞 肥 没 |
| | ʅ | 知 迟 日 氏 使 史 |
| | ɿ | 姊 四 肆 死 |
| | ər | 二 尔 |
| | a | 眨 |

|      |     |                                                      |
|------|-----|------------------------------------------------------|
|      | u   | 入                                                    |
| uai  | uei | 龟归跪鬼贵亏灰罪锥锤嘴吹岁水税煨围味胃                 |
|      | y   | 吕铝旅虑滤橘戌                                         |
|      | ei  | 累类泪匪                                              |
|      | uai | 帅槐坏                                                |
|      | uən | 昆崑                                                  |
| ei   | i   | 米壁批披堤提蹄第梯体剃低底西洗泥犁砌                   |
|      | ie  | 篾别贴帖碟铁孽接节截洁结切憋                           |
|      | ei  | 杯赔陪辈背梅媒煤眉霉妹费肺                             |
|      | iau | 条跳刁雕钓吊掉调鸟樵                                   |
|      | ɤ   | 热浙折涉                                              |
|      | au  | 猫朝                                                  |
|      | ou  | 谋                                                    |
| uei  | uei | 桂鳜汇惠翠委秽                                         |
|      | ye  | 雪薛绝决蕨决月                                         |
|      | uai | 外                                                    |
|      | y   | 婿                                                    |
| au   | u   | 斧浮土肚杜渡初粗苏姑苦湖狐壶炉木乌                     |
|      | au  | 桃逃淘陶萄稻告糟熬蒿道                                 |
|      | y   | 鱼渔雨去                                              |
|      | ou  | 昼                                                    |
|      | ua  | 抓                                                    |
|      | iau | 教                                                    |
| iau  | u   | 猪録                                                  |
|      | y   | 绿 曲歌~                                              |
|      | au  | 绍邵                                                  |
| auɯ  | au  | 老到刀讨套帽毛脑早枣皂灶扫高考爆好毫草                 |
|      | ua  | 抓                                                    |
| əu   | ou  | 头投豆敲偷透都兜楼漏愁走皱钩狗抠猴                     |
|      | u   | 铺菩部步扑谱亩妇徒涂图祝俗宿肃束                       |
|      | au  | 包胞饱豹炮茅卯刨闹炒抄                                 |

iau 敲 搅 咬 孝 觉 角 窖

iou 牛 鸠 阉

uo 捉 夺 缩 扩 郭 国

o 剥 钵 泼 摸 末

ɤ 色 塞 各 阁 壳 磕 恶

ye 确 学

ei 黑

ua 抓~痒

iɐu iou 就 秋 丘 修 休 秀 舅 酒 九 旧 袖 溜 流 柳 优 油 右 又

ou 周 州 绸 抽 丑 臭 收 受 手 守 首 寿 兽

iau 膘 标 飘 苗 庙 廖

ʅ 食~朝 识

i 熄

u 叔 畜~牲

y 育教~ 欲

ye 学~生

əme uo 多 锣 朵 拖 驼 腘 糯 螺 坐 左 做 搓 错 锁 所 落 骆 烙

ɤ 歌 哥 科 可 课 贺 何 河 禾 和 合 德 得 鸽 刻 割

o 波 婆 簸 坡 破 摸 磨 莫 墨 薄 迫 魄

əŋ 朋 棚 彭

u 族

iəmei iau 交 椒 焦 浇 桥 荞 调 挑 料 缴 绞 教 脚 窍 小 巧 消 摇

au 招 朝 照 超 赵 绕 扰 少 兆 烧

ye 乐音~ 岳 钥 虐 约 嚼

uo 弱 若 着~衣

iu ɤ 车 遮 扯 赊 社 射 麝 舍 (捨) 涩

ie 谢 野 夜

ʅ 尺 石 赤 炙 只 两~手

i 屎

aŋ aŋ 帮 旁 忙 棒 胖 方 房 放 蚌 堂 膛 唐 糖 塘 汤 当 郎 狼 桑

an 般 盘 半 判 潘 瞒 凡 范 犯 耽 谭 坛 探 叹 弹 甘 肝 汗

| | | |
|---|---|---|
| | uan | 端团段暖卵短算蒜乱冠罐管馆观官钻 |
| | uaŋ | 荒慌晃庄装妆桩窗霜双闯创光广 |
| | uŋ | 空孔控栋通总棕松~紧 |
| | əŋ | 风~俗枫凤龙~封丰锋奉 |
| | iaŋ | 项 |
| | iɛn | 岩 |
| iaŋ | aŋ | 张一~纸章丈长场掌昌商上畅常让账涨赏刚才~ |
| | iaŋ | 良粮梁两姜江墙强祥将抢腔奖湘乡香想央羊 |
| | uŋ | 终钟忠中~秋重~阳龙恭~城贡供众铳容绒融镕 |
| | iuŋ | 胸凶雄熊勇用 |
| uaŋ | uaŋ | 汪王往旺狂妄望忘况矿 |
| | uan | 弯湾 |
| əŋ | iɛn | 天边片变棉田甜年鲇连填电垫前钱线偏骗 |
| | iŋ | 顶庭另龄宁并 |
| | in | 临鳞磷 |
| | əŋ | 能腾庚 |
| | ən | 很恨 |
| | uən | 论轮吞 |
| | uŋ | 从囱 |
| iəŋ | iɛn | 见箭健剪千浅牵歉仙贤显现烟盐演验檐燕 |
| | in | 琴勤锦侵浸殷饮引信 |
| | iŋ | 景警行醒英影营迎寅 |
| | an | 展占黏闪善鳝扇然染 |
| | əŋ | 正~月整政肾胜盛兴~剩 |
| | ən | 枕伸神忍 |
| | iuŋ | 拥 |
| | uŋ | 荣 |
| uəŋ | yan | 拳圈劝冤远圆元员缘原源园袁援院怨愿 |
| | uan | 完丸顽 |
| | iɛn | 沿铅芫~荽 |
| | uəŋ | 滚捆 |

|   | yn | 云 |
|---|----|---|
|   | iuŋ | 永 |
| yəŋ | yan | 全 泉 旋 权 拳 圈 卷 倦 捲 眷 绢 宣 选 |
|   | uan | 砖 传 船 椽 转 川 串 |
|   | iɛn | 鲜 |
|   | yn | 勋 薰 |
| uŋ | əŋ | 猛 蒙 孟 懵 冯 |
|   | uŋ | 隆 董 巩 恐 轰 |
| ŋ̍ | u | 五 伍 午 武 |
|   | uo | 我 |
|   | an | 安 鞍 暗 案 |
|   | uan | 碗 |

## （三）声调的比较

江永桃川土话有 5 个调类，北京话有 4 个调类，两种话声调的对应关系如表 2－11。表中例字大的表示基本情况，小的表示少数读法。

**表 2－11　桃川土话和北京话声调比较表**

| 北京 ＼ 桃川 | 阴平 55 | 阳平 35 | 上声 214 | 去声 51 |
|---|---|---|---|---|
| 阴平 33 | 高 开 工 飞 | 联 研 蝇 | 五 女 买 有 | 丈 在 柱 淡 |
| 阳平 21 | 期 堤 危 | 陈 才 人 云 |  | 大 地 步 豆 |
| 上声 35 | 拥 |  | 古 草 走 脑 | 纪 蟹 |
| 去声 24 | 听 侵 |  |  | 对 唱 善 造 |
| 入声 55 | 滴 摘 鸭 出 | 级 直 福 橘 | 北 塔 雪 铁 | 客 益 月 育 |

从表中可以看到桃川土话和北京话声调对应的大致情况：

桃川的阴平北京分为三类，一主两次：读阴平的是主要情况，读上声和去声的也不在少数，另有零星的字读为阳平。

桃川的阳平北京除主要也是读阳平外，还有一部分读去声，如"大 地步 豆"等。

桃川的上声北京也读上声，个别字读阴平或去声。

桃川的去声北京也读去声，个别字读阴平。

桃川的入声北京分化最多，阴阳上去四声都有。

# 八、土话音系和古音比较

这一节是今音和古音的比较。今音在这里指的是桃川土话音系，古音是指《切韵》《广韵》所代表的语音系统，也就是《方言调查字表》的语音系统。

比较是从中古音系出发，看从古到今桃川土话语音的演变。

## （一）声母的古今比较

声母的古今比较见表2–12。

表2–12　古今声母比较表

| 组 | 今洪/今细 | 清 | | 全浊 平 | 全浊 仄 |
|---|---|---|---|---|---|
| 帮组 | | 帮 波 pɯ³³ | 滂 坡 p'ɯ³³ | 並 婆 pɯ²¹ | 伴 paŋ³³ |
| 非组 | | 非 飞 fai³³ | 敷 翻 fyɛ³³ | 奉 烦 fyɛ²¹ | 凤 faŋ²¹ |
| 端泥组 | 今洪 / 今细 | 端 多 lɯ³³ | 透 胎 t'ia³³ | 定 桃 tau²¹ | 地 tai²¹ |
| 精组 | 今洪 | 精 祖 tasu³⁵ | 清 搓 ts'əɯ³³ | 从 瓷 tsɿ²¹ | 暫 tsuo²⁴ |
| | 今细 | 酒 tɕiəu³⁵ | 村 tɕ'io³³ | 晴 tɕiɛ²¹ | 就 tɕiəu³³ |
| 知组 | 今洪 | 知 昼 tsau²⁴ / 朝 lei³³ | 彻 拆 ts'u⁵⁵ | 澄 茶 tsuo²¹ / 迟 tai²¹ | 择 tsu⁵⁵ / 着 təɯ²¹ |
| | 今细 | 珍 tɕiɛ³³ / 砧 liɛ³³ | 超 tɕ'iəɯ³³ | 陈 tɕiɛ²¹ / 沉 tie²¹ | 柱 tɕia³³ / tia³³ |
| 庄组 | 今洪 | 庄 渣 tsu³³ | 初 楚 ts'əɯ³⁵ | 崇 锄 tsau²¹ | 栈 tsuo²⁴ |
| | 今细 | 债 tɕia²⁴ | 钗 tɕ'ia³³ | 豺 tɕia²¹ | 寨 tɕia³³ |
| 章日组 | 今洪 | 章 纸 tsɿ³⁵ | 昌 吹 ts'uai³³ | 船 神 ɕiɛ²¹ | 术 suai³³ |
| | 今细 | 针 tɕiɛ³³ | 穿 tɕ'yɛ³³ | | 顺 ɕyɛ²¹ |
| 见晓组 | 今洪 | 见 家 ku³³ | 溪 去 xau²⁴ / 科 k'əɯ³³ | 群 狂 kuaŋ²¹ | 跪 kuai³³ |
| | 今细 | 居 tɕia³³ | 欺 tɕ'i³³ / 起 ɕi³⁵ | 桥 tɕiəɯ²¹ | 局 tɕia²¹ |
| 影组 | | 影 衣 a³³ 屋 ŋau⁵⁵ 椅 i³⁵ 哑 u³⁵ 熨 yɛ²⁴ | | | |

续表

| 次浊 | | 清 | 全浊 平 | 全浊 仄 | | |
|---|---|---|---|---|---|---|
| 明 门 muo²¹ | | | | | | 帮组 |
| 微 文 uo / 蚊 miɛ²¹ | | | | | | 非组 |
| 泥 南 nuo²¹ / 脑 lauɯ³⁵ / 女 ȵia³³ | 来 雷 lau²¹ | | | | 今洪 | 端泥组 |
| | | | | | 今细 | |
| | | 心 三 suo³³ / 先 ɕiɛ³³ | 邪 祠 tsɿ²¹ | 习 tsai⁵⁵ | 今洪 | 精组 |
| | | | 徐 tɕia²¹ / 旬 ɕyɛ²¹ | 谢 tɕiu²¹ | 今细 | |
| | | | | | 今洪 | 知组 |
| | | | | | 今细 | |
| | | 生 使 sai³⁵ / 山 ɕiɛ³³ | | | 今洪 | 庄组 |
| | | | | | 今细 | |
| 日 尔 lai³³ / 人 ȵiɛ²¹ / 任 iɛ²⁴ | | 书 水 suai³⁵ / 深 ɕiɛ³³ | 禅 时 sɿ³³ | 是 sɿ³³ | 今洪 | 章日组 |
| | | | 辰 ɕiɛ²¹ | 薯 ɕia²¹ | 今细 | |
| 疑 鱼 ŋau²¹ / 原 uəŋ²¹ / 艺 ȵi²⁴ / 牙 ia²¹ | | 晓 婚 xuo³³ / 花 fu³³ / 海 ɕia³⁵ | 匣 湖 xau²¹/fu²¹ | 下 xuo²⁴/fu³³ | 今洪 | 见晓组 |
| | | | 鞋 ɕia²¹ / 怀 fyɛ²¹ / 横 yɛ²¹ | 亥 ɕia²¹ / 混 fyɛ²⁴ | 今细 | |
| 云 右 iəu²⁴ / 圆 uəŋ²¹ / 云 yɛ²¹ | 以 移 i²¹ / 维 uai²¹ / 孕 yɛ³³ | | | | | 影组 |

帮母字今读 [p] 和 [m]，读 [m] 的一般来自古阳声韵，如"本、班、兵、冰、饼、半"等。读 [p'] 的有"谱、蒇、遍、迫"。

滂母字今读 [p']。读 [p] 的有"玻、魄"。读 [f] 的有"喷~水"。

并母字今读 [p]。读 [p'] 的有"佩、瓢、嫖、叛、蓬"。读 [m] 的有"蚌、并"。

明母字今读 [m]。读 [Ø] 的有"戊"。

非母字今读 [f]。读 [p] 的有"斧、富地名、分~数"。读 [x] 的有"发、粉、疯"。读 [m] 的有"分~开、风吹~、放~花炮"。

敷母字今读 [f]。读 [p'] 的有"纺~木棉、蜂~子、捧"。

奉母字今读 [f]。读 [p] 的有"肥出~、浮、妇媳~、份、房",读 [p'] 的有"辅"。读 [x] 的有"逢、缝、坟、冯、罚"。

微母字今读 [Ø]。读 [m] 的有"蚊、闻、问、网、袜",读 [ŋ] 的有"武、物"。

端母字今读 [l] 和 [n]。读 [l] 的如"多、都、对、堆、低、刀、帝、钓、斗"等,读 [n] 的如"丹、单~双、胆、灯、东、冬、等、当"等。读 [t] 的有"店、锻、滴"。读 [t'] 的有"疸"。

透母字今读 [t'],如"胎、太、推、炭、滩、听、梯、桶"等。

定母字今读 [t],如"大、地、弟、垫、头、桃、亭、条"等。读 [l] 的有"代、袋、队、兑、稻、掉、夺"。

泥母字今读洪音的,有的读 [n],如"南、男、难、农"等,有的读 [l],如"脑、恼、奴、闹、糯"等。今读细音的为 [ȵ],如"女、娘、奶、尼"等。

来母字今读 [l],如"雷、老、路、腊"等,读 [n] 的有"兰、笼、郎、浪"等。

精母字今洪音读 [ts],细音读 [tɕ]。读 [tɕ'] 的有"浸、雀"等。

清母字今洪音读 [ts'],细音读 [tɕ']。

从母字今洪音读 [ts],细音读 [tɕ]。读 [t] 的有"层"。

心母字今洪音读 [s],细音读 [ɕ]。

邪母字今洪音读 [ts],细音读 [tɕ] 和 [ɕ]。

知母字今洪音读 [ts] 和 [l],细音读 [tɕ] 和 [l]。读 [l] 的如"猪、知、朝、砧、胀、着~衣、竹、张一~、中~间"等。读 [t] 的有"爹"。

彻母字今洪音读 [ts'],细音读 [tɕ']。读 [tɕ] 的有"侦",读 [t'] 的有"丑又音"。

澄母字今洪音读 [ts] 和 [t],细音读 [tɕ] 和 [t]。读 [t] 的如"除、厨、迟、沉、长~短、重轻~、丈、柱、住"等。读 [l] 的有"虫"。

庄母字今洪音读 [ts],细音读 [tɕ]。

初母字今洪音读 [ts'],细音读 [tɕ']。

崇母字今洪音读 [ts],细音读 [tɕ]。读 [s] 的有"事、士"。读 [ts'] 的有"柿"。

生母字今洪音读［s］，细音读［ɕ］。读［tɕ'］的有"产"。读［tɕ］的有"涩"。

章母字今洪音读［ts］，细音读［tɕ］。

昌母字今洪音读［ts'］，细音读［tɕ'］。读［s］的有"出"。读［tɕ］的有"触"。读［ɕ］的有"赤"。

船母字今洪音读［s］，细音读［ɕ］。读［t］的有"盾"。

书母字今洪音读［s］，细音读［ɕ］。读［ts］的有"翅"。读［tɕ］的有"守又音"。

禅母字今洪音读［s］，细音读［tɕ］和［ɕ］。

日母字今洪音读［l］，细音读［ȵ］和［Ø］。读［tɕ］的有"肉"。

见母字今洪音读［k］，细音读［tɕ］。读［k'］的有"会～计、昆、崑"。读［ts］的有"既、劫、洁"。读［Ø］的有"锅"。

溪母字今洪音读［k'］和［x］，细音读［tɕ'］和［ɕ］。读［f］的有"恢"。

群母字今洪音读［k］，细音读［tɕ］。读［tɕ'］的有"鳍、强勉～"。细音也有拼［k］的，如"裙、菌"。

疑母字今洪音读［ŋ］和［Ø］，细音读［ȵ］和［Ø］。读［l］的有"宜、艺又音"。读［n］的有"研"。读［ŋ］的有"我、五、伍、午又音"。

晓母字今洪音读［x］和［f］，细音读［ɕ］。读［k'］的有"况"。读［tɕ］的有"吸"。

匣母字今洪音读［x］、［f］和［Ø］，细音读［ɕ］、［f］和［Ø］。读［k］的有"虹"。

影母字今洪音读［Ø］和［ŋ］。　［ŋ］自成音节的有"安、鞍、案、暗、碗"。

云母字今洪音读［Ø］。读［x］的有"雨、有"，读［ɕ］的有"熊、雄"。

以母字今洪音读［Ø］，读［tɕ］的有"捐"，读［ȵ］的有"盈、赢"。

## （二）韵母的古今比较

韵母的古今比较见表2-13至表2-17。

### 表2-13　古今韵母比较表之一

| | | 一等 | | | 二等 | | | |
|---|---|---|---|---|---|---|---|---|
| | | 帮系 | 端系 | 见系 | 帮系 | 泥组 | 知庄组 | 见系 |
| 果开 | 例字 | | 多 | 歌 | | | | |
| | 文 | | | | | | | |
| | 白 | | ləɯ | kəɯ | | | | |
| 果合 | 例字 | 玻 | 螺 蓑 | 科 窝 | | | | |
| | 文 | | suo | uo | | | | |
| | 白 | pəɯ | ləɯ | k'əɯ | | | | |
| 假开 | 例字 | | | | 巴 马 | | 权 叉 | 家 牙 |
| | 文 | | | | | | ts'a | ia |
| | 白 | | | | pu muo | | ts'u | ku uo |
| 假合 | 例字 | | | | | | | 花 夸 |
| | 文 | | | | | | | k'ua |
| | 白 | | | | | | | fu |
| 遇合 | 例字 | 布 步 | 祖 | 湖 乌 | | | | |
| | 文 | pu | | fu u | | | | |
| | 白 | pəu | tsau | xau ŋau | | | | |
| 蟹开 | 例字 | 贝 | 代 胎 | 该 害 | 牌 | 奶 | 钗 | 阶 矮 |
| | 文 | pei | | | | | | |
| | 白 | | lia t'ia | tçia çia | pia | ȵia | tç'ia | tçia ŋa |
| 蟹合 | 例字 | 背 配 | 堆 最 | 灰 回 | | | | 槐 快 |
| | 文 | pei | tsuai | fuai | | | | xuai |
| | 白 | p'uo | lua | fua | | | | ua k'ua |

续表

| 三　四　等 | | | | | | | | | |
|---|---|---|---|---|---|---|---|---|---|
| 帮系 | 端组 | 泥组 | 精组 | 庄组 | 知章组 | 日母 | 见系 | | |
| | | | | | | | 茄 | 例字 | 果开 |
| | | | | | | | | 文 | |
| | | | | | | | tɕiəɯ | 白 | |
| | | | | | 瘸 | | 靴 | 例字 | 果合 |
| | | | | | | | çyɛ | 文 | |
| | | | | | | | kuei | 白 | |
| | | | 写 谢 | | 扯 | 惹 | 夜 | 例字 | 假开 |
| | | | çiɛ | | | | | 文 | |
| | | | tɕiu | | tɕ‘iu | n̠iu | iu | 白 | |
| | | | | | | | | 例字 | 假合 |
| | | | | | | | | 文 | |
| | | | | | | | | 白 | |
| 斧 舞 | | 女 | 蛆 | 初 | 住 主 | | 区 | 例字 | 遇合 |
| u | | | | | tɕy | | tɕ‘y | 文 | |
| pau | | n̠ia | tɕ‘ia | ts‘au | tia tɕia | | tɕ‘ia | 白 | |
| 米 迷 | 低 | 厉 犁 | 齐 婿 | | 势 | | 艺 鸡 | 例字 | 蟹开 |
| | | | suei | | çi | | n̠i tɕi | 文 | |
| mei mai | lei | lai lei | tsei | | | | lai | 白 | |
| 肺 | | | 岁 | | 税 | | 桂 | 例字 | 蟹合 |
| fei | | | suai | | suai | | kuei | 文 | |
| | | | | | | | | 白 | |

表 2-14　古今韵母比较表之二

| | | 一等 | | | 二等 | | | |
|---|---|---|---|---|---|---|---|---|
| | | 帮系 | 端系 | 见系 | 帮系 | 泥组 | 知庄组 | 见系 |
| 止开 | 例字 | | | | | | | |
| | 文 | | | | | | | |
| | 白 | | | | | | | |
| 止合 | 例字 | | | | | | | |
| | 文 | | | | | | | |
| | 白 | | | | | | | |
| 效开 | 例字 | 报 毛 | 早 | 高 篙 | 茅 貌 | 闹 | 炒 罩 | 胶 咬 |
| | 文 | maɯ | tsaɯ | kaɯ kau | maɯ | | tsaɯ | tɕiəɯ |
| | 白 | pəu | | | məu | ləu | tsʻəu | kəu ŋəu |
| 流开 | 例字 | | 豆 | 猴 | | | | |
| | 文 | | təu | xəu | | | | |
| | 白 | | | | | | | |
| 咸舒开合 | 例字 | | 探 贪 | 暗 敢 | | | 斩 站 | 减 监 |
| | 文 | | tʻaŋ | kaŋ | | | tsaŋ | |
| | 白 | | tʻuo | ŋ̍ | | | tɕiɛ tsuo | tɕiɛ kɛ |
| 深舒开 | 例字 | | | | | | | |
| | 文 | | | | | | | |
| | 白 | | | | | | | |
| 山舒开 | 例字 | | 炭 叹 | 案 按 | 班 蛮 | | 山 栈 | 眼 颜 |
| | 文 | | tʻaŋ | ŋaŋ | maŋ | | | iəŋ |
| | 白 | | tʻuo | ŋ̍ ŋa | miɛ | | ɕiɛ tsuo | ŋiɛ |
| 山舒合 | 例字 | 盘 搬 | 团 | 欢 款 | | | 拴 | 还 关 |
| | 文 | paŋ | taŋ | xaŋ | | | saŋ | xaŋ |
| | 白 | miɛ | | kʻuo | | | çyɛ | fyɛ kyɛ |

续表

| 三　四　等 | | | | | | | | | |
|---|---|---|---|---|---|---|---|---|---|
| 帮系 | 端组 | 泥组 | 精组 | 庄组 | 知章组 | 日母 | 见系 | 例字 | |
| 眉 皮 | 地 | 梨 尼 | 姊 字 | 使 事 | 迟 知 | 二 | 棋 宜 | 例字 | 止开 |
| mei | | ȵi | tsɿ | sɿ sɿ | tsɿ | | tɕi | 文 | |
| mai pa | tai | lai | tsai | sai | tai lai | lai | lai | 白 | |
| 肥 费 | | 泪 | 嘴 翠 | 帅 | 水 | | 柜 委 | 例字 | 止合 |
| fai fei | | | tsʻuei | suai | | | uei | 文 | |
| pa | | luai | tsuai | | suai | | kuai | 白 | |
| 标 庙 | 挑 条 | 料 了 | 小 笑 | | 烧 朝 | 扰 | 腰 | 例字 | 效开 |
| | tʻiəu | liəu | ɕiəu | | ɕiəu miəu | ȵiəu | iəu | 文 | |
| piəu miəu | tei | lei | sei | | lei | | | 白 | |
| 富 妇 | | 柳 | 秋 | 瘦 | 手 昼 | 柔 | 九 牛 | 例字 | 流开 |
| fu fu | | liəu | tɕʻiəu | səu | ɕiəu tɕiəu | iəu | tɕiəu | 文 | |
| pəu | | | | | tsau | | ŋəu | 白 | |
| 范 | 店 | 念 | 签 | | 占 | 染 | 险 | 例字 | 咸舒 开合 |
| fan | təŋ | nəŋ | tɕʻiəŋ | | tɕiəŋ | iəŋ | ɕiəŋ | 文 | |
| | tie | | tɕʻiɛ | | tɕiɛ | | ɕiɛ | 白 | |
| 品 | | 林 临 | 侵 | 参人~ | 针 枕 | 任 | 阴 | 例字 | 深舒 开 |
| | | nəŋ | tɕʻiəŋ | | tɕiəŋ | | iəŋ | 文 | |
| pʻiɛ | | liɛ | tɕʻiɛ | ɕiɛ | tɕiɛ | iɛ | iɛ | 白 | |
| 鞭 边 | 电 垫 | 年 棟 | 千 | | 扇 | 然 | 牵 研 | 例字 | 山舒 开 |
| məŋ | təŋ ŋəŋ | nəŋ | tɕʻiəŋ | | ɕiəŋ | iəŋ | tɕʻiəŋ,uei ŋəŋ uei | 文 | |
| piɛ | tie | liɛ | tɕʻiɛ | | ɕiɛ | | tɕʻiɛ | 白 | |
| 反 矾 | | 恋 | 选 | | 传 穿 | | 圈 圆 | 例字 | 山舒 合 |
| fan | | nəŋ | ɕyəŋ | | tɕʻyəŋ | | tɕʻyəŋ | 文 | |
| fyɛ | | | | | tɕʻyɛ | | kʻuən uən uei | 白 | |

表2-15 古今韵母比较表之三

| | | 一等 | | | 二等 | | | |
|---|---|---|---|---|---|---|---|---|
| | | 帮系 | 端系 | 见系 | 帮系 | 泥组 | 知庄组 | 见系 |
| 臻舒开 | 例字 | | 吞 | 很 恩 | | | | |
| | 文 | | t'əŋ | xəŋ | | | | |
| | 白 | | | çie ŋmə | | | | |
| 臻舒合 | 例字 | 本 喷 | 论 村 | 滚 婚 | | | | |
| | 文 | | nəŋ | kuəŋ | | | | |
| | 白 | muo fyɛ | tç'io | xuo | | | | |
| 宕舒开 | 例字 | 忙 榜 | 藏~东西 | 刚 | | | | |
| | 文 | maŋ | tsaŋ | kaŋ | | | | |
| | 白 | miɛ | tsuo | tçiaŋ | | | | |
| 宕舒合 | 例字 | | | 荒 汪 | | | | |
| | 文 | | | faŋ uaŋ | | | | |
| | 白 | | | | | | | |
| 江舒开 | 例字 | | | | 绑 | | 双 | 江 港 |
| | 文 | | | | paŋ | | saŋ | tçiaŋ kaŋ |
| | 白 | | | | miɛ | | | |
| 曾舒开 | 例字 | 朋 | 藤 邓 | 肯 | | | | |
| | 文 | | | | | | | |
| | 白 | pɯə | tuə tie | xɯə | | | | |
| 曾舒合 | 例字 | | | 弘 | | | | |
| | 文 | | | | | | | |
| | 白 | | | xɯə | | | | |
| 梗舒开 | 例字 | | | | 孟 棚 | 冷 | 生 省 | 耕 硬 |
| | 文 | | | | muŋ | | | |
| | 白 | | | | pɯə | lie | çie çio | kɐ ŋie |

续表

| 三 四 等 | | | | | | | | | |
|---|---|---|---|---|---|---|---|---|---|
| 帮系 | 端组 | 泥组 | 精组 | 庄组 | 知章组 | 日母 | 见系 | | |
| 贫 | | 鳞 | 信 | 衬 | 陈 伸 | 人 忍 | 勤 | 例字 | 臻舒开 |
| | | nəŋ | ɕieŋ | | ɕieŋ | ieŋ | tɕieŋ | 文 | |
| pie | | lie | ɕie | tɕʻie/tɕʻio | tɕie ɕie | ȵie | tɕie | 白 | |
| 闻 蚊 | | 轮 | 笋 | | 春 | 闰 | 薰 云 | 例字 | 臻舒合 |
| uəŋ | | nəŋ | | | | | ɕyəŋ uəŋ | 文 | |
| muo mie | | | ɕyɛ/ɕio | | tɕʻyɛ | yɛ | ɕyɛ ye | 白 | |
| | | 娘 | 想 | 霜 | 张 | 让 | 香 | 例字 | 宕舒开 |
| | | ȵiaŋ | ɕiaŋ | saŋ | tɕiaŋ | iaŋ | ɕiaŋ | 文 | |
| | | | | | | | | 白 | |
| 方 望 | | | | | | | 狂 | 例字 | 宕舒合 |
| faŋ uaŋ | | | | | | | kuaŋ | 文 | |
| | | | | | | | | 白 | |
| | | | | | | | | 例字 | 江舒开 |
| | | | | | | | | 文 | |
| | | | | | | | | 白 | |
| 冰 | | 菱 | | | 剩 | | 兴 孕 | 例字 | 曾舒开 |
| | | | | | ɕieŋ | | | 文 | |
| mie | | lie | | | ɕie | | ɕie yɛ | 白 | |
| | | | | | | | | 例字 | 曾舒合 |
| | | | | | | | | 文 | |
| | | | | | | | | 白 | |
| 明 并 | 顶 | 宁 岭 | 静 | | 政 正 | | 竞 轻 | 例字 | 梗舒开 |
| məŋ | ŋəŋ | nəŋ | tɕiəŋ | | tɕiəŋ tɕieŋ | | tɕiəŋ | 文 | |
| mie | lie | lie | tɕie | | tɕie tɕio | | tɕie tɕʻio | 白 | |

表 2-16 古今韵母比较表之四

| | | 一等 | | | 二等 | | | |
|---|---|---|---|---|---|---|---|---|
| | | 帮系 | 端系 | 见系 | 帮系 | 泥组 | 知庄组 | 见系 |
| 梗舒合 | 例字 | | | | | | | 矿 横 |
| | 文 | | | | | | | k'aŋ |
| | 白 | | | | | | | yɛ |
| 通舒合 | 例字 | 蓬 蒙 | 通 送 | 空 | | | | |
| | 文 | muŋ | t'aŋ | k'aŋ | | | | |
| | 白 | p'əɯ | səɯ | xuə | | | | |
| 咸入 | 例字 | | 答 塔 | 合 | | | 闸 插 | 甲 |
| | 文 | | t'a | xəɯ | | | | tɕia |
| | 白 | | lu | | | | tsu tɕ'ia | ku |
| 深入开 | 例字 | | | | | | | |
| | 文 | | | | | | | |
| | 白 | | | | | | | |
| 山入开 | 例字 | | 辣 擦 | 割 | 八 拔 | | 杀 铡 | 瞎 |
| | 文 | | | kəɯ | | | | çia |
| | 白 | | lu ts'əɯ | | pia pəu | | çia tsu | |
| 山入合 | 例字 | 钵 | 夺 | 阔 活 | | | 刷 | 滑 刮 |
| | 文 | | | xuo | | | | ua |
| | 白 | pəu | ləɯ | xəɯ | | | çio | kuo |
| 臻入开 | 例字 | | | | | | | |
| | 文 | | | | | | | |
| | 白 | | | | | | | |
| 臻入合 | 例字 | 没 | 卒 | 骨 | | | | |
| | 文 | | | | | | | |
| | 白 | mai | tɕia/tɕio | kuo | | | | |

续表

| 三 四 等 | | | | | | | | | |
|---|---|---|---|---|---|---|---|---|---|
| 帮系 | 端组 | 泥组 | 精组 | 庄组 | 知章组 | 日母 | 见系 | | |
| | | | | | | | 永 兄 荣 | 例字 | 梗舒合 |
| | | | | | | | uəŋ iəŋ | 文 | |
| | | | | | | | çio | 白 | |
| 风 疯 | | 浓 隆 | 从 | | | 虫 铳 | 绒 恐 熊 | 例字 | 通舒合 |
| faŋ | | nəŋ luŋ | tsəŋ | | | | k'uŋ | 文 | |
| muo xuo | | ȵiaŋ | | | liɛ tɕ'iaŋ | iaŋ | çiɛ çiaŋ | 白 | |
| | 帖 | | 接 | 涉 | 劫 业 | 叶 | | 例字 | 咸入 |
| | | | | | ȵiɛ | | | 文 | |
| | t'ei | | tsei | sei | tsei | i | | 白 | |
| | | 粒 | 习 | 涩 | 十 拾 | 入 | 急 | 例字 | 深入开 |
| | | | | sɿ | | | tɕi | 文 | |
| | | lai | tsai | tɕiu | tsei | lai | | 白 | |
| 鳖 | 铁 | 烈 | 切 | | 折~断 | 热 | 洁 | 例字 | 山入开 |
| | | | | | | | | 文 | |
| pei | t'ei | lei | ts'ei | | tsei | lei | tsei | 白 | |
| 发 袜 | | | 雪 | | | | 蕨 月 | 例字 | 山入合 |
| | | | çyɛ | | | | ȵyɛ | 文 | |
| xuo mia | | | suei | | | | kuei | 白 | |
| 笔 | | 栗 | 七 疾 | 虱 | 质 实 | 日 | 乙 | 例字 | 臻入开 |
| | | | tɕi | | sɿ | | i | 文 | |
| pai | | lai | ts'ai | sa | tɕi | lai | | 白 | |
| 佛 | | | 戌 | | 出 | | 橘 | 例字 | 臻入合 |
| fu | | | çy | | | | | 文 | |
| | | | suai | | suai | | kuai | 白 | |

表2-17　古今韵母比较表之五

| | | 一等 | | | 二等 | | | |
|---|---|---|---|---|---|---|---|---|
| | | 帮系 | 端系 | 见系 | 帮系 | 泥组 | 知庄组 | 见系 |
| 宕入开 | 例字 | 薄 | 托 | 鹤　各 | | | | |
| | 文 | | | | | | | |
| | 白 | pəɯ | t'əɯ | xəɯ　kəu | | | | |
| 宕入合 | 例字 | | | 郭 | | | | |
| | 文 | | | | | | | |
| | 白 | | | kəu | | | | |
| 江入开 | 例字 | | | | 剥 | | 捉 | 角　岳 |
| | 文 | | | | | | | |
| | 白 | | | | pəu | | tsəu | kəu　iəɯ |
| 曾入开 | 例字 | 北　墨 | 得 | 刻 | | | | |
| | 文 | | | | | | | |
| | 白 | pəu　mai | ləɯ | k'əɯ | | | | |
| 曾入合 | 例字 | | | 国 | | | | |
| | 文 | | | | | | | |
| | 白 | | | kəu | | | | |
| 梗入开 | 例字 | | | | 百　拍 | | 拆　册 | 客 |
| | 文 | | | | | | | |
| | 白 | | | | pu　p'əɯ | | ts'u　ts'əɯ | fu |
| 梗入合 | 例字 | | | | | | | 划 |
| | 文 | | | | | | | |
| | 白 | | | | | | | fu |
| 通入合 | 例字 | 木　朴 | 读　速 | 屋 | | | | |
| | 文 | | | | | | | |
| | 白 | mau　p'əu | tau　səu | ŋau | | | | |

续表

| 帮系 | 端组 | 泥组 | 精组 | 庄组 | 知章组 | 日母 | 见系 | | 三 四 等 |
|---|---|---|---|---|---|---|---|---|---|
| | | | 嚼 | | 着 | 弱 | 脚 | 例字 | 宕入开 |
| | | | | | | | | 文 | |
| | | | tɕiəu | | liəu | iəu | tɕiəu | 白 | |
| | | | | | | | | 例字 | 宕入合 |
| | | | | | | | | 文 | |
| | | | | | | | | 白 | |
| | | | | | | | | 例字 | 江入开 |
| | | | | | | | | 文 | |
| | | | | | | | | 白 | |
| 逼 | | 力 | 媳 | 侧 | 直 识 | | 极 | 例字 | 曾入开 |
| | | | | | tɕi | | tɕi | 文 | |
| pei | | lei | sei | tsʻəɯ | çiəɯ | | | 白 | |
| | | | | | | | | 例字 | 曾入合 |
| | | | | | | | | 文 | |
| | | | | | | | | 白 | |
| 壁 | 的目~ 滴 | 历 | 戚 绩 锡 | | 炙 适 | | 益 亦 | 例字 | 梗入开 |
| | ti | | tɕi | | çi | | i | 文 | |
| pei | tei | lei | tsʻei çiɛ | | tɕiu | | iəu | 白 | |
| | | | | | | | | 例字 | 梗入合 |
| | | | | | | | | 文 | |
| | | | | | | | | 白 | |
| 福 目 | | 六 绿 | 粟 俗 | 缩 | 祝 筑 烛 | 肉 | 局 育 | 例字 | 通入合 |
| fu | | liəu | | | tsu | | | 文 | |
| mau | | liau | çia səu | səu | tsəu tɕia tɕio | | tɕia iəu | 白 | |

下面按十六摄顺序先说明古今韵母的对应关系，后指出例外。

果摄　开合口一等［əɯ］白读，［uo］文读；开合口三等［iəɯ］［uei］白读，［yɛ］文读。

假摄　开口二等［u］［uo］白读，［a］［ia］文读；开口三等［iu］白读，［iɛ］文读；合口二等［u］［uo］白读，［ua］文读。

遇摄　一等［au］［əu］白读，［u］文读；三等［au］［ia］白读，［u］［y］文读。

蟹摄　开口一、二等［a］［ia］白读，［ei］文读；开口三、四等［ei］［ai］白读，［i］文读；合口一、二、三、四等［ua］［uo］白读，［uai］［uei］［ei］文读。

止摄　开口三等［a］［ai］白读，［ei］［i］［ʅ］文读；合口三等［a］［uai］白读，［ai］［ei］［uei］文读。

效摄　开口一、二等［əu］白读，［aɯ］［au］文读；开口三、四等［iəu］［ei］白读，［iaɯ］文读。

流摄　开口一等［əu］白读；三等［əu］［au］白读，［iəu］文读。

咸摄<sub>舒</sub>　开口一、二等［uo］［iɛ］［ɛ］白读，［aŋ］文读；开口三、四等［iɛ］白读，［aŋ］［əŋ］［iəŋ］文读。

深摄<sub>舒</sub>　［iɛ］白读，［əŋ］［iəŋ］文读。

山摄<sub>舒</sub>　开口一、二等［uo］［iɛ］白读，［aŋ］［iəŋ］文读；开口三、四等［iɛ］白读，［əŋ］［iəŋ］文读；合口一、二等［iɛ］［yɛ］［uo］白读，［aŋ］文读；合口三、四等［yɛ］［uəŋ］白读，［aŋ］［əŋ］［yəŋ］文读。

臻摄<sub>舒</sub>　开口一等［ɯə］白读，［əŋ］文读；开口三等［iɛ］［io］白读，［əŋ］［iŋ］文读；合口一等［uo］［io］［yɛ］白读，［əŋ］［uəŋ］文读；合口三等［uo］［io］［yɛ］白读，［əŋ］［uəŋ］［yəŋ］文读。

宕摄<sub>舒</sub>　开口一等［iɛ］［uo］［iaŋ］白读，［aŋ］文读；开口三等［aŋ］［iaŋ］文读；合口一、三等［aŋ］［uaŋ］文读。

江摄<sub>舒</sub>　［aŋ］［iaŋ］文读，［ɛ］白读。

曾摄<sub>舒</sub>　开口一等［ɯə］［iɛ］白读；开口三等［iɛ］［yɛ］白读，［iəŋ］文读；合口一等［ɯə］白读。

梗摄<sub>舒</sub>　开口二等［iɛ］［ɛ］［io］［əɯ］白读，［uŋ］文读；开口三、四等［iɛ］［io］白读，［əŋ］［iəŋ］文读；合口二等［yɛ］白读，［aŋ］文读；合口三等［io］白读，［iəŋ］［uəŋ］文读；合口四等［iaŋ］白读。

通摄舒 一等 ［əɯ］［ɯə］白读，［uŋ］［aŋ］文读；三等 ［uo］［iɛ］［iaŋ］白读，［aŋ］［əŋ］［uŋ］文读。

咸摄入 开口一等端系 ［u］白读，［a］文读；见系 ［əɯ］［əu］文读；开口二等知庄组 ［u］［ia］白读；见系 ［u］白读，［ia］文读；开口三、四等 ［ei］［i］白读，见系 ［iɛ］文读。

深摄入 ［ai］［iu］［ei］白读，［ɻ］［i］文读。

山摄入 开口一等端系 ［u］［əɯ］白读，见系 ［əɯ］文读；开口二等帮系 ［ia］［uo］白读，知庄组 ［ia］［u］白读，见系 ［ia］文读；开口三、四等 ［ei］白读；合口一等帮系、端系 ［əu］白读，见系 ［əɯ］白读，［uo］文读；合口二等知庄组 ［io］白读，见系 ［uo］白读，［ua］文读；合口三、四等帮系 ［uo］［ia］白读，精组 ［uei］白读，［yɛ］文读，见系 ［uei］白读，［yɛ］文读。

臻摄入 开口三等帮系、泥组、精组、日母 ［ai］白读，［i］文读，庄组 ［a］白读，知章组 ［i］白读，［ɻ］文读，见系 ［i］文读；合口一等帮系 ［ai］白读，端系 ［ia］［io］白读，见系 ［uo］白读；合口三等帮系 ［u］文读，精组、知章组、见系 ［uai］白读，［y］文读。

宕摄入 开口一等 ［əɯ］白读，见系还有 ［əu］白读；开口三等 ［iəɯ］白读；合口一等见系 ［əu］白读。

江摄入 ［əu］白读，知章组 ［ia］、见系 ［iəɯ］也属白读。

曾摄入 开口一等帮系 ［əu］［ai］、端系、见系 ［əɯ］均为白读，开口三等 ［ei］［əɯ］［iəu］白读，［i］文读；合口一等 ［əu］白读。

梗摄入 开口二等 ［u］［əɯ］白读，开口三、四等 ［ei］［iɛ］［iu］［iəu］白读，［i］文读；合口二等 ［u］白读。

通摄入 一等 ［au］［əu］白读；三等帮系 ［au］白读，［u］文读，泥组 ［iau］白读，［iəu］文读，精组、庄组、知章组 ［əu］［ia］白读，日母 ［io］白读，见系 ［ia］［iəu］白读。

下面列举例外字。所谓例外是指跟上述古今韵母对应规律不相符合，今按古韵摄顺序排列如下：

果开一 大 ta²¹ 哪 la³³

假开三 爹 tia³³

蟹开一 崽 tsuo³⁵ 咳 k‘əɯ⁵⁵

蟹开四 婿 suei²⁴

止开三　美 muo³³　鳍 tɕ'ia³³　耳 ȵiɐɯ³³

止合三　嘴 tɕia³⁵

效开二　猫 mei²¹

效开三　舀 yɛ³⁵

流开一　戊 u³³

咸开二　杉 su³³　衫 su³³　监~察 kɛ²⁴

山开三　战 tsaŋ²⁴

山合一　灌 kəɯ²⁴

臻开三　衬 tɕ'io²⁴

臻合一　褪 t'ua²⁴　昆 k'uai³³

宕开一　杠 kɛ²⁴

宕开三　爽 suo³⁵

曾开一　朋 pəɯ²¹

通合三　共 kɛ²⁴

## （三）声调的古今比较

声调的古今比较见表 2–18。

表 2–18　古今声调比较表

| 古＼今 | | 阴平 33 | 阳平 21 | 上声 35 | 去声 24 | 入声 55 |
|---|---|---|---|---|---|---|
| 平声 | 清 | 天　清　都 | | | | |
| | 次浊 | 研 | 棉　来　毛 | | | |
| | 全浊 | 重~米 | 排　团　盘 | | | |
| 上声 | 清 | | | 果　彩　酒 | | |
| | 次浊 | 舞　老　耳 | | 脑　野　矮 | | |
| | 全浊 | 坐　柱　淡 | | | 厚　稻　仗 | |
| 去声 | 清 | | | | 对　救　报 | |
| | 次浊 | 焰　料 | 路　利　味 | | 问　念　雾 | |
| | 全浊 | 就　召 | 大　阵　剩 | | 状　竞　定 | |
| 入声 | 清 | | 察　失　雀 | | | 百　八　滴 |
| | 次浊 | | 辣　腊　热 | | | 日　育　屋 |
| | 全浊 | | 白　拔　杂 | | | 镯　择　闸 |

表中例字分两种字体，大的表示基本规律，小的表示字数较少。

古四声和桃川土话声调的对应关系如下：

古平声清声母字今读阴平，古平声全浊、次浊声母字今读阳平。

古上声清声母字今读上声；古次浊上声一分为二，一部分今读上声，如"脑、野"等字，一部分今归入阴平，如"舞、老"等字；古全浊上声也一分为二，一部分今读去声，如"厚、稻"等字，一部分今归入阴平，如"坐、柱"等字。

古去声清声母字今读去声；古全浊去声一部分今读去声，如"状、竞"等字，一部分今并入阳平，如"大、阵"等字，另有少数字今读阴平，如"就、召"等字；古次浊去声也是一部分今读去声，如"问、念"等字，一部分今并入阳平，如"路、利"等字，另有少数字今读阴平，如"焰、料"等字。

古入声今读基本上分两大类：一类为多数，保留入声调类，如"百、八"等字；一类字数相对少一些，并入阳平，如"白、拔"等字。另有极少数字读阴平或去声。

下面列举跟古今声调对应规律不相符合的例外字：

| 例外字 | 音韵地位 | 照例读法 | 实际读法 | 注 |
|---|---|---|---|---|
| 荷 | 果开一去箇晓 | $xəɯ^{24}$ | $fu^{55}$ | 薄~ |
| 岔 | 假开二去祃初 | $ts'u^{24}$ | $ts'u^{33}$ | |
| 化 | 假合二去祃晓 | $fu^{24}$ | $fu^{21}$ | |
| 耍 | 假合二上马生 | $çio^{35}$ | $çio^{33}$ | |
| 剐 | 假合二上马见 | $kuo^{35}$ | $kuo^{24}$ | |
| 斧 | 遇合三上麌非 | $pau^{35}$ | $pau^{33}$ | ~头 |
| 监 | 咸开二平衔见 | $kɛ^{33}$ | $kɛ^{24}$ | ~察 |
| 侵 | 深开三平侵清 | $tç'iəŋ^{33}$ | $tç'iəŋ^{24}$ | ~略 |
| 震 | 臻开三去震章 | $tçiɛ^{24}$ | $tçiɛ^{33}$ | ~动 |
| 亲 | 臻开三去震清 | $tç'iɛ^{24}$ | $tç'iɛ^{33}$ | ~家 |
| 顿 | 臻合一去恩端 | $tiɛ^{24}$ | $tiɛ^{21}$ | |
| 躺 | 宕开一上荡透 | $t'uo^{35}$ | $t'uo^{33}$ | |
| 胀 | 宕开三去漾知 | $tçiaŋ^{24}$ | $tçiaŋ^{33}$ | ~肚 |
| 障 | 宕开三去漾章 | $tçiaŋ^{24}$ | $tçiaŋ^{33}$ | 保~ |
| 哽 | 梗开二上梗见 | $kɯə^{35}$ | $kɯə^{33}$ | |

# 第三章  桃川土话词汇

## 一、特色词语举例

| 木园 | mau²¹ uəŋ²¹ | 树林 |
| 木秧 | mau²¹ iaŋ³³ | 树苗 |
| 木根 | mau²¹ kɯə³³ | 树根 |
| 木末 | mau²¹ muo³³ | 树梢 |
| 鸡丸 | tɕi³³ uəŋ²¹ | 鸡蛋 |
| 鸭丸 | u⁵⁵ uəŋ²¹ | 鸭蛋 |
| 皮丸 | pa²¹ uəŋ²¹ | 松花蛋 |
| 咸丸 | xəɯ²¹ uəŋ²¹ | 咸蛋 |
| 姇公 | ləɯ³³ kɯə³³ | 外祖父 |
| 姇婆 | ləɯ³³ pəɯ³³ | 外祖母 |
| □家 | pia³⁵ ku³³ | 丈夫 |
| 女客 | ȵia³³ fu⁵⁵ | 妻子 |
| 青婆 | tɕ‘iɛ³³ pəɯ²¹ | 老姑娘 |
| 婆旦 | pəɯ²¹ nuo²⁴ | 老旦 |
| 勇 | iaŋ³⁵ | 兵旧 |
| 当勇 | naŋ³³ iaŋ³⁵ | 当兵旧 |
| 着衣裤 | liəɯ⁵⁵ a³³ xau²⁴ | 穿衣服 |
| 放衣裤 | maŋ²⁴ a³³ xau²⁴ | 脱衣服 |
| 放鞋 | maŋ²⁴ ɕia²¹ | 脱鞋 |
| 腹饥□ | pu⁵⁵ tɕi³³ i³⁵ | 饿了 |
| 大面瞑 | ta²¹ məŋ²¹ xuo²⁴ | 仰面睡 |
| 小面瞑 | ɕiəɯ³⁵ məŋ²¹ xuo²¹ | 侧着睡 |

进书房　　　tɕiɛ²⁴ ɕia³³ paŋ²¹　　　去学校上课

　入书堂　　lai²¹ ɕia³³ taŋ²¹

离屋□　　　lai²¹ ŋau⁵⁵ i³⁵　　　出去了

入屋□　　　lai²¹ ŋau⁵⁵ i³⁵　　　回家了

挀架子　　　pəu³⁵ kuo²⁴ · tsɿ　　打架

挀拳　　　　pəu³⁵ kuəŋ²¹　　　　打拳

挀官司　　　pəu³⁵ kaŋ³³ sɿ³³　　打官司

# 二、特色词分析

有几个词带来的语言现象特提出来说一说。

（1）称"树"为"木"

桃川土话里称"树"为"木"的现象值得词汇史研究者的注意。

据汪维辉先生的研究，"表示'树木'的概念先秦以用'木'为常，在数量上'木'占绝对优势"，又说"'树'在口语中取代'木'当不晚于两汉之交"。的确，现代汉语口语里"树"早已取代"木"了，但在汉语方言里有可能遇到例外的现象。

我于 2001 年开始调查的江永桃川土话，表示"树木"的概念在口语中仍以"木"在数量上占明显优势。一开始调查到"树"字时，发音人脱口而出地发出了［mau²¹］这个音，实际这是一个训读，后发现本字就是"木"。再往后调查词汇时，出现一批称"树"为"木"的词语，除上述"木园、木秧"等词外，还有"木叶、种木（动宾）、一蔸木（一棵树）"以及各种树的名称。

无独有偶，乔全生先生在山西南部方言中也发现了称"树"为"木"的语言现象。（见《中国语文》2002 年第 1 期《山西南部方言称"树"为［po］考》）

（2）"击打"义说法

桃川土话实际调查涉及动词语素"打"的过程中，发音人读"打"本音［liɛ³⁵］的很少见，而常见的读音是［pəu³⁵］和［k'əu³³］，一部分词是［pəu³⁵］或［k'əu³³］，两者皆可。训读字"打"字条已举出一些例词，这里不再重复。

不仅是桃川如此，江永城关土话也是。我从黄雪贞先生的《江永方言研究》一书中查阅到"打训手掌、打训霜、打训鼓、打训官司"等上十条词语。

可以肯定，桃川土话乃至江永土话基本上不用"打"[liɛ]，而保留早期"击打"义用词。这一点上情况有些类似闽语。

（3）"入屋"与"离屋"

桃川土话里以"屋"代"家"，"回家"就说成了"入屋"。"入屋"按湘方言一般的说法是"进屋"，桃川这里用"入"，不太一般。其实桃川土话里，"入"和"进"有时可以出现在相同的语言环境里，如"进书堂"和"入书堂"这一对同义语可资说明。

调查"出去了"这个词语，发音人提供了"离屋□"[lai²¹ ŋau⁵⁵ i³⁵]的说法。而调查"回家了"时，发音人又说了一句[lai²¹ ŋau⁵⁵ i³⁵]，开始叫人感到有点困惑，几次询问，发音人也说不清为什么两个相反的意思用了同一种说法。待弄清楚"离"的发音是[lai²¹]，"入"的发音也是[lai²¹]的时候，这才明了原因。

（4）"床"的读音

"床"是宕摄崇母字，桃川土话固然有时用上了[tsaŋ²¹]这个音，符合其音韵地位，但明显的是官话影响所致，真正被桃川人用得多而且脱口而出的是[tau²¹]这个音，常用词语如"床板"[tau²¹ miɛ³⁵]、"起床"[ɕi³⁵ tau²¹]、"铺床"[pʻəu³³ tau²¹]等。

桃川人看到"床"字，说[tau²¹]，实为训读，这个音究竟从何而来？

扬雄的《輶轩使者绝代语释别国方言》（简称《方言》）卷五有一段文字记载了关于"床"在汉代各地方言中的说法：

床　齐鲁之间谓之箦，陈楚之间或谓之第，其杠北燕朝鲜之间谓之树，自关而西秦晋之间谓之杠，南楚之间谓之赵，东齐海岱之间谓之樺，其上版卫之北郊赵魏之间谓之牒，或曰牗。（原繁体字改为简体字，标点亦为笔者所加）

这里关于"箦、第、树、杠、樺、牒、牗"的说法我们且摆在一边，只说这"南楚之间谓之赵"。对这一句话，郭璞曾作过注释："赵当作桃声之转也，中国亦呼杠为桃床，皆通语也。"章太炎《新方言》也注意到这一条，并在释器第六单独提出介绍："《方言》床杠，南楚之间谓之赵。郭璞曰：中国亦呼杠为桃床。《广雅》桃作桃。今人谓长凳为桃凳，《广韵》作徒了切，今读如条。"（上海人民出版社，1999年）

汉代方言区划中提及的"南楚之间"在地理位置上涵盖了今天的湖南地

域，进而提到的"床"在南楚一带的说法，这一层又一层不能不引起我们的注意。

古今语音虽然有了变迁，但《方言》记载的史实，仍可以说明桃川土话"床"这个字的本音应该锁定在效摄、澄母（且读如定母）这个范围（这完全与宕摄崇母无关）。

桃川"床"读〔tau²¹〕，与效摄、澄母是吻合的，但如果按"赵"的效摄三等宵韵来看，桃川的〔tau²¹〕属效摄一等豪韵，似乎又不甚吻合。但由于古今演变，三、四等读如一等，细音变为洪音，声调有所转移，都是可能发生的，汉语方言中这样的事实不乏其例。因此，以上文中《广韵》篠韵徒了切的"姚"作为本字也可视作一个参考。

据我们了解，除江永桃川"床"读〔tau²¹〕外，湘南其他某些方言以及城步五团、广西龙胜等地也都有类似的现象，这是否可以说明这些地方有关"床"的那些读音，确实是保存了一个古老的关于"床"的说法。（参见拙文《湘南江永、道县等地土话中的"床"》，载《桂林师范高等专科学校学报》2010 年第 2 期）

# 三、分类词表

## 说明

（一）本词表主要根据中国社会科学院语言研究所方言组《方言调查词汇表》收录语词，某些情况下或有增补，或有删减。

（二）词条先写出汉字，然后用国际音标注音，声调调值在音节右上角用数字表示。轻声字前加小圆点，音节无调号；轻不轻两可时，前加圆点，后加调号，如"堆起来"lua³³·çi³⁵lia²¹。

（三）同义词或近义词排列在一起，第一条顶格排，其他条目缩一格另行排列。

（四）词条中可有可无的字或音用圆括号表示，如"家婆（娘）"ku³³ pəɯ²¹（n̩iaŋ²¹）。量词中词条的括号起提示作用，不予注音。

（五）如用同音字，在字下加浪线"﹏"，如有音无字，字形待考，用方框"□"表示，如属训读字，在字的右下角注小号字体"训"，如"起床训"çi³⁵ tau²¹。

（六）分类词表目录

# （一）天文

1. 日、月、星

热头　lei²¹ təu²¹　太阳

月亮　ȵyɛ²¹ liaŋ²¹

向阳　ɕiaŋ²⁴ iaŋ²¹

背阴　pai²⁴ iɛ³³

热头扛枷　lei²¹ təu²¹ kaŋ²¹ kuo³³　日晕

阳光　iaŋ²¹ kaŋ³³

天狗食月　tʻəŋ³³ kəu³⁵ iəu²¹ uei⁵⁵　月蚀

月亮扛枷　ȵyɛ²¹ liaŋ²¹ kaŋ²¹ kuo³³　月晕

星子　ɕiɛ³³ · tɯə　星星

天河　tʻəŋ³³ xɯə²¹　银河

星子屙屎　ɕiɛ³³ · tɯə əɯ³³ sɿ³⁵　流星

扫杆星　səɯ³⁵ kəŋ³⁵ ɕiɛ³³　彗星

2. 风、云、雷、电

风　muo³³

大风　ta²¹ muo³³

细风　sei²⁴ muo³³

热风　lei²¹ muo³³

　□风　piau³³ muo³³

转转风 tɕyəŋ²¹ tɕyəŋ²¹ muo³³ 旋风

   鬼风 kuai³⁵ muo³³

拗风 ŋaɯ²⁴ muo³³ 顶风

顺风 ɕyɛ²¹ muo³³

东风 nɯə³³ muo³³

西风 sei³³ muo³³

南风 nuo²¹ muo³³

北风 pəu⁵⁵ muo³³

   霜风 saŋ³³ muo³³

   雪风 suei⁵⁵ muo³³

吹风 tsʻuai³³ muo³³ 刮风

风停□ muo³³ tiɛ²¹·i 风停了

   停风□ tiɛ²¹ muo³³·i

云 yɛ²¹

乌云 ŋau³³ yɛ²¹ 黑云

白云 pu²¹ yɛ²¹

线云 ɕiɛ²⁴ yɛ²¹

火烧云 xəɯ³⁵ ɕiəɯ³³ yɛ²¹

彩云 tɕʻia³⁵ yɛ²¹

雷（公） lua²¹（kɯə³³）

响雷 ɕiaŋ³⁵ lua²¹ 打雷

雷劈□ lua²¹ pʻei⁵⁵·i 雷打了

闪电 ɕiəŋ³⁵ təŋ²¹

雨 xau³³

落雨□ ləɯ²¹ xau³³·i 下雨了

细雨（子） sei²⁴ xau³³（·tɯə） 小雨

大雨 ta²¹ xau³³

毛毛雨 maɯ²¹ maɯ²¹ xau³³

   毛雨子 maɯ²¹ xau³³·tɯə

雨停□ xau³³ tiɛ²¹·i 雨停了

虹 kɛ²⁴

淋雨 liɛ²¹ xau³³

3. 冰、雪、霜、露

冰 miɛ³³

溜□管 liəɯ³³ tɕi³³ kaŋ³⁵ 冰锥

冻冰 nɯə²⁴ miɛ³³ 结冰

落雹 ləɯ²¹ pəu²⁴ 下雹子

雪 suei⁵⁵

落雪 ləɯ²¹ suei⁵⁵

木棉雪 mau²¹ məŋ²¹ suei⁵⁵ 鹅毛雪

泡泡雪 p'əu²⁴ p'əu²⁴ suei⁵⁵

泡子雪 p'əu²⁴·tɯə suei⁵⁵

米子雪 mei³³·tɯə suei⁵⁵ 雪珠子

雨搅雪 xau³³ kəu³⁵ suei⁵⁵ 雨夹雪

雪融□ suei⁵⁵ iaŋ·i 雪化了

露水 lau²⁴ suai⁵⁵

下露水 fu³³ lau²⁴ suai⁵⁵

霜 saŋ³³

掊霜 pəu³⁵ saŋ³³ 打霜

下霜 fu³³ saŋ³³

雾 u²⁴

下雾 fu³³ u²⁴

4. 气候

天气 t'əŋ³³ tɕ'i²⁴

晴天 tɕiɛ²¹ t'əŋ³³

阴天 iɛ³³ t'əŋ³³

天气热 t'əŋ³³ tɕ'i²⁴ lei²¹

天气□ t'əŋ³³ tɕ'i²⁴ piau⁵⁵

天气寒 t'əŋ³³ tɕ'i²⁴ xaŋ²¹

六月天 liəɯ²¹ uei⁵⁵ t'əŋ³³ 伏天

天旱 t'əŋ³³ xaŋ³³

## （二）地理

1. 地

平原 piɛ²¹ uəŋ²¹

地　tai²¹　旱地

田　təŋ²¹　水田

菜地　tɕʻia²⁴ tai²¹

荒地　faŋ³³ tai²¹

沙土地　su³³ tʻau³⁵ tai²¹

岗脑地　kaŋ³³ lau³⁵ tai²¹　坡地

滩子地　tʻuo³³·tɯə tai²¹　滩地

山脑地　ɕiɛ³³ lau³⁵ tai²¹　山地

2. 山

山　ɕiɛ³³

半中山　maŋ²⁴ liaŋ³³ ɕiɛ³³　山腰

山根脚　ɕiɛ³³ kɯə³³ tɕiəɯ⁵⁵　山脚

岗脑　kaŋ³³ laɯ³⁵　山坡

山□谷　ɕiɛ³³ tiɛ²¹ kau⁵⁵　山坳；山谷

3. 江、河、湖、海、水

□　kuo³³　河

大□　ta²¹ kuo³³　大河

细□　sei²⁴ kuo³³　小河

□□头　kuo³³ lu³³ təu²¹　河里

河　xəɯ²¹　用于"黄河、淮河"一类名词

圳子　tɕɕyɛ²¹·tɯə　水渠（范围大些）

肥圳　pa²¹ tɕɕyɛ²¹　屋前屋后的排水沟

大圳子　ta²¹ tɕɕyɛ²¹·tɯə　大水沟

小圳子　sei²⁴ tɕɕyɛ²¹·tɯə　小水沟

湖　xau²¹

潭　taŋ²¹

塘　taŋ²¹　小勉～，大勉～：地名

水□窖　suai³⁵ tiɛ²¹ kəu²⁴　水坑

海　ɕia³⁵

□边（脚）　kuo³³ məŋ³³（tɕiəɯ⁵⁵）　河岸

堤　tei²¹　沿河防水的建筑物

坝　puo²⁴　河中拦水的建筑物

洲子　tɕiəu³³·tɯə　水中陆地

滩子上　t'uo³³·tɯə ɕiaŋ³³　河滩

水　suai³⁵

清水　tɕ'iɛ³³ suai³⁵

□水　ləu⁵⁵ suai³⁵　浑水

雨水　xau³³ suai³⁵

洪水　xɯə²¹ suai³⁵

发大水　xuo⁵⁵ ta²¹ suai³⁵

□水　kɯə²⁴ suai³⁵　冷水

□水　lua³⁵ suai³⁵　泉水

□水　piau³³ suai³⁵　热水

暖水　naŋ³³ suai³⁵　温水

沸水　pa²⁴ suai³⁵　开水

4. 石沙、土块、矿物

石䃌（脑）　ɕiu²¹ kau³⁵（laɯ³⁵）　石头

大石䃌　ta²¹ ɕiu²¹ kau³⁵　大石头

细石䃌　sei²⁴ ɕiu²¹ kau³⁵　小石头

圆石䃌　uəŋ²¹ ɕiu²¹ kau³⁵　圆石头

水石䃌　suai³⁵ ɕiu²¹ kau³⁵　鹅卵石

山石䃌　ɕiɛ³³ ɕiu²¹ kau³⁵　岩石头

沙石䃌　su³³ ɕiu²¹ kau³⁵　石头，不坚硬，如磨刀石

沙子　su³³·tɯə

沙土　su³³ t'au³⁵　含沙很多的土

土坯　t'au³⁵ p'ei³³

砖坯　tɕyəŋ³³ p'ei³³

长砖　tiaŋ²¹ tɕyəŋ³³

□砖　pia⁵⁵ tɕyəŋ³³　碎砖

短砖　naŋ³⁵ tɕyəŋ³³　长砖分成两半

泥枧　lei²¹ tɕiəŋ³⁵　瓦

□泥枧　pia⁵⁵ lei²¹ tɕiəŋ³⁵　碎瓦

泻泥　ɕiɛ²⁴ lei²¹　烂泥

泥土　lei²¹ t'au³⁵

金子 tɕiɛ³³·tsʅ

银子 n̠iɛ²¹·tsʅ

铜 tɯə²¹

铁 t'ei⁵⁵

锡 ɕiɛ⁵⁵

煤 mei²¹

水火油 suai³⁵ xɯ³⁵ iəu²¹ 煤油

汽油 tɕ'i²⁴ iəu²¹

石灰 ɕiu²¹ fuai³³

水泥 suai³⁵ lei²¹

玉 n̠ia⁵⁵

炭 t'uo²⁴ 木炭

5. 城乡处所

地方 tai²¹ faŋ³³

县城 ɕiəŋ²⁴ ɕio²¹

城墙 ɕio²¹ tɕiaŋ²¹

城□头 ɕio²¹ lu³³ təu²¹ 城内

城外 ɕio²¹ ua²¹

城门 ɕio²¹ muo²¹

农村 nuo²¹ tɕ'io³³

家乡 ku³³ ɕiaŋ³³

赶圩 kaŋ³⁵ ɕia³³ 赶集

　赶闹子 kaŋ³⁵ ləu²¹·tɯə

路 lau²¹

大路 ta²¹ lau²¹

细路 sei²⁴ lau²¹ 小路

走路 tsəu³⁵ lau²¹

# （三）时令 时间

1. 季节

春天 tɕ'yɛ³³ t'əŋ³³

夏天 xuo²⁴ t'əŋ³³

秋天　tɕ'iəu³³ t'əŋ³³

冬天　nɯə³³ t'əŋ³³

立春　lai²¹ tɕ'yɛ³³

雨水　xau³³ suai³⁵

惊蛰　tɕio³³ tɕi⁵⁵

春分　tɕ'yɛ³³ xuo³³

清明　tɕ'iɛ³³ miɛ²¹

谷雨　kau⁵⁵ u³³

立夏　lai²¹ xuo²⁴

小满　ɕiəɯ³⁵ maŋ³³

芒种　maŋ²¹ tɕiɛ³⁵

夏至　xuo²⁴ tsʅ²⁴

小暑　ɕiəɯ³⁵ ɕia³⁵

大暑　ta²¹ ɕia³⁵

立秋　lai²¹ tɕ'iəu³³

处暑　tɕ'ia³⁵ ɕia³⁵

白露　pu²¹ lau²¹

秋分　tɕ'iəu³³ xuo³³

寒露　xaŋ²¹ lau²¹

霜降　saŋ³³ tɕiaŋ²⁴

立冬　lai²¹ nɯə³³

小雪　ɕiəɯ³⁵ suei⁵⁵

大雪　ta²¹ suei⁵⁵

冬至　nɯə³³ tsʅ²⁴

小寒　ɕiəɯ³⁵ xaŋ²¹

大寒　ta²¹ xaŋ²¹

历书　lei²¹ ɕia³³

## 2. 节日

大年三十　ta²¹ nəŋ²¹ suo³³ sʅ²¹　　除夕

新年初一　ɕiɛ³³ nəŋ²¹ ts'au³³ i⁵⁵　（大）年初一

拜年　pia²⁴ nəŋ²¹

元宵节　uəŋ²¹ ɕiəɯ³³ tsei⁵⁵

端午节　naŋ³³ ŋ³³ tsei⁵⁵

中秋节　tɕiaŋ³³ tɕʻiəu³³ tsei⁵⁵

七月半　tsʻai⁵⁵ n̠yε²¹ maŋ²⁴　中元节

重阳节　tɕiaŋ²¹ iaŋ²¹ tsei⁵⁵

清明节　tɕʻiε³³ miε²¹ tsei⁵⁵

3. 年

今年　tɕi³³ nəŋ²¹

旧年　tɕiəu²⁴ nəŋ²¹　去年

过年　kəɯ²⁴ nəŋ²¹　明年

前年　tsəŋ²¹ nəŋ²¹

大前年　ta²¹ tsəŋ²¹ nəŋ²¹

往年　uaŋ³⁵ nəŋ²¹

后年　xəu³³ nəŋ²¹

大后年　ta²¹ xəu³³ nəŋ²¹

每年　mai³³ nəŋ²¹

年初　nəŋ²¹ tsʻau³³

　年头　nəŋ²¹ təu²¹

年中　nəŋ²¹ liaŋ³³

年底　nəŋ²¹ lei³⁵

　年终　nəŋ²¹ tɕiaŋ³³

上半年　ɕiaŋ³³ maŋ²⁴ nəŋ²¹

下半年　fu³³ maŋ²⁴ nəŋ²¹

整年　tɕio³⁵ nəŋ²¹

4. 月

正月　tɕio³³ n̠yε²¹

十二月　sᴢ̩²¹ lai²¹ n̠yε²¹

闰月　yε²⁴ n̠yε²¹

月初　n̠yε²¹ tsʻau³³

　月头　n̠yε²¹ təu²¹

半月　maŋ²⁴ n̠yε²¹　月半

月底　n̠yε²¹ lei³⁵

一月　i⁵⁵ n̠yε²¹　一个月

前月　tsəŋ²¹ ȵyɛ²¹　前个月

上月　ɕiaŋ³³ ȵyɛ²¹　上个月

　头月　təu²¹ ȵyɛ²¹

□月　xa⁵⁵ ȵyɛ²¹　这个月

下月　xuo²⁴ ȵyɛ²¹　下个月

每月　mai³³ ȵyɛ²¹

上旬　ɕiaŋ³³ ɕyɛ²¹

中旬　liaŋ³³ ɕyɛ²¹

下旬　fu³³ ɕyɛ²¹

大月　ta²¹ ȵyɛ²¹　大建

小月　ɕiəɯ³⁵ ȵyɛ²¹　小建

5. 日、时

今日　tɕi³³ lai⁵⁵

□日　t'əŋ³³ lai⁵⁵　明天

后日晡　xəu³³ lai⁵⁵ pu³³　后天

昨ₗᵢᵤ日　tɕiɛ²¹ lai⁵⁵　昨天

过一日　kəɯ²⁴ i⁵⁵ lai⁵⁵　次日

前日晡　tsəŋ²¹ lai⁵⁵ pu³³　前天

大前日　ta²¹ tsəŋ²¹ lai⁵⁵

前几日　tsəŋ²¹ tɕi³⁵ lai⁵⁵

礼拜日　lei³³ pia²⁴ lai⁵⁵　星期天

　礼拜天　lei³³ pia²⁴ t'əŋ³³

一礼拜　i⁵⁵ lei³³ pia²⁴

整日　tɕio³⁵ lai⁵⁵

每日　mai³³ lai⁵⁵

十几日　sʅ²¹ tɕi³⁵ lai⁵⁵

上午　ɕiaŋ³³ ŋau³³

　朝昼　lei³³ tsau²⁴　（午前）

下午　xuo²⁴ ŋau³³　（午后）

　晡里　pu³³·lai　（中午）

半日　maŋ²⁴ lai⁵⁵

大半日　ta²¹ maŋ²⁴ lai⁵⁵

天蒙蒙亮　t'əŋ³³ muŋ²¹ muŋ²¹ liaŋ²¹　凌晨

清早　tɕ'iɛ³³ tsaɯ³⁵　清晨

白日　pu²¹ lai⁵⁵

黑边子　xəu⁵⁵ məŋ³³·tɯə　黄昏

黑里　xəu⁵⁵·lai　夜晚

半夜　maŋ²⁴ io²⁴

上半夜　ɕiaŋ³³ maŋ²⁴ io²⁴

下半夜　xuo²⁴ maŋ²⁴ io²⁴

整夜　tɕio³⁵ io²⁴

每日黑里　mai³³ lai⁵⁵ xəu⁵⁵·lai　每天晚上

6. 其他时间概念

年份　nəŋ²¹ xuo²¹

月份　ȵyɛ²¹ xuo²¹

日子　lai⁵⁵·tsɿ

哪□时候　lai³³·kəɯ³³ sɿ²¹ xəu³³　什么时候

以前　i³⁵ tsəŋ²¹　先前

后来　xəu³³ lia²¹

□刻　xa⁵⁵ k'əɯ⁵⁵　现在

## (四) 农业

### 1. 农事

春耕　tɕ'yɛ³³ kɛ³³

夏收　xuo²⁴ ɕiəu³³

秋收　tɕ'iəu³³ ɕiəu³³

整田　tɕio³⁵ təŋ²¹

下种　xuo²⁴ tɕiɛ³⁵

□田　ɕiəu⁵⁵ təŋ²¹　插秧

薅草　xaɯ³³ ts'aɯ³⁵

禾线　əɯ²¹ səŋ²⁴　稻穗

割禾　kəɯ⁵⁵ əɯ²¹　割稻子

割麦子　kəɯ⁵⁵ məɯ²¹·tɯə

摧场　k'əu³³ tɕiaŋ²¹　打场

晒坪　ɕia²⁴ piɛ²¹　场院

薅稗　xaɯ³³ pia²¹　对水稻田中耕

锄地　tsau²¹ tai²¹

　松地　xaŋ³³ tai²¹

追肥　tsuai³³ fai²¹　施肥

淋肥　liɛ²¹ pa²¹　浇粪

肥凼　pa²¹ taŋ²¹　粪坑

积肥　tɕiɛ⁵⁵ fai²¹

拾肥　tsei²¹ pa²¹　拾粪

猪屎肥　liau³³ sʅ³⁵ pa²¹　猪粪

牛屎肥　ŋəu²¹ sʅ³⁵ pa²¹　牛粪

鸡屎肥　tɕi³³ sʅ³⁵ pa²¹　鸡粪

鸭屎肥　u⁵⁵ sʅ³⁵ pa²¹　鸭粪

煨肥　uai³³ pa²¹　把带土的草皮晒干堆起来，在其中点火慢慢烧成的灰（湖南有的地方叫"火土灰"）是较常见的肥料

化肥　xuo²⁴ fai²¹

淋水　liɛ²¹ suai³⁵　浇水

放水　maŋ²⁴ suai³⁵　灌水（使水入地）

排水　pia²¹ suai³⁵　使水出地

□水　ləu³⁵ suai³⁵　从井里或河里取水

井窟　tɕiɛ³⁵ xuo⁵⁵　水井

2. 农具

水桶　suai³⁵ t'ɯə³⁵　汲水用的木桶

□水索　ləu³⁵ suai³⁵ səɯ⁵⁵　井绳

水车　suai³⁵ tɕ'iu³³

板车　miɛ³⁵ tɕ'iu³³

马车　muo³³ tɕ'iu³³

牛轭　ŋəu²¹ uo⁵⁵

牛□嘴　ŋəu²¹ lua²⁴ tɕia³⁵　牛笼嘴

犁　lei²¹

犁身　lei²¹ ɕiɛ³³

犁把　lei²¹ puo²⁴

犁头　lei²¹ təu²¹

垫子　təŋ²¹·tɯə　趸子（篾片编的粗而长的席）

　　篾垫　mei²¹ təŋ²¹

风车　muo³³ tɕ'iu³³　扇车

磨石　məɯ²¹ ɕiu²¹　石磨

磨盘　məɯ²¹ paŋ²¹

磨手　məɯ²¹ ɕiəu³⁵　磨把儿

磨心　məɯ²¹ ɕiɛ³³　磨脐儿

筛子　ɕia³³·tɯə

谷筛　kau⁵⁵ ɕia³³

米筛　mei³³ ɕia³³

□筛　tsa²¹ ɕia³³　罗（筛粉末状细物用的器具）

掐豆锤　pəu³⁵ təu²¹ tsuai²¹　连枷

　　板板锤　miɛ³⁵ miɛ³⁵ tsuai²¹

碓　lua²⁴

□□锤鼓　taŋ³³ tsa³⁵ tsuai²¹ kau³⁵　碓杵

四齿锄　sai²⁵ ts'ʅ³⁵ tsau²¹

　　四□　sai²⁴ tɕio⁵⁵

锄头　tsau²¹ təu²¹

铡刀　tsu⁵⁵ laɯ³³

茅刀　məu²¹ laɯ³³　镰刀

钩刀　kəu³³ laɯ³³　砍刀

簸箕　pəɯ²⁴ tɕi³³

大簸箕　ta²¹ pəɯ²⁴ tɕi³³

细簸箕　sei²⁴ pəɯ²⁴ tɕi³³

三耳筲□　suo³³ ɳiəɯ³³ ɕiəu³³ muo²¹　用来盛放衣物去河边洗涮的器具

□□　ləu³³ təu³³　垃圾

箩　ləɯ²¹　箩筐

担□　nuo²⁴ məu²¹　扁担

□担□　kɛ²¹ nuo²⁴ məu²¹　圆扁担

□担□　pai³⁵ nuo²⁴ məu²¹　扁的扁担

□担子　ləu³⁵ nuo²⁴·tsʅ　挑担子

竹扫杆　liəu⁵⁵ saɯ³⁵ kaŋ³⁵　扫帚（用竹枝扎成，比笤帚大，扫地用）

扫杆　saɯ³⁵ kaŋ³⁵　笤帚

## （五）植物

1. 农作物

谷仓　kau⁵⁵ ts'aŋ³³　粮仓

五谷　ŋ̍³³ kau⁵⁵

麦子　məɯ²¹·tɯə

大麦子　ta²¹ məɯ²¹·tɯə

细麦子　sei²⁴ məɯ²¹·tɯə　小麦

麦子苋　məɯ²¹·tɯə ləu³³　麦茬儿

荞麦　tɕiəɯ²¹ məɯ²¹

粟子　çia⁵⁵·tɯə　小米儿

玉粟　ɳia⁵⁵ çia⁵⁵

高粱　kaɯ³³ liaŋ²¹

禾　əɯ²¹　稻（指植株）

谷子　kau⁵⁵·tɯə³⁵　稻子（指子实）

早谷　tsaɯ³⁵ kau⁵⁵　早稻

迟禾　tai²¹ əɯ²¹　晚稻

秧子　pia²¹·tʂ̩

秕子　pai²¹·tʂ̩　空白或不饱满的子粒

米　mei³³

糯米　ləɯ²¹ mei³³

占米　tɕiəŋ³³ mei³³　黏性小的米，跟糯米相对

早谷米　tsaɯ³⁵ kau⁵⁵ mei³³　早米

迟禾米　tai²¹ əɯ²¹ mei³³　晚米

　二道米　lai²¹ lau³³ mei³³

粗米　ts'au³³ mei³³　糙米（未舂碾过的米）

熟米　çiəu²¹ mei³³　白米（经过舂碾的米）

木棉　mau²¹ məŋ²¹　棉花

木棉果子　mau²¹ məŋ²¹ kəɯ³⁵·tɯə　棉花桃儿

麻秆　muo²¹ kaŋ³⁵　麻秆儿

大麻　ta²¹ muo²¹　苎麻

油麻　iəu²¹ muo²¹　脂麻

向阳花　çiaŋ²⁴ iaŋ²¹ fu³³　向日葵

向阳花子　çiaŋ²⁴ iaŋ²¹ fu³³ tsʅ³⁵　葵花子

赤薯　çiu⁵⁵ çia²¹　白薯

　红薯　xɯə²¹ çia²¹

洋薯　iaŋ²¹ çia²¹　马铃薯

灰薯　xua³³ çia²¹　芋（指这种植物）

灰薯脑　xua³³ çia²¹ laɯ³⁵　芋头（芋块茎的总称）

慈姑　tsʅ²¹ kau³³

切薯　ts'ei⁵⁵ çia²¹　山药（学名叫薯蓣）

藕　ŋəu³³

莲子　nəŋ²¹·tsʅ³⁵

## 2. 豆类、菜蔬

黄豆　xaŋ²¹ təu²¹

绿豆　liau²¹ təu²¹

黑豆　xəu⁵⁵ təu²¹

赤豆　çiu⁵⁵ təu²¹　红小豆

豆角　təu²¹ kəu⁵⁵　豇豆（细长条的）

五月豆　ŋ³³ ȵyɛ²¹ təu²¹　比豇豆稍短而圆

八月豆　pia⁵⁵ ȵyɛ²¹ təu²¹　紫红色的豇豆

四月豆　sai²⁴ ȵyɛ²¹ təu²¹　扁豆

荷包豆　xəɯ²¹ pəu³³ təu²¹　比扁豆大，豆粒两颗，纯绿色

　鬼豆　kuai³⁵ təu²¹

刀把豆　laɯ³³ puo²⁴ təu²¹　荚果扁平而长，似刀形

大粒麦熟豆　ta²¹ lai⁵⁵ məɯ²¹ çiəu²¹ təu²¹　蚕豆

细粒麦熟豆　sei²⁴ lai⁵⁵ məɯ²¹ çiəu²¹ təu²¹　豌豆

白豆　pu²¹ təu²¹　类似饭豆

狗角豆　kəu³⁵ kəu⁵⁵ təu²¹

茄子　tçiəɯ²¹·tɯə

黄瓜　xaŋ²¹ ku³³

线瓜　səŋ²⁴ ku³³　菜瓜

水瓜　suai³⁵ ku³³　丝瓜

苦瓜　xau³⁵ ku³³

北瓜　pəu⁵⁵ ku³³　南瓜

冬瓜　nɯə³³ ku³³

佛手瓜　fu²¹ ɕiəu³⁵ ku³³　形状似拳头

瓠子　xau²¹ · tɯə　瓠瓜

葫芦　fu²¹ lau²¹

葱　ts'ɯə³³

葱叶　ts'ɯə³³ i²¹

葱白　ts'ɯə³³ pu²¹

洋葱　iaŋ²¹ ts'ɯə³³

蒜　saŋ²⁴

蒜脑　saŋ²⁴ laɯ³⁵　蒜头

蒜薹　saŋ²⁴ tia²¹　蒜苗

韭菜　tɕiəu³⁵ tɕ'ia²⁴

苋菜　ɕiɛ²⁴ tɕ'ia²⁴

白苋菜　pu²¹ ɕiɛ²⁴ tɕ'ia²⁴

赤苋菜　ɕiu⁵⁵ ɕiɛ²⁴ tɕ'ia²⁴　红苋菜

洋辣子　iaŋ²¹ lu²¹ · tɯə　西红柿

姜　tɕiaŋ³³

大巴辣　ta²¹ pu³³ lu²¹　柿子椒

辣子　lu²¹ · tɯə　辣椒

辣子粉　lu²¹ · tɯə sai²⁴　辣椒面儿

胡椒　fu²¹ tɕiəɯ³³

菠菜　pəɯ³³ tɕ'ia²⁴

白菜　pu²¹ tɕ'ia²⁴

包心白　pəu³³ ɕiɛ³³ pu²¹　大白菜

调羹白　tiəɯ²¹ kɛ³³ pu²¹　小白菜

芥蓝包　tɕia²⁴ nuo²¹ pəu³³　洋白菜

莴笋　uo³³ ɕyɛ³⁵

玻璃生　pəɯ³³ lai²¹ ɕiɛ³³　生菜

蕨（菜）　kuei⁵⁵（tɕ'ia²⁴）　一种野菜，嫩叶可食，根茎可制淀粉

芹菜　tɕiɛ²¹ tɕʻia²⁴

芫荽　uəŋ²¹ ɕy³³

萝卜　ləɯ²¹ pəɯ³³

（萝卜）空心□　（ləɯ²¹ pəɯ³³）xɯɛ³³ ɕiɛ³³·i　（萝卜）糠了

萝卜□　ləɯ²¹ pəɯ³³ ɕiɛ³⁵　萝卜干儿

黄萝卜　xaŋ²¹ ləɯ²¹ pəɯ³³　胡萝卜

油菜薹　iəɯ²¹ tɕʻia²⁴ tia²¹

油菜子　iəɯ²¹ tɕʻia²⁴ tsʅ³⁵　用来榨油

雍菜　ɛ²⁴ tɕʻia²⁴

3. 树木

木园　mau²¹ uəŋ²¹　树林

木秧　mau²¹ iaŋ³³　树苗

　树秧　ɕia²¹ iaŋ³³

树末　ɕia²¹ muo³³　树梢

　木末　mau²¹ muo³³

木根　mau²¹ kɯə³³　树根

　树根　ɕia²¹ kɯə³³

木叶　mau²¹ i²¹　树叶

　树叶　ɕia²¹ i²¹

木□　mau²¹ kuo³⁵　树枝

　木□杈　mau²¹ kuo³⁵ tsʻu³³

种木　tɕiɛ²⁴ mau²¹　种树（动宾）

斫木　tɕiəɯ⁵⁵ mau²¹　砍树

松木　tɕyɛ²¹ mau²¹　松树

松叶　tɕyɛ²¹ i²¹　松针

　松耳丝　tɕyɛ²¹ ȵiəɯ³³ sʅ³³

松木果　tɕyɛ²¹ mau²¹ kəɯ³⁵　松球

松浆　tɕyɛ²¹ tɕiaŋ³³　松香

杉木　su³³ mau²¹　杉树

杉木獠　su³³ mau²¹ ləɯ⁵⁵　杉针

杉篙　su³³ kau³³

桑木　saŋ³³ mau²¹　桑树

杨木　iaŋ²¹ mau²¹　杨树

柳木　liəu³⁵ mau²¹　柳树

　杨柳木　iaŋ²¹ liəu³⁵ mau²¹

桐油木　tɯə²¹ iəu²¹ mau²¹　桐油树

桐油骨　tɯə²¹ iəu²¹ kuo⁵⁵　桐子

桐油　tɯə²¹ iəu²¹

苦楝木　xau³⁵ liɛ²¹ mau²¹　苦楝树

枫木　faŋ³³ mau²¹　枫树

樟木　tɕiaŋ³³ mau²¹　樟树

龙木　liaŋ²¹ mau²¹　龙树

香花木　ɕiaŋ³³ fu³³ mau²¹　桂花树

槐木　ua²¹ mau²¹　槐树

桃子木　tau²¹ · tɯə mau²¹　桃树

　桃子树　tau²² · tɯə ɕia²¹

李子木　lai³³ · tɯə mau²¹　李树

　李子树　lai³³ · tɯə ɕia²¹

□橙木　məŋ²¹ tɕiɛ²¹ mau²¹　柚子树

竹子　liəu⁵⁵ · tɯə

笋子　ɕyɛ³⁵ · tɯə

黄竹笋　xaŋ²¹ liəu⁵⁵ ɕyɛ³⁵

斑竹笋　miɛ³³ liəɯ⁵⁵ ɕyɛ³⁵

笋子壳　ɕyɛ³⁵ · tɯə xəu⁵⁵

竹篙　liəu⁵⁵ kau³³　竹竿儿

竹叶　liəu⁵⁵ i²¹　竹叶儿

竹篾　liəu⁵⁵ mei²¹　篾片

白篾　pu²¹ mei²¹　篾黄

青篾　tɕ'iɛ³³ mei²¹　篾青

4. 瓜果

水果　suai³⁵ kəɯ³⁵

桃子　tau²¹ · tɯə

李子　lai³³ · tɯə

苹果　piɛ²¹ kəɯ³⁵

枣子　tsaɯ<sup>35</sup>·tsʅ

梨子　lai<sup>21</sup>·tɯə

枇杷　pai<sup>21</sup> puo<sup>21</sup>

椑胶　pai<sup>33</sup> kəɯ<sup>33</sup>　柿子

椑胶饼　pai<sup>33</sup> kəɯ<sup>33</sup> miɛ<sup>35</sup>　柿饼

石榴　çiu<sup>21</sup> liəu<sup>21</sup>

□橙　məŋ<sup>21</sup> tçiɛ<sup>21</sup>　柚子

橘子　kuai<sup>55</sup>·tɯə

金钱橘　tçiɛ<sup>33</sup> tçiɛ<sup>21</sup> kuai<sup>55</sup>　金橘

橙子　tçiɛ<sup>21</sup>·tsʅ

木瓜　mau<sup>21</sup> ku<sup>33</sup>

圆眼　uəŋ<sup>21</sup> ȵiɛ<sup>33</sup>　龙眼

圆眼肉　uəŋ<sup>21</sup> ȵiɛ<sup>33</sup> tçio<sup>24</sup>　龙眼肉

荔子　lai<sup>24</sup>·tɯə　荔枝

芒果　maŋ<sup>21</sup> kəɯ<sup>35</sup>

菠萝　pəɯ<sup>33</sup> ləɯ<sup>21</sup>

板栗　miɛ<sup>35</sup> lai<sup>21</sup>

西瓜　sei<sup>33</sup> ku<sup>33</sup>

瓜子　ku<sup>33</sup>·tsʅ<sup>35</sup>

雪梨　suei<sup>55</sup> lai<sup>21</sup>　甜瓜

　香瓜　çiaŋ<sup>33</sup> ku<sup>33</sup>

麻荠　muo<sup>21</sup> tsai<sup>33</sup>　荸荠

甘蔗　kaŋ<sup>33</sup> tçio<sup>24</sup>

落花豆　ləɯ<sup>21</sup> fu<sup>33</sup> təu<sup>21</sup>　①花生　②花生米

落花豆皮　ləɯ<sup>21</sup> fu<sup>33</sup> təu<sup>21</sup> pa<sup>21</sup>　花生皮

5. 花草　菌类

香花　çiaŋ<sup>33</sup> fu<sup>33</sup>　桂花

　桂花　kuei<sup>24</sup> fu<sup>33</sup>

菊花　tçy<sup>21</sup> fu<sup>33</sup>

梅花　mei<sup>21</sup> fu<sup>33</sup>

藕莲花　ŋəu<sup>33</sup> nəŋ<sup>21</sup> fu<sup>33</sup>　荷花

藕莲叶　ŋəu<sup>33</sup> nəŋ<sup>21</sup> i<sup>21</sup>　荷叶

莲蓬　nəŋ²¹ pʻəɯ³³

水仙花　suai³⁵ ɕiɛ³³ fu³³

茉莉花　muo²¹ lai²¹ fu³³

清明花　tɕʻiɛ³³ miɛ²¹ fu³³　杜鹃花

万年青　yɛ²¹ nəŋ²¹ tɕʻiɛ³³

仙人掌　ɕiɛ³³ ȵiɛ²¹ tɕiaŋ³⁵

　观音掌　kaŋ³³ iɛ³³ tɕiaŋ³⁵

花苞　fu³³ pəu³³　花蕾

花心　fu³³ ɕiɛ³³　花蕊

鸬鹚竹　lau²¹ tsʅ³³ liəu⁵⁵　芦苇

香菌　ɕiaŋ³³ kyɛ³³　香菇

菌子　kyɛ³³·tɯə　蘑菇

冬菌　nɯə³³ kyɛ³³　冬菇

青胶　tɕʻiɛ³³ tɕiəɯ³³　青苔

## （六）动物

### 1. 牲畜

马牯　muo³³ kau³⁵　公马

马母　muo³³ məu³³　母马

牛牯　ŋəu²¹ kau³⁵　公牛

熟牛牯　ɕiəu²¹ ŋəu²¹ kau³⁵　犍牛（阉过的公牛）

牛母　ŋəu²¹ məu³³　母牛

黄牛　xaŋ²¹ ŋəu²¹

水牛　suai³⁵ ŋəu²¹

细牛　sei²⁴ ŋəu²¹　牛犊

羊　iaŋ²¹　山羊

羊崽子　iaŋ²¹ tsuo³⁵·tɯə　羊羔

　细羊　sei²⁴ iaŋ²¹

狗　kəu³⁵

狗公　kəu³⁵ kɯə³³　公狗

狗母　kəu³⁵ məu³³　母狗

狗崽子　kəu³⁵ tsuo³⁵·tɯə　小狗儿

猫　mei²¹ ȵiau³³

猫公　mei²¹ ȵiau³³ kɯə³³　公猫

猫母　mei²¹ ȵiau³³ məu³³　母猫

猪公　liau³³ kɯə³³　公猪

猪种　liau³³ tɕiɛ³⁵　种猪

　猪郎公　liau³³ naŋ²¹ kɯə³³

猪母　liau³³ məu³³　母猪

猪崽子　liau³³ tsuo³⁵ ·tɯə　小猪

割猪　kəɯ⁵⁵ liau³³　阉猪（动宾）

兔子　t'au²⁴ ·tɯə

鸡　tɕi³³

鸡公　tɕi³³ kɯə³³　公鸡

鸡母　tɕi³³ məu³³　母鸡

赖菢鸡母　lia²⁴ pəu²¹ tɕi³³ məu³³　抱窝鸡

生鸡公　ɕiɛ³³ tɕi³³ kɯə³³　未阉的公鸡

熟鸡公　ɕiəu²¹ tɕi³³ kɯə³³　阉鸡（阉过的公鸡）

割鸡　kəɯ⁵⁵ tɕi³³　阉鸡（动宾）

鸡崽子　tɕi³³ tsuo³⁵ ·tɯə　小鸡儿

鸡丸　tɕi³³ uəŋ²¹　鸡蛋

生丸　ɕiɛ³³ uəŋ²¹　下蛋

菢　pəu²¹　孵（～小鸡儿）

鸡冠　tɕi³³ kaŋ³³

鸡爪子　tɕi³³ tsaɯ³⁵ ·tɯə

鸭　u⁵⁵

鸭公　u⁵⁵ kɯə³³　公鸭

鸭母　u⁵⁵ məu³³　母鸭

鸭崽子　u⁵⁵ tsuo³⁵ ·tɯə　小鸭子

鸭丸　u⁵⁵ uəŋ²¹　鸭蛋

鹅　ŋəɯ²¹

鹅崽子　ŋəɯ²¹ tsuo³⁵ ·tɯə　小鹅儿

2. 鸟、兽

野东西　iu³³ nɯə³³ sei³³　野兽

狮子　sๅ³³ · tsๅ

虎婆　fu³⁵ pəɯ²¹

　老虎　laɯ³³ fu³⁵

虎婆母　fu³⁵ pəɯ²¹ məu³³　母老虎

　老虎母　laɯ³³ fu³⁵ məu³³

猴子　xəu²¹ · tɯə

狐狸　xau²¹ lai³³

黄鼠狼　xaŋ²¹ ɕia³⁵ naŋ²¹

鼠婆　ɕia³⁵ pəɯ²¹　老鼠

　老鼠　laɯ³³ ɕia³⁵

蛇　ɕio²¹

鸟子　lei³⁵ · tɯə　鸟儿

麻雀鸟　muo²¹ tɕ'io²¹ lei³⁵　麻雀

燕鸟　iɛ²⁴ lei³⁵　燕子

天鹅大鸟　t'əŋ³³ ŋəɯ²¹ ta²¹ lei³⁵　雁

白鸠　pu²¹ kəu³³　斑鸠

白鸽鸟　pu²¹ kəɯ⁵⁵ lei³⁵　鸽子

啄木鸟　tɕio⁵⁵ mau²¹ lei³⁵

猫鸟　mei²¹ ȵiau³³ lei³⁵　猫头鹰

八八鸟　pia⁵⁵ pia⁵⁵ lei³⁵　八哥儿

崖母　ȵia²¹ məu³³　老鹰

野鸡　iu³³ tɕi³³

野鸭　iu³³ u⁵⁵

鸬鹚　lau²¹ tsๅ³³

白鹭鸶　pu²¹ lau²⁴ sๅ³³　鹭鸶

檐老鼠　iəŋ²¹ laɯ³³ ɕia³⁵　蝙蝠

□□　ɕiəu³³ k'ɛ²¹　翅膀

嘴　tɕia³⁵

鸟□　lei³⁵ təu³³　鸟窝

3. 虫类

蚕　tsaŋ²¹

波丝　pəɯ³³ sๅ³³　蜘蛛

蚁　ŋɯə$^{33}$　蚂蚁

蚁□　ŋɯə$^{33}$ təu$^{33}$　蚂蚁窝

土狗子　t‘au$^{35}$ kəu$^{35}$ ·tɯə　蝼蛄

土鳖狗　t‘au$^{35}$ pei$^{55}$ kəu$^{35}$　土鳖

□婆　fyɛ$^{35}$ pəɯ$^{21}$　蚯蚓

滑油巴母　ua$^{21}$ iəu$^{21}$ pu$^{33}$ məu$^{33}$　蜗牛

拨屎虫　pəu$^{55}$ sʅ$^{35}$ liɛ$^{21}$　蜣螂

黄冠虫　xaŋ$^{21}$ kaŋ$^{33}$ liɛ$^{21}$　蜈蚣

壁虎　pei$^{55}$ fu$^{35}$

蠚毛虫　xəɯ$^{33}$ maɯ$^{21}$ liɛ$^{21}$　毛虫

米虫　mei$^{33}$ liɛ$^{21}$　米里的米色虫

王牯蚊　uaŋ$^{21}$ kau$^{35}$ miɛ$^{21}$　苍蝇

蚊子　miɛ$^{21}$ ·tɯə

沙虫子　suo$^{33}$ liɛ$^{21}$ ·tɯə　孑孓

虱婆　sa$^{55}$ pəɯ$^{21}$　虱子

蜚　pai$^{33}$　臭虫

跳蚤　t‘ei$^{24}$ tsaɯ$^{35}$

牛蚊　ŋəu$^{21}$ miɛ$^{21}$　牛虻

灶鸡（狗）　tsaɯ$^{24}$ tɕi$^{33}$（kəu$^{35}$）　蟋蟀

□　miɛ$^{33}$　蟑螂

（大脑）蚊虫狗　（ta$^{21}$ laɯ$^{35}$）miɛ$^{21}$ liɛ$^{21}$ kəu$^{35}$　蝗虫

断头草　taŋ$^{33}$ təu$^{21}$ ts‘aɯ$^{35}$　螳螂

□□母　ȵi$^{21}$ ȵi$^{21}$ məu$^{33}$　蝉

蜜蜂　mai$^{21}$ p‘əɯ$^{33}$

黄蜂　xaŋ$^{21}$ p‘əɯ$^{33}$　马蜂

（马蜂）□人　（muo$^{33}$ p‘əɯ$^{33}$）ȵiɛ$^{33}$ ȵiɛ$^{21}$　蜇人

蜜蜂□　mai$^{21}$ p‘əɯ$^{33}$ təu$^{33}$　蜂窝

萤火虫　iaŋ$^{21}$ xəɯ$^{35}$ liɛ$^{21}$

臭□虫　tɕ‘iəu$^{24}$ pai$^{33}$ liɛ$^{21}$　臭大姐

大水蚊　ta$^{21}$ suai$^{35}$ miɛ$^{21}$　灯蛾

迷□巴（母）　mai$^{21}$ p‘ai$^{33}$ pu$^{33}$（məu$^{33}$）　蝴蝶

阳哥□□　iaŋ$^{21}$ kəɯ$^{33}$ miɛ$^{33}$ miɛ$^{33}$　蜻蜓

4. 鱼虾类

鲤鱼　lai³³ ŋau²¹

鲫鱼　tɕiɛ⁵⁵ ŋau²¹

草鱼　tsʻaɯ³⁵ ŋau²¹

黄□古　xaŋ²¹ tɕiaŋ³³ kau³⁵　黄鱼

鳜鱼　kuei²⁴ ŋau²¹

鲇鱼　neŋ²¹ ŋau²¹

斑鱼　miɛ³³ ŋau²¹　黑鱼

墨鱼　məɯ²¹ ŋau²¹

大脑鲢鱼　ta²¹ laɯ³⁵ liɛ²¹ ŋau²¹　胖头鱼

金鱼　tɕiɛ³³ ŋau²¹

扭婆（狗）　n̠iəu³⁵ pəɯ²¹（kəu³⁵）　泥鳅

蛇鱼　çio²¹ ŋau²¹　鳝鱼

　黄鳝　xaŋ²¹ çiəŋ²⁴

晒鱼□　çia²⁴ ŋau²¹ çiɛ³⁵　鲞

鱼甲　ŋau²¹ ku⁵⁵　鱼鳞

鱼骨　ŋau²¹ kuo⁵⁵　鱼刺

鱼泡　ŋau²¹ pʻəu²⁴　鱼鳔儿

鱼鳍　ŋau²¹ tɕʻia³³

鱼丸　ŋau²¹ uaŋ²¹　鱼子（鱼的卵）

钓鱼　lei²⁴ ŋau²¹

钓竿　lei²⁴ kaŋ³³　钓鱼竿儿

鱼钩　ŋau²¹ kəu³³　钓鱼钩儿

鱼网　ŋau²¹ maŋ³³

筍子　kəu²⁴ ·tɯe　竹制的捕鱼器具，一头大，一头小，鱼进去难得出来

虾公　fu³³ kɯə³³　虾

湿虾公　sɿ⁵⁵ fu³³ kɯə³³　（鲜）虾仁儿

□虾公　çiɛ³⁵ fu³³ kɯə³³　（干）虾米

虾公丸　fu³³ kɯə³³ uaŋ²¹　虾子（虾的卵，干制后做调味品）

乌龟　ŋau³³ kuai³³

鳖　peiʼ⁵⁵

螃蟹　paŋ²¹ çia³⁵

青皮拐　tɕʻiɛ³³ pa²¹ kua³⁵　青蛙

鸡□麻拐　tɕi³³ tuŋ³³ muo²¹ kua³⁵　蟾蜍

蚂蟥　muo³³ xaŋ²¹　水蛭

　赤□吸　ɕiu⁵⁵ pai³³ tɕi⁵⁵

螺蛳　ləɯ²¹ sʅ³³

闭螺（丝）　pai²⁴ ləɯ²¹（sʅ³³）　蚌

## （七）房舍

### 1. 房子

起屋　ɕi³⁵ ŋau⁵⁵　造房子

屋　ŋau⁵⁵　（整座）房子

围墙　uai²¹ tɕiaŋ²¹　院墙

□子　kɛ²⁴·tɯə　（单间）屋子

　房子　paŋ²¹·tɯə

房门口　paŋ²¹ muo²¹ xəu³⁵　外间

房□头　paŋ²¹ lu³³ təu²¹　里间

正房　tɕiɛ²⁴ paŋ²¹

厅屋　tʻiɛ³³ ŋau⁵⁵　客厅

平房　piɛ²¹ paŋ²¹/faŋ²¹

楼房　ləu²¹ paŋ²¹/faŋ²¹

洋房　iaŋ²¹ faŋ²¹　新式楼房

楼上　ləu²¹ ɕiaŋ³³

楼下　ləu²¹ fu³³

楼梯　ləu²¹ tʻei³³

板梯　miɛ³⁵ tʻei³³

手梯　ɕiəu³⁵ tʻei³³

阳台　iaŋ²¹ tia²¹

晒楼　ɕia²⁴ ləu²¹　晒台

### 2. 房屋结构

屋顶　ŋau⁵⁵ nəŋ³⁵　房顶

屋檐　ŋau⁵⁵ iəŋ²¹　房檐儿

屋梁　ŋau⁵⁵ liaŋ²¹　梁

水行木　suai³⁵ ɕiɛ²¹ mau²¹　檁

椽架板　tɕyəŋ²¹ kuo²⁴ miɛ³⁵　椽子

柱子　tia³³ · tɯə　柱

天花板　t'əŋ³³ fu³³ miɛ³⁵

大门　ta²¹ muo²¹

背□门　pai²⁴ lei²⁴ muo²¹　后门

细门　sei²⁴ muo²¹　边门儿

门脚　muo²¹ tɕiəɯ⁵⁵　门坎儿

门背□　muo²¹ pai²⁴ lei²⁴　门后

门栓　muo²¹ ɕyɛ³³

锁　səɯ³⁵

锁匙　səɯ³⁵ sʅ²¹　钥匙

窗子　ts'aŋ³³ · tɯə

　头门　təu²¹ muo²¹

走廊　tsəu³⁵ nuo²¹

3. 其他设施

炉头　lau²¹ təu²¹

　灶屋　tsaɯ²⁴ ŋau⁵⁵

　厨房　tia²¹ paŋ²¹

灶　tsaɯ²⁴

茅司　məu²¹ sʅ³³　厕所

磨房　məɯ²¹ paŋ²¹

牛栏　ŋəu²¹ nuo²¹　牛圈

猪栏　liau³³ nuo²¹　猪圈

潲盆　səu²⁴ puo²¹　猪食槽

羊栏　iaŋ²¹ nuo²¹　羊圈

狗□　kəu³⁵ təu³³　狗窝

鸡□　tɕi³³ təu³³　鸡窝

鸡笼　tɕi³³ nuo²¹

鸡罩　tɕi³³ tsaɯ²⁴

茅草屋　məu²¹ ts'aɯ³⁵ ŋau⁵⁵　草房

稿堆　kaɯ³⁵ lua³³　柴草垛

## (八) 器具 用品

1. 一般家具

柜子 kuai²⁴·tɯə 柜

高柜 kaɯ³³ kuai²⁴

台子 tia²¹·tɯə 桌子

□台 kɛ²¹ tia²¹ 圆桌

方台 faŋ³³ tia²¹ 方桌

办公台 piɛ²⁴ kɯə³³ tia²¹ 办公桌

食糜台 iəu²¹ ma²¹ tia²¹ 饭桌

台布 tia²¹ pu²⁴

扯箱 tɕʻiu³⁵ ɕiaŋ³³ 抽屉

　柜台 kuai²⁴ tia²¹

椅子 i³⁵·tɯə

睏椅 xuo²⁴ i³⁵ 躺椅

　被椅 pa³³ i³⁵ （指躺椅中间用"皮、布"等材料遮盖而成）

　懒椅 nuo³³ i³⁵

椅子背 i³⁵·tɯə pai²⁴

椅子掌 i³⁵·tɯə tɕʻiɛ²⁴

凳子 nɯə²⁴·tɯə 板凳

四方凳 sai²⁴ faŋ³³ nɯə²⁴

细凳子 sei²⁴ nɯə²⁴·tɯə 小板凳

□凳子 kɛ²¹ nɯə²⁴·tɯə 圆凳

高凳子 kaɯ³³ nɯə²⁴·tɯə

稿垫 kaɯ³⁵ tiɛ²¹ 用稻草、麦秸等编成的蒲团

2. 卧室用具

床ₓᵤₙ tau²¹

床ₓᵤₙ板 tau²¹ miɛ³⁵ 铺板

竹子床 liəu⁵⁵·tɯə tsaŋ²¹

蚊帐 miɛ²¹ tɕiaŋ²⁴ 帐子

帐钩 tɕiaŋ²⁴ kəu³³

毯子 tʻuo³⁵·tɯə

被子　pa³³·tɯə

被头　pa³³ təu²¹　被窝儿

被里　pa³³ lai³³

被面　pa³³ məŋ²¹

棉被　məŋ²¹ pa³³　棉花胎（棉被的胎）

垫被　təŋ²¹ pa³³　床单

垫棉被　təŋ²¹ məŋ²¹ pa³³　褥子

席子　tɕiɛ³³·tɯə　草席（草编的）

竹席　liəu⁵⁵ tɕiɛ³³　竹篾编的席子

枕头　tɕiəŋ³⁵ təu²¹

　枕头脑　tɕiəŋ³⁵ təu²¹ laɯ³⁵　（枕头的旧式说法）

枕头套　tɕiəŋ³⁵ təu²¹ tʻaɯ²⁴　枕套儿

枕心　tɕiəŋ³⁵ ɕiɛ³³　枕头心儿

梳妆台　sau³³ tsaŋ³³ tia²¹

镜子　tɕio²⁴·tɯə

女箱　ɲia³³ ɕiaŋ³³　手提箱

衣架　a³³ kuo²⁴　<u>立在地上挂衣服的用具</u>

晒衣架　ɕia²⁴ a³³ kuo²⁴　晒衣架

火炉　xəɯ³⁵ lau²¹　手炉

炭盆　tʻuo²⁴ puo²¹　火盆

暖壶　naŋ³³ xau²¹　暖水瓶

3. 炊事用具

铁夹　tʻei⁵⁵ tɕia⁵⁵　火钳

铲子　tɕʻiɛ³⁵·tɯə

　火铲　xəɯ³⁵ tɕʻiɛ³⁵

樵草　tsei²¹ tsʻaɯ³⁵　柴草

稿　kaɯ³⁵　稻秆

麦子稿　məɯ²¹·tɯə kaɯ³⁵　麦秸

高粱□　kaɯ³³ liaŋ²¹ məu³³　高粱杆儿

豆□　təu²⁴ məu³³　豆秸

木糠　mau²¹ xaŋ³³　锯末

木花　mau²¹ fu³³　刨花

刨木花 pəu²⁴ mau²¹ fu³³

洋火 iaŋ²¹ xɯ³⁵ 火柴

铛□ tɕ'iɛ³³ ɕiɛ³³ 锅烟子

烟通 iəŋ³³ t'aŋ³³ 烟囱

铛 tɕ'iɛ³³ 锅

（铁）锅鼎 （t'ei⁵⁵）uo³³ lio³⁵ 烧水的锅

大铛 ta²¹ tɕ'iɛ³³ 大锅

细铛 sei²⁴ tɕ'iɛ³³ 小锅

铛盖 tɕ'iɛ³³ tɕia²⁴ 锅盖

菜铲 tɕ'ia²⁴ tɕ'iɛ³⁵ 锅铲

水壶 suai³⁵ xau²¹ 烧开水的壶

碗 ŋ³⁵

大品碗 ta²¹ p'iɛ³⁵ ŋ³⁵ 海碗

茶杯 tsuo²¹ pei³³

瓯子 ŋəu³³ ·tɯə 杯子

碟子 tei²¹ ·tɯə

调羹 tiəɯ²¹ kɛ³³ 羹匙

筷子 k'ua²⁴ ·tsɿ

筷子筒古 k'ua²⁴ ·tsɿ³⁵ tɯə²¹ kau³⁵ 筷笼

茶盘 tsuo²¹ paŋ²¹ 茶托

酒盏 tɕiəu³⁵ tɕiɛ³⁵ 酒杯

盘子 paŋ²¹ ·tɯə

酒壶 tɕiəu³⁵ xau²¹

酒篓 tɕiəu³⁵ ləu³³ 相当于酒坛子

篓 ləu³³ 用竹子、荆条、苇篾儿等编成的盛器，亦可用来盛液体

沙罐 suo³³ kaŋ²⁴ 罐子

水瓢 suai³⁵ p'iəu²¹ 瓢（舀水用的）

捞篱 laɯ²¹ lai²¹ 笊篱

筲□ ɕiəu³³ muo²¹ 筲箕

瓶子 piɛ²¹ ·tɯə

瓶盖 piɛ²¹ tɕia²⁴

刨子 pəu²⁴ ·tɯə ①刨子 ②礤床

菜刀　tɕʻia²⁴ laɯ³³

砧板　liɛ³³ miɛ³⁵

案板　ŋ²⁴ miɛ³⁵　做面食、切菜用的木板

水桶　suai³⁵ tʻɯə³⁵

糜桶　ma²¹ tʻɯə³⁵　饭桶

蒸笼　tɕiɛ³³ nuo²¹

箅子　pai²⁴·tɯə　蒸食物用以起间隔作用的器具

水缸　suai³⁵ kaŋ³³

潲水缸　səu²⁴ suai³⁵ kaŋ³³　泔水缸

潲水　səu²⁴ suai³⁵

抹台布　muo²¹ tia²¹ pu²⁴　抹布

4. 工匠用具

斧头　pau³³ təu²¹

锯子　tɕia²⁴·tɯə

角尺　kəu⁵⁵ tɕʻiu⁵⁵　曲尺

折尺　tɕi⁵⁵ tɕʻiu⁵⁵

皮尺　pa²¹ tɕʻiu⁵⁵　卷尺

墨斗　məɯ²¹ ləu³⁵

墨斗线　məɯ²¹ ləu³⁵ ɕiɛ²⁴

钉子　liɛ³³·tɯə

钳夹　tɕiəŋ²¹ tɕia⁵⁵

老虎钳夹　laɯ³³ fu³⁵ tɕiəŋ²¹ tɕia⁵⁵

铁锤　tʻei⁵⁵ tsuai²¹　钉锤

索子　səɯ⁵⁵·tɯə　绳子

泥刀　lei²¹ laɯ³³　瓦刀

泥板　lei²¹ miɛ³⁵

剃脑刀　tʻei²⁴ laɯ³⁵ laɯ³³　剃刀

推剪　tʻua³³ tɕiɛ³⁵　推子

梳子　sau³³·tɯə

鐾刀布　pei²¹ laɯ³³ pu²⁴

车衣机　tɕʻiu³³ a³³ tɕi³³　缝纫机

剪刀　tɕiɛ³⁵ laɯ³³

尺　tɕʻiu⁵⁵

熨斗　yɛ²¹ ləu³⁵

烙铁　ləɯ²¹ tʻei⁵⁵

木棉布　mau²¹ məŋ²¹ tɕʻiu³³　纺车

织布机　tɕi⁵⁵ pu²⁴ tɕi³³

5. 其他生活用品

东西　nɯə³³ sei³³

洗凉盆　sei³⁵ liaŋ²¹ puo²¹　澡盆

洗面盆　sei³⁵ məŋ²¹ puo²¹　脸盆

面盆架　məŋ²¹ puo²¹ kuo²⁴　脸盆架

洗面水　sei³⁵ məŋ²¹ suai³⁵　洗脸水

香枧　ɕiaŋ³³ tɕiəŋ³⁵　香皂

洋枧　iaŋ²¹ tɕiəŋ³⁵　肥皂

手巾　ɕiəu³⁵ tɕiɛ³³　毛巾

洗脚盆　sei³⁵ tɕiəɯ⁵⁵ puo²¹　脚盆

汽灯　tɕʻi²⁴ nɯə³³

蜡烛　lu²¹ tɕia⁵⁵

灯心　nɯə³³ ɕiɛ³³

灯罩　nɯə³³ tsaɯ²⁴

灯盏　nɯə³³ tɕiɛ³⁵

灯草　nɯə³³ tsʻaɯ³⁵

灯油　nɯə³³ iəu²¹

灯笼　nɯə³³ nuo²¹

钱包　tɕiɛ²¹ pəu³³

章子　tɕiaŋ³³ ·tɯə　图章

千里眼　tɕʻiɛ³³ lai³³ ȵiɛ³³　望远镜

针顶　tɕiɛ³³ liɛ³⁵　顶针儿

线心　ɕiɛ²⁴ ɕiɛ³³　线轴儿

针孔　tɕiɛ³³ kʻaŋ³⁵　针鼻儿

针嘴　tɕiɛ³³ tɕia³⁵

针脚　tɕiɛ³³ tɕiəɯ⁵⁵

穿针　tɕʻyɛ³³ tɕiɛ³³

锥子　tsuai³³ · tɯə

洗衣板　sei³⁵ a³³ miɛ³⁵

洗衣槌　sei³⁵ a³³ tsuai²¹

鸡毛刷子　tçi³³ maɯ²¹ çio⁵⁵ · tɯə　鸡毛掸子

扇子　çiɛ²⁴ · tɯə

蒲扇　pəu²¹ çiɛ²⁴

撑棍　tç'iɛ³³ kyɛ²⁴　拐杖

## （九）称谓

### 1. 一般称谓

男人　nuo²¹ ȵiɛ²¹

女人　ȵia³³ ȵiɛ²¹

毛毛崽　maɯ²¹ maɯ²¹ tsuo³⁵

　毛狗子　maɯ²¹ kəu³⁵ · tɯə

细人子　sei²⁴ ȵiɛ²¹ · tɯə　小孩儿

赖子人　lia²¹ · tɯə ȵiɛ²¹　男孩儿

女子人　ȵia³³ · tɯə ȵiɛ²¹　女孩儿

老人家　laɯ³³ ȵiɛ²¹ ku³³　①老头儿　②老太婆

后生家　xəu³³ çiɛ³³ ku³³　小伙子

城市人　çio²¹ sʅ²⁴ ȵiɛ²¹　城里人

乡村人　çiaŋ³³ tç'io³³ ȵiɛ²¹　乡下人

一大家　i⁵⁵ ta²¹ ku³³　一家子

客人　fu⁵⁵ ȵiɛ²¹　①客人　②外地人

本地人　muo³⁵ tai²¹ ȵiɛ²¹

洋人　iaŋ²¹ ȵiɛ²¹　外国人

独人　tau²¹ ȵiɛ²¹　自己人

　屋里个人　ŋau⁵⁵ lai³³ · kəɯ ȵiɛ²¹　屋里的人

外人　ua²¹ ȵiɛ²¹

同龄　tɯə²¹ nəŋ²¹　同庚

老手　laɯ³³ çiəu³⁵　内行

新手　çiɛ³³ çiəu³⁵　外行

半桶水　maŋ²⁴ t'ɯə³⁵ suai³⁵　半瓶醋

单身公　nuo³³ ɕiɛ³³ kɯə³³　单身汉

青婆　tɕʻiɛ³³ pəɯ²¹　老姑娘

童养媳　tɯə²¹ iaŋ³³ sei²⁴

二道婚　lai²¹ tau³³ xuo³³　二婚头

寡婆母　ku³⁵ pəɯ²¹ məu³³　寡妇

婊子　piəɯ³⁵ · tsɿ

野崽　iu³³ tsuo³⁵　私生子

犯人　maŋ²⁴ ȵiɛ²¹　囚犯

公差　kɯə³³ tɕʻia³³

　　差人　tɕʻia³³ ȵiɛ²¹　旧时衙门里的差役

小气鬼　ɕiəɯ³⁵ tɕʻi²⁴ kuai³⁵　吝啬鬼

败子（鬼）　pia²⁴ · tsɿ（kuai³⁵）　败家子

□食婆　kəɯ²⁴ iəu²¹ pəɯ²¹　乞丐

走江湖个　tsəɯ³⁵ tɕiaŋ³³ xau²¹ · kəɯ　走江湖的

骗子　pʻəŋ²⁴ · tsɿ

流氓　liəu²¹ maŋ²¹

拐子　kua³⁵ · tsɿ　拍花子的（专门拐带小孩的）

土匪　tʻau³⁵ xuai³⁵

贼　tɕiɛ⁵⁵　贼；强盗

三只手　suo³³ tɕiu⁵⁵ ɕiəu³⁵　扒手

2. 职业称谓

工作　kɯə³³ tsəɯ⁵⁵

工人　kɯə³³ ȵiɛ²¹

雇工　kau²⁴ kɯə³³

长工　tiaŋ²¹ kɯə³³

短工　naŋ³⁵ kɯə³³

零时工　liɛ²¹ sɿ³³ kɯə³³

农民　nuo²¹ miɛ²¹

　　种田人　tɕiɛ²⁴ təŋ²¹ ȵiɛ²¹

做生意个　tsəɯ²⁴ ɕiɛ³³ i²⁴ · kəɯ　做买卖的

老板　laɯ³³ miɛ³⁵

主家　tɕia³⁵ ku³³　东家

老板娘　lau³³ miɛ³⁵ n̠iaŋ²¹

学徒　xəu²¹ təu²¹

顾客　kau²⁴ fu⁵⁵

摆摊子个　pia³⁵ tʻuo³³·tɯə·kəɯ　摊贩

教书先生　kau²⁴ ɕia³³ ɕiɛ³³ ɕiɛ³³

老师　lau³³ sɿ³³

学生　ɕiəu⁵⁵ ɕiɛ³³

同学　tɯə²¹ ɕiəu⁵⁵

朋友　pəɯ²¹ iəu³³

当勇　naŋ³³ iaŋ³⁵　当兵旧

勇　iaŋ³⁵　兵旧

警察　tɕiəŋ³⁵ tsuo²¹

医师　i³³ sɿ³³　医生

司机　sɿ³³ tɕi³³

手艺人　ɕiəu³⁵ n̠i²⁴ n̠iɛ²¹

木工　mau²¹ kɯə³³木匠

泥工　lei²¹ kɯə³³　瓦匠

锡匠　ɕiɛ⁵⁵ tɕiaŋ²¹

铜匠　tɯə²¹ tɕiaŋ²¹

铁匠　tʻei⁵⁵ tɕiaŋ²¹

补锅鼎个　pu³⁵ uo³³ lio³⁵·kəɯ　补锅的

做衣师父　tsəɯ²⁴ a³³ sɿ³³ fu³³　裁缝

剃脑师父　tʻei²⁴ lau³⁵ sɿ³³ fu³³　理发员

杀猪个　ɕia⁵⁵ liau³³·kəɯ　屠户

挑脚个　tʻiəɯ³³ tɕiəɯ⁵⁵·kəɯ　挑夫

抬轿个　tia²¹ tɕiəɯ²¹·kəɯ　轿夫

撑船个　tɕʻiɛ³³ ɕyəŋ²¹·kəɯ　艄公

管家　kaŋ³⁵ ku³³

合伙人　xəɯ²¹ xɯə³⁵ n̠iɛ²¹

厨师　tia²¹ sɿ³³

　大师父　ta²¹ sɿ³³ fu³³

喂猪个　uai²⁴ liau³³·kəɯ

养猪个　iaŋ³³ liau³³ · kɯ
喂牛个　uai²⁴ ŋəu²¹ · kɯ
　养牛个　iaŋ³³ ŋəu²¹ · kɯ
养羊个　iaŋ³³ iaŋ²¹ · kɯ
接生婆　tsei⁵⁵ ɕiɛ³³ pəɯ²¹
和尚　əɯ²¹ ɕiaŋ²⁴
尼姑　n̠i²¹ kau³³
道士　tau³³ sʅ²⁴

## （十）亲属

### 1. 长辈

长辈　tɕiaŋ³⁵ pei²⁴
白郎公　pu²¹ naŋ²¹ kɯə³³　曾祖父
白娘母　pu²¹ n̠iaŋ²¹ muo³⁵　曾祖母
祖公　tsau³⁵ kɯə³³　祖父
　郎公　naŋ²¹ kɯə³³
娘母　n̠iaŋ²¹ muo³⁵　祖母
　娘婆　n̠iaŋ²¹ pəɯ²¹
姕公　ləɯ³³ kɯə³³　外祖父
姕婆　ləɯ³³ pəɯ²¹　外祖母
□□　kɛ²¹ liɛ³³　父亲
　爹　tia³³
母□　məu³³ ləɯ³⁵　母亲
　娘　n̠iaŋ²¹
岳父　iəɯ²¹ fu³³
　外父　ua²¹ fu³³
岳母　iəɯ²¹ məu³³
　外母　ua²¹ məu³³
家公　ku³³ kɯə³³　公公（夫之父）
家婆（娘）　ku³³ pəɯ²¹（n̠iaŋ²¹）　婆婆（夫之母）
继父　tɕi²⁴ fu³³
郎郎　naŋ²¹ naŋ²¹　伯父

娘娘　ȵiaŋ²¹ ȵiaŋ²¹　伯母

叔叔　çiəu⁵⁵ çiəu⁵⁵　叔父

叔娘　çiəu⁵⁵ ȵiaŋ²¹　叔母

舅舅　tçiəu³³ tçiəu³³

舅娘　tçiəu³³ ȵiaŋ²¹

姑娘　kau³³ ȵiaŋ²¹　姑妈

姨娘　i²¹ ȵiaŋ²¹　姨妈

姑爷　kau³³ io²¹　姑夫

　姑丈公　kua³³ tiaŋ³³ kɯə³³

姨丈　i²¹ tiaŋ³³　姨夫

　姨爷　i²¹ io²¹

亲家爷　tç'iɛ³³ ku³³ io²¹　姻伯

亲家娘　tç'iɛ³³ ku³³ ȵiaŋ²¹

姑婆　kau³³ pəɯ²¹　姑奶奶（父之姑母）

姨婆　i²¹ pəɯ²¹　姨奶奶（父之姨母）

2. 平辈

平辈　piɛ²¹ pei²⁴

两公婆　liaŋ³³ kɯə³³ pəɯ²¹　夫妻

□家　pia³⁵ ku³³　丈夫

女客　ȵia³³ fu⁵⁵　妻子

大伯郎　ta²¹ pu⁵⁵ naŋ²¹　大伯子（夫之兄）

细叔　sei²⁴ çiəu⁵⁵　小叔子（夫之弟）

大姑　ta²¹ kau³³　大姑子（夫之姐）

细姑　sei²⁴ kau³³　小姑子（夫之妹）

亲家哥　tç'iɛ³³ ku³³ kəɯ³³　内兄

　外家哥哥　ua²¹ ku³³ kəɯ³³ kəɯ³³

亲家弟　tç'iɛ³³ ku³³ tei³³　内弟

　外家老弟　ua²¹ ku³³ laɯ³³ tei³³

大姨　ta²¹ i²¹　大姨子

细姨　sei²⁴ i²¹　小姨子

弟兄　tei³³ çio³³　弟兄

　两□　liaŋ³³ lia²⁴

姊妹　tsai³⁵ mei²¹

哥哥　kɯ³³ kɯ³³

嫂□　saɯ³⁵ liɛ³³　嫂子

老弟　laɯ³³ tei³³　弟弟

老弟媳妇　laɯ³³ tei³³ sei²⁴ pəu³³　弟媳

姊□　tsai³⁵ liɛ³³　姐姐

姊哥　tsai³⁵ kɯ³³　姐夫

幼妹　iəu²⁴ mei²¹　妹妹

幼妹婿　iəu²⁴ mei²¹ suei²⁴　妹夫

表兄弟　piəu³⁵ çio³³ tei³³

表哥　piəu³⁵ kɯ³³

　外甥哥　ua²¹ çiɛ³³ kɯ³³

表嫂　piəu³⁵ saɯ³⁵

表弟　piəu³⁵ tei³³

　外甥　ua²¹ çiɛ³³

表姊妹　piəu³⁵ tsai³⁵ mei²¹

表姊　piəu³⁵ tsai³⁵

　外甥姊　ua²¹ çiɛ³³ tsai³⁵

表妹　piəu³⁵ mei²¹

3. 晚辈

崽女　tsuo³⁵ ȵia³³　子女

崽　tsuo³⁵　儿子

大崽　ta²¹ tsuo³⁵　大儿子

细崽　sei²⁴ tsuo³⁵　小儿子

寄崽　tçi²⁴ tsuo³⁵　养子

媳妇　sei²⁴ pəu³³　儿媳妇（儿之妻）

女　ȵia³³

女婿　ȵia³³ suei²⁴

孙子　çio³³·tɯə　①孙子　②侄子

孙媳妇　çio³³ sei²⁴ pəu³³

孙女　çio³³ ȵia³³　①孙女　②侄女

孙女婿　çio³³ ȵia³³ suei²⁴

色子　səu⁵⁵·tɯə　重孙

色孙女　səu⁵⁵ ɕio³³ n̠ia³³　重孙女

外孙　uei²⁴ ɕiɛ³³

外孙女　uei²⁴ ɕiɛ³³ n̠ia³³

外甥　ua²¹ ɕiɛ³³

外甥女　ua²¹ ɕiɛ³³ n̠ia³³

### 4. 其他

两姨丈　liaŋ³³ i²¹ tiaŋ³³　连襟

亲家　tɕ'iɛ³³ ku³³

亲家娘　tɕ'iɛ³³ ku³³ n̠iaŋ²¹　亲家母

亲戚　tɕ'iɛ³³ ts'ei⁵⁵

走亲戚　tsəu³⁵ tɕ'iɛ³³ ts'ei⁵⁵

拖油瓶　t'əu³³ iəu²¹ piɛ²¹　带犊儿（妇女改嫁带的儿女）

## （十一）身体

### 1. 头部、五官

身体　ɕiɛ³³ t'ei³⁵

身材　ɕiɛ³³ tɕia²¹

脑骨　laɯ³⁵ kuo⁵⁵　头

啄木脑　tɕio⁵⁵ mau²¹ laɯ³⁵　奔儿头（前额生得向前突）

滑皮脑　ua²¹ pa²¹ laɯ³⁵　秃头（头发掉光了的头）

脑顶　laɯ³⁵ lio³⁵　头顶

脑□　laɯ³⁵ ɕiɛ³⁵　后脑勺子

颈骨　tɕio³⁵ kuo⁵⁵　颈

脑毛　laɯ³⁵ maɯ²¹　头发

趿脑毛　ta⁵⁵ laɯ³⁵ maɯ²¹　掉头发

脑骨□　laɯ³⁵ kuo⁵⁵ tiɛ³³　囟门

辫子　piɛ³³·tsʅ

檐海　iəŋ²¹ ɕia³⁵　刘海儿

面颊　məŋ²¹ tɕia⁵⁵　脸

酒□　tɕiəu³⁵ tiɛ³³　酒窝

眼睛　n̠iɛ³³ tɕiɛ³³　眼

眼睛鬼　n̠iɛ³³ tɕiɛ³³ kuai³⁵　眼珠儿

眼白　n̠iɛ³³ pu²¹　白眼珠儿

黑眼睛鬼　xəu⁵⁵ n̠iɛ³³ tɕiɛ³³ kuai³⁵　黑眼珠儿

鱼尾₍训₎　ŋau²¹ muo³³　眼角儿

眼泪　n̠iɛ³³ luai²¹

眼睛骨屎　n̠iɛ³³ tɕiɛ³³ kuo⁵⁵ sʅ³⁵　眼眵

眼底皮　n̠iɛ³³ lei³⁵ pa²¹　眼皮儿

单眼底皮　nuo³³ n̠iɛ³³ lei³⁵ pa²¹　单眼皮儿

双眼底皮　saŋ³³ n̠iɛ³³ lei³⁵ pa²¹　双眼皮儿

眼眨毛　n̠iɛ³³ tsai⁵⁵ maɯ²¹　眼睫毛

眼毛　n̠iɛ³³ maɯ²¹　眉毛

　眼眉　n̠iɛ³³ mai²¹

皱眼毛　tsəu²⁴ n̠iɛ³³ maɯ²¹　皱眉头

鼻头　pai²¹ təu²¹　鼻子

鼻　pai²¹　鼻涕

鼻沟屎　pai²¹ kəu³³ sʅ³⁵　干鼻涕

鼻头毛　pai²¹ təu²¹ maɯ²¹　鼻毛

尖鼻头　tɕiɛ³³ pai²¹ təu²¹　鼻子尖儿（鼻子顶端）

鼻头灵　pai²¹ təu²¹ liɛ²¹　鼻子尖（嗅觉灵敏）

鼻梁□　pai²¹ liaŋ²¹ kɛ²⁴　鼻梁儿

赤鼻头　ɕiu⁵⁵ pai²¹ təu²¹　酒糟鼻子

嘴嘴　tɕia³⁵ tɕia³⁵　嘴

嘴唇皮　tɕia³⁵ ɕiɛ²¹ pa²¹　嘴唇儿

口水　xəu³⁵ suai³⁵　涎水

口舌　xəu³⁵ i²¹　舌头

大口舌□　ta²¹ xəu³⁵ i²¹ kəɯ³³　大舌头

牙齿　uo²¹ tsʻʅ³⁵

门牙　muo²¹ uo²¹

坐牙　tsəɯ³³ uo²¹　大牙

虎牙　fu³⁵ uo²¹

牙齿屎　uo²¹ tsʻʅ³⁵ sʅ³⁵　牙垢

虫食牙　liɛ²¹ iəu²¹ uo²¹　虫牙

耳□　n̠iəɯ³³ ka³³　耳朵

耳□窟　n̠iəɯ³³ ka³³ xuo⁵⁵　耳朵眼儿

耳□屎　n̠iəɯ³³ ka³⁵ sʅ³⁵　耳屎

下□　fu³³ kəɯ³³　下巴

喉□　xəu²¹ ka³³　喉咙

喉骨　xəu²¹ kuo⁵⁵　喉结

胡须　fu²¹ çia³³　胡子

络腮胡　ləɯ²¹ çia³³ fu²¹

八字胡须　pia⁵⁵ tsʅ²¹ fu²¹ çia³³

2. 手、脚、胸、背

胛头　kuo⁵⁵ təu²¹　肩膀

　肩膀　tçiɛ³³ muo³⁵

锁骨　səɯ³⁵ kuo⁵⁵　肩胛骨

溜肩膀　liəu³³ tçiɛ³³ muo³⁵

手□母　çiəu³⁵ pia³³ məu³³　胳膊

赤母窟　çiu⁵⁵ məu³³ xuo⁵⁵　胳肢窝

左手　tsəɯ³⁵ çiəu³⁵

右手　iəu²⁴ çiəu³⁵

手指　çiəu³⁵ tsʅ³⁵

节□头　tsei⁵⁵ ka³³ təu²¹　（指头）关节

大手指脑　ta²¹ çiəu³⁵ tɯə³⁵ laɯ³⁵　大拇指

二手指脑　lai²¹ çiəu³⁵ tɯə³⁵ laɯ³⁵　食指

三手指脑　suo³³ çiəu³⁵ tɯə³⁵ laɯ³⁵　中指

　中手指脑　liaŋ³³ çiəu³⁵ tɯə³⁵ laɯ³⁵

四手指脑　sai²⁴ çiəu³⁵ tɯə³⁵ laɯ³⁵　无名指

细手指脑　sei²⁴ çiəu³⁵ tɯə³⁵ laɯ³⁵　小拇指

手指甲　çiəu³⁵ tɯə³⁵ ku⁵⁵

拳㞦　kuəŋ²¹ kau³⁵　拳头

手掌　çiau³⁵ tçiaŋ³⁵

□母　kuo³³ məu³³　巴掌

手心　çiəu³⁵ çiɛ³³

手背　çiəu³⁵ pai²⁴

腿　t'ua³⁵

大腿　ta²¹ t'ua³⁵

　大脚□母　ta²¹ tɕiəɯ⁵⁵ pia³³ məu³³

细脚□母　sei²⁴ tɕiəɯ⁵⁵ pia³³ məu³³　小腿

鱼肚母　ŋau²¹ tau³³ məu³³　腿肚子

当面骨　naŋ³³ məŋ²¹ kuo⁵⁵　胫骨

板脑骨　miɛ³⁵ laɯ³⁵ kuo⁵⁵　膝盖

□□　ɕiɛ³⁵ p'ia²⁴　屁股

　□根　ɕiɛ³⁵ kɯə³³

屎根豚　sʅ³⁵ kɯə³³ təu²¹　肛门

鸟子　lei³⁵·tɯə　男阴

　卵　naŋ³³

鸡鸡　tɕi³³ tɕi³³　赤子阴

□　p'ai³³　女阴

□　ia³³　交合

　□　tsəŋ³³

卵水　naŋ³³ suai³⁵　精液

螺丝骨　ləɯ²¹ sʅ³³ kuo⁵⁵　踝子骨

赤脚　ɕiu⁵⁵ tɕiəɯ⁵⁵

脚背　tɕiəɯ⁵⁵ pai²⁴

脚掌　tɕiəɯ⁵⁵ tɕiaŋ³⁵

脚心　tɕiəɯ⁵⁵ ɕiɛ³³

脚头脑　tɕiəɯ⁵⁵ təu²¹ laɯ³⁵　脚趾头

脚头甲　tɕiəɯ⁵⁵ təu²¹ tɕia⁵⁵　脚趾甲

脚心跟　tɕiəɯ⁵⁵ ɕiɛ³³ kɯə³³　脚跟

脚印　tɕiəɯ⁵⁵ iɛ²⁴

鸡眼　tɕi³³ ɲiɛ³³　一种脚病

心口　ɕiɛ³³ k'əu³⁵

胸膛　ɕiɛ³³ taŋ²¹　胸脯

排骨　pia²¹ kuo⁵⁵　肋骨

□□　ma³⁵ tɕi⁵⁵　乳房

□　tɕi⁵⁵　奶汁

肚子　tau³³ ·tɯə

小肚　ɕiaɯ³⁵ tau³³

腹脐窟　pu⁵⁵ tsʅ²¹ xuo⁵⁵　肚脐眼

腰骨　iəɯ³³ kuo⁵⁵　腰

背脊　pai²⁴ tɕiɛ⁵⁵　脊背

背脊骨　pai²⁴ tɕiɛ⁵⁵ kuo⁵⁵　脊梁骨

3. 其他

脑旋　laɯ³⁵ tɕyəŋ²¹　头发旋儿

两粒旋　liaŋ³³ lai⁵⁵ tɕyəŋ²¹　双旋

䐃　ləɯ²¹　斗（圆形的指纹）

箩□　ɕiəɯ³³ muo²¹　箩箕（簸箕形的指纹）

寒毛　xaŋ²¹ maɯ²¹

　酕毛子　yɛ²¹ maɯ²¹ ·tɯə

痣　tsʅ²⁴

骨头　kuo⁵⁵ təu²¹

筋母　tɕiɛ³³ məu³³　筋

血　fei⁵⁵

血管　fei⁵⁵ kaŋ³⁵

脉　məɯ²¹

五脏　ŋ³³ tsaŋ²⁴

心　ɕiɛ³³

肝　kaŋ³³

肺　fei²⁴

胆　nuo³⁵

脾　pa²¹

胃　uai²¹

肚□　tau³³ kua²⁴　整个腹部

腰子　iəɯ³³ ·tsʅ

肠子　tsaŋ²¹ ·tɯə

大肠　ta²¹ tsaŋ²¹

小肠　ɕiəɯ³⁵ tsaŋ²¹

假肠　ku³⁵ tsaŋ²¹　盲肠

## （十二）疾病　医疗

1. 一般用语

病□　p…iɛ²¹ · i　病了

细病　sei²⁴ piɛ²¹　小病

重病　tiɛ³³ piɛ²¹

病轻□　piɛ²¹ tɕ'io³³ · i　病轻了

病好□　piɛ²¹ xaɯ³⁵ · i　病好了

请医师　tɕ'iɛ³⁵ i³³ sʅ³³　请医生

觑病　tɕ'iɛ³⁵ piɛ²¹　看病

探脉　t'aŋ²⁴ məɯ²¹　号脉

开药单　ɕia³³ iəɯ²¹ nuo³³　开药方子

偏方　p'əŋ³³ faŋ³³

抓药（中药）　tsa³³ iəɯ²¹

买药（西药）　mia³³ iəɯ²¹

药铺　iəɯ²¹ p'əu²⁴

药眼子　iəɯ²¹ n̠iɛ³³ · tɯə　药引子

药罐　iəɯ²¹ kaŋ²⁴

药□子　iəɯ²¹ ua³³ · tɯə　小型的药罐子

煲药　paɯ³³ iəɯ²¹　煎药

药膏（西药）　iəɯ²¹ kaɯ³³

药粉　iəɯ²¹ xuo³⁵　药面儿

搽药膏　tsuo²¹ iəɯ²¹ kaɯ³³

上药　ɕiaŋ³³ iəɯ²¹

膏药（中药）　kaɯ³³ iəɯ²¹

沤汗　ŋəu²⁴ xaŋ²¹　发汗

退火　t'ua²⁴ xəɯ³⁵　去火

解毒　tɕia³⁵ tau²¹　去毒

摧针　k'əu³³ tɕiɛ³³　扎针

　拍针　pəu³⁵ tɕiɛ³³

2. 内科

腹泻　pu⁵⁵ ɕiɛ²⁴　泻肚

发烧　xuo⁵⁵ ɕiəɯ³³

发寒　xuo⁵⁵ xaŋ²¹　①发冷　②发疟子

起鸡□麻拐皮　ɕi³⁵ tɕi³³ tuŋ²¹ muo²¹ kua³⁵ pa²¹　起鸡皮疙瘩

伤风　ɕiaŋ³³ muo³³

咳嗽　k'əɯ³³ səu²⁴

内声　lua²¹ ɕio³³　气喘

支气管炎　tsʅ³³ tɕ'i²⁴ kaŋ³⁵ iəŋ²¹　气管炎

中暑　tɕiaŋ²⁴ ɕia³⁵

起痧　ɕi³⁵ suo³³

上火　ɕiaŋ³³ xəɯ³⁵

肚□□　tau³³ kua²⁴ tsaɯ²⁴　肚子疼

心口□　ɕiɛ³³ xəu³⁵ tsaɯ²⁴　胸口疼

脑骨□　laɯ³⁵ kuo⁵⁵ maɯ²¹　头晕

脑骨□　laɯ³⁵ kuo⁵⁵ tsaɯ²⁴　头疼

吐□　t'əu²⁴·i　吐了

腹□　pu⁵⁵ məŋ³⁵　恶心

肠气□　liaŋ²¹ tɕ'i²⁴ xa²¹　疝气

瘟人　uo³³ n̠iɛ²¹　霍乱

出麻　suai⁵⁵ muo²¹　出麻疹

出水痘　suai⁵⁵ suai³⁵ təu²¹

（出）天花　（suai⁵⁵）t'əŋ³³ fu³³

伤寒　ɕiaŋ³³ xaŋ²¹

黄疸病　xaŋ²¹ t'uo³⁵ piɛ²¹

肝炎　kaŋ³³ iəŋ²¹

肺炎　fei²⁴ iəŋ²¹

胃病　uai²⁴ piɛ²¹

假肠炎　ku³⁵ tsaŋ²¹ iəŋ²¹　盲肠炎

痨病　laɯ²¹ piɛ²¹

3. 外科

跶伤　ta⁵⁵ ɕiaŋ³³　跌伤

撞伤　tsaŋ²¹ ɕiaŋ³³　碰伤

刷皮　ɕio⁵⁵ pa²¹　蹭破皮儿

出血　suai⁵⁵ fyɛ⁵⁵

赤肿　çiu⁵⁵ tçiɛ³⁵　红肿

酿汁　ȵiaŋ²⁴ tsɿ⁵⁵　溃脓

结痂　tsei⁵⁵ ku³³

疤子　pu³³·tsɿ　疤

生疮子　çiɛ³³ ts'aŋ³³·tɯə　长疮

生疗疮　çiɛ³³ liɛ³³ ts'aŋ³³　长疗

痔疮　tsɿ²⁴ ts'aŋ³³

瘩鬼子　laɯ²¹ kuai³⁵·tsɿ　疥疮

癣　çyɛ³⁵

痱子　fyɛ²⁴·tɯə

斑点　miɛ³³ nəŋ³⁵　雀斑

骚疮　saɯ³³ ts'aŋ³³　粉刺

嘴臭　tçia³⁵ tç'iəu²⁴　口臭

浓鼻头　ȵiaŋ²¹ pai²¹ təu²¹　齆鼻儿（鼻子不通气，发音不清）

独只眼　tau²¹ tçiu⁵⁵ ȵiɛ³³　一只眼儿

近视眼　tçiɛ³³ sɿ²¹ ȵiɛ³³

老花眼　laɯ³³ fu³³ ȵiɛ³³

倒眼　laɯ²⁴ ȵiɛ³³　斗鸡眼儿（内斜视）

鼓眼泡　kau³⁵ ȵiɛ³³ p'əu²⁴　鼓眼泡儿

4. 残疾等

风瘫　faŋ³³ t'uo³³　瘫痪

蹁脚　pia³³ tçiəɯ⁵⁵　瘸子

　瘸脚　kuei²¹ tçiəɯ⁵⁵

驼子　təɯ²¹·tsɿ　罗锅儿

聋耳□　nɯə²¹ ȵiəɯ³³ ka³³　聋子

哑人　u³⁵ ȵiɛ²¹　哑巴

双讲公　saŋ³³ tçiaŋ³⁵ kɯə³³　结巴

瞎眼　çia⁵⁵ ȵiɛ³³　瞎子

□人　naŋ²¹ ȵiɛ²¹　傻子

　□崽　suŋ²¹ tsuo³⁵

瘸手　kuei²¹ çiəɯ³⁵　拽子（手残者）

麻点　muo²¹ liɛ³⁵　麻子（人出天花后留下的疤痕）

麻点□　muo²¹ liɛ³⁵ kua²⁴　麻子（脸上有麻子的人）

豁唇　k'uo⁵⁵ çiɛ²¹　豁唇子

豁牙齿　k'uo⁵⁵ uo²¹ ts'ɿ³⁵　豁牙子

　缺牙齿　k'uei⁵⁵ uo²¹ ts'ɿ³⁵

六瓜子　liəu²¹ ku³³·tɯə　六指儿

左拐子　tsəɯ³⁵ kua³⁵·tɯə　左撇子

## （十三）衣服　穿戴

### 1. 服装

打扮　liɛ³⁵ piɛ²⁴

衣裤　a³³ xau²⁴　衣服

衫子　çiɛ³³·tsɿ³⁵　长衫

棉衣　məŋ²¹ a³³

大衣　ta²¹ a³³

短大衣　naŋ³⁵ ta²¹ a³³

衬衣　tç'iɛ²⁴ a³³　衬衫

　　muo²¹ xəu³⁵ a³³　外衣

□头衣　lu³³ təu²¹ a³³　内衣

　汗衣　xaŋ²¹ a³³

背心　pai²⁴ çiɛ³³　汗背心

下摆　fu³³ pia³⁵

风领　muo³³ liɛ³³　领子

衣袖　a³³ tçiəu²¹　袖子

裙子　kyɛ²¹·tɯə

裤子　xau²⁴·tɯə

单裤　nuo³³ xau²⁴

短裤　naŋ³⁵ xau²⁴

□□裤　pia⁵⁵ çiɛ³⁵ xau²⁴　开裆裤

束□裤　səu⁵⁵ çiɛ³⁵ xau²⁴　死裆裤

裤裆　xau²⁴ naŋ³³

裤腰　xau²⁴ iəɯ³³

裤腰带　xau²⁴ iəɯ³³ lia²⁴

裤脚　xau²⁴ tɕiəɯ⁵⁵　裤腿儿

衣袋　a³³ lia²⁴　兜儿

扣子　kʻəu²⁴ · tɯə

扣眼　kʻəu²⁴ ȵiɛ³³

2. 鞋帽

鞋　ɕia²¹

拖鞋　tʻəɯ³³ ɕia²¹

棉鞋　məŋ²¹ ɕia²¹

皮鞋　pa²¹ ɕia²¹

布鞋　pu²⁴ ɕia²¹

鞋底　ɕia²¹ lei³⁵　鞋底儿

鞋面　ɕia²¹ məŋ²¹　鞋帮儿

鞋楦子　ɕia²¹ ɕyɛ²⁴ · tɯə

水胶鞋　suai³⁵ kəɯ³³ ɕia²¹　雨鞋

□□屐　tʻiɛ³³ tʻiɛ³³ tɕiu⁵⁵　木屐

鞋带　ɕia²¹ lia²⁴　鞋带儿

袜子　mia⁵⁵ · tɯə

线袜　ɕiɛ²⁴ mia⁵⁵

丝袜　sʅ³³ mia⁵⁵

长袜　tiaŋ²¹ mia⁵⁵

短袜　naŋ³⁵ mia⁵⁵

袜带　mia⁵⁵ lia²⁴

脚包布　tɕiəɯ⁵⁵ pəu³³ pu²⁴　裹脚

帽子　maɯ²¹ · tɯə

皮帽　pa²¹ maɯ²¹

礼帽　lei³³ maɯ²¹

瓜皮帽　ku³³ pa²¹ maɯ²¹

军帽　tɕyɛ³³ maɯ²¹

草帽　tsʻaɯ³⁵ maɯ²¹

笠斗　lai²¹ ləu³⁵　斗笠

帽啄啄　maɯ²¹ tɕio⁵⁵ tɕio⁵⁵　帽檐儿

3. 装饰品

手圈　ɕiəu³⁵ k'uəŋ³³　镯子

金戒指　tɕiɛ³³ tɕia²⁴ tsɿ³⁵　戒指

颈圈　tɕio³⁵ k'uəŋ³³　项圈

长命锁　tiaŋ²¹ miɛ²¹ səɯ³⁵　百家锁

耳圈　ȵiɯ³³ k'uəŋ³³　耳环

胭脂　iəŋ³³ tsɿ³³

水粉　suai³⁵ xuo³⁵　粉

　香粉　ɕiaŋ³³ xuo³⁵

4. 其他穿戴用品

围裙　uai²¹ kyɛ²¹

口水皮　xəu³⁵ suai³⁵ pa²¹　围嘴儿

尿布　ȵiɯ²¹ pu²⁴

手帕　ɕiəu³⁵ p'uo²⁴　手绢儿

围巾　uai²¹ tɕiɛ³³

手套　ɕiəu³⁵ t'aɯ²⁴

眼镜　ȵiɛ³³ tɕio²⁴

伞　suo³⁵

蓑衣　suo³³ a³³

雨衣　xau³³ a³³

手表　ɕiəu³⁵ piəu³⁵

# （十四）饮食

1. 伙食

朝糜　lei³³ ma²¹　早饭

　朝　lei³³

晡糜　pu³³ ma²¹　午饭

　晡　pu³³

夜糜　io²⁴ ma²¹　晚饭

　夜　io²⁴

宵夜　ɕiəɯ³³ io²⁴

□□　sɿ³³ tɕio³⁵　非正餐，多指在劳动或旅途中为增强体力而补充的食物

食□□　iəu²¹ sʅ³³ tɕio³⁵　打尖

## 2. 米食

糜　ma²¹　饭

剩糜　ɕiəŋ²⁴ ma²¹　剩饭

□糜　kɯə²⁴ ma²¹　现饭（不是本餐新做的饭）

□□　ləu³⁵·i　糊了

馊□　səu³³·i　馊了

米□古　mei³³ liɛ³⁵ kau³⁵　锅巴

粥　tɕiəu⁵⁵

米浆　mei³³ tɕiaŋ³³　米汤

羊角棕　iaŋ²¹ kəu⁵⁵ tɕiɛ²⁴　棕子

## 3. 面食

面粉　məŋ²¹ sai³⁵

面条　məŋ²¹ tei²¹

挂面　kua²⁴ məŋ²¹

面汤　məŋ²¹ tʻaŋ³³　汤面

馒头　maŋ²¹ təu²¹

包子　pəu³³·tsʅ

油条　iəu²¹ tei²¹

烧饼　ɕiɯ³³ miɛ³⁵

馃子　kəɯ³⁵·tɯə　麻花

排粉　pia²¹ xuo³⁵　馓子

饺子　tɕiəɯ³⁵·tsʅ

（饺子）心　（tɕiəɯ³⁵·tsʅ）ɕiɛ³³　（饺子）馅儿

水饺　suai³⁵ tɕiəɯ³⁵　馄饨

□子　tsa²¹·tɯə　一种饼类食物

汤圆　tʻaŋ³³ uəŋ²¹

月饼　ŋyɛ²¹ miɛ³⁵

## 4. 肉、蛋

猪肉　liau³³ tɕio²⁴　肉丁、肉片、肉丝等

猪皮　liau³³ pa²¹　肉皮

髈　pʻaŋ³⁵　肘子（猪腿靠近身体的部位）

猪脚　　liau³³ tɕiəɯ⁵⁵　　猪蹄儿

背挨肉　pai²⁴ n̩ia³³ tɕio²⁴　　里脊

牛舌头　ŋəu²¹ i²¹ təu²¹

猪舌头　liau³³ i²¹ təu²¹

□腑　　lu³³ fu³⁵　　下水（猪牛羊的内脏）

肺　　fei²⁴　　猪的肺

肠子　　tsaŋ²¹ · tɯə　　猪的肠子

排骨　　pia²¹ kuo⁵⁵　　猪的排骨

粗肚　　tsʻau³³ tau³³　　牛肚儿（带毛状物的那种）

白肚　　pu²¹ tau³³　　牛肚儿（光滑的那种）

猪肝　　liau³³ kaŋ³³

猪腰子　liau³³ iəɯ³³ · tɯə

鸡□腑　tɕi³³ lu³³ fu³⁵　　鸡杂儿

鸡肫　　tɕi³³ tɕiɛ³³

猪血　　liau³³ fyɛ⁵⁵

鸡血　　tɕi³³ fyɛ⁵⁵

炒鸡丸　tsʻəu³⁵ tɕi³³ uəŋ²¹　　炒鸡蛋

荷包丸　xəɯ²¹ pəu³³ uəŋ²¹　　荷包蛋

沸丸　　pa²⁴ uəŋ²¹　　卧鸡子儿（水煮的鸡蛋不带壳）

煲丸　　paɯ³³ uəŋ²¹　　煮鸡子儿（连壳煮的鸡蛋）

蒸丸　　tɕiɛ³³ uəŋ²¹　　蛋羹（加水调匀蒸的）

皮丸　　pa²¹ uəŋ²¹　　松花蛋

咸丸　　xəɯ²¹ uəŋ²¹　　咸蛋

香肠　　ɕiaŋ³³ tsaŋ²¹

丸汤　　uəŋ²¹ tʻaŋ³³　　鸡蛋汤

5. 菜

青菜　　tɕʻiɛ³³ tɕʻia²⁴　　素菜

食青　　iəu²¹ tɕʻiɛ³³　　吃素

荤菜　　xuo³³ tɕʻia²⁴

盐水　　iəŋ²¹ suai³⁵

豆腐　　təu²¹ fu³⁵

豆腐皮　təu²¹ fu³⁵ pa²¹

腐竹　fu³⁵ liəu⁵⁵

□豆腐　çiɛ³⁵ təu²¹ fu³⁵　豆腐干儿

油豆腐　iəu²¹ təu²¹ fu³⁵　豆腐泡儿

豆腐脑　təu²¹ fu³⁵ laɯ³⁵　豆腐脑儿

豆浆　təu²¹ tçiaŋ³³

霉豆腐　mei²¹ təu²¹ fu³⁵　豆腐乳

粉丝　xuo³⁵ sɿ³³

赤薯粉　çiu⁵⁵ çia²¹ xuo³⁵　粉条（白薯做的、粗条的）

凉粉　liaŋ²¹ xuo³⁵

藕粉　ŋəu³³ sai³⁵

豆豉　təu²¹ sɿ³³

芡粉　tç'iəŋ²⁴ sai³⁵

木猫菌　mau²¹ mei²¹ ɳiau³³ kyɛ³³　木耳（据说木耳是猫爬过树后才生长，
　　　　故名~）

白木猫菌　pu²¹ mau²¹ mei²¹ ɳiau³³ kyɛ³³　银耳

黄花菜　xaŋ²¹ fu³³ tç'ia²⁴　金针

海参　çia³⁵ çiɛ³³

海带　çia³⁵ lia²⁴

6. 油盐作料

味道　uai²¹ tau³³　滋味

□道　tçya²¹ tau³³　气味

色道　səu⁵⁵ tau³³　颜色

猪板油　liau³³ piɛ³⁵ iəu²¹　荤油

青油　tç'iɛ³³ iəu²¹　素油

落花豆油　ləɯ²¹ fu³³ təu²¹ iəu²¹　花生油

茶油　tsuo²¹ iəu²¹

菜（子）油　tç'ia²⁴（·tɯə）iəu²¹　菜油

麻油　muo²¹ iəu²¹　脂麻油

盐　iəŋ²¹

粗盐　ts'au³³ iəŋ²¹

匀盐　yɛ²¹ iəŋ²¹　精盐

酱油　tçiaŋ²⁴ iəu²¹

麦子酱 məɯ²¹·tɯə tɕiaŋ²⁴ 甜面酱

辣子酱 lu²¹·tɯə tɕiaŋ²⁴ 辣酱

醋 tsʻau²⁴

黄沙糖 xaŋ²¹ suo²³ taŋ²¹ 红糖

盐糖 iəŋ²¹ taŋ²¹

  白盐糖 pu²¹ iəŋ²¹ taŋ²¹

  白糖 pu²¹ taŋ²¹

冰糖 miɛ³³ taŋ²¹

糖膏 taŋ²¹ kaɯ³³ 糖块（一块块用纸包装好的）

落花豆糖 ləɯ²¹ fu³³ təɯ²¹ taŋ²¹ 花生糖

麦子糖 məɯ²¹·tɯə taŋ²¹ 麦芽糖

配料 pʻuo²⁴ liəɯ³³ 作料

八角 pia⁵⁵ kəɯ⁵⁵

花椒 fu³³ tɕiəɯ³³

胡椒粉 fu²¹ tɕiəɯ³³ sai³⁵

7. 烟、茶、酒

烟 iəŋ³³

烟叶 iəŋ³³ i²¹

烟丝 iəŋ³³ sɿ³³

□丝烟 pa³³ sɿ³³ iəŋ³³

  纸烟 tsɿ³⁵ iəŋ³³

土烟 tʻau³⁵ iəŋ³³ 旱烟

水烟袋 suai³⁵ iəŋ³³ lia²⁴

烟袋 iəŋ³³ lia²⁴ 旱烟袋

烟匣子 iəŋ³³ ɕia²¹·tɯə 烟盒

烟油 iəŋ³³ iəɯ²¹ 烟油子

烟灰 iəŋ³³ fuai³³

火刀 xəɯ³⁵ laɯ³³ 火镰

火石 xəɯ³⁵ ɕiu²¹ 火石

媒纸 mei²¹ tsɿ³⁵ 纸媒儿

茶 tsuo²¹

茶叶 tsuo²¹ i²¹

倒茶　laɯ²⁴ tsuo²¹

白酒　pu²¹ tɕiəu³⁵

甜酒　təŋ²¹ tɕiəu³⁵　江米酒

酒饼　tɕiəu³⁵ miɛ³⁵　酒曲

## （十五）红白大事

### 1. 婚姻、生育

喜事　ɕi³⁵ sɿ²¹　亲事

做媒　tsəɯ²⁴ mei²¹

媒人　mei²¹ ȵiɛ²¹

觑亲　tɕʻia²⁴ tɕʻiɛ³³　相亲

相貌　ɕiaŋ²⁴ maɯ²¹

年纪　nəŋ²¹ tɕi³⁵　年龄

定亲　tiɛ²¹ tɕʻiɛ³³　定婚

出笋　suai⁵⁵ ləɯ²¹　定礼（男方）

接笋　tsei⁵⁵ ləɯ²¹　定礼（女方）

喜酒　ɕi³⁵ tɕiəu³⁵

接嫁妆　tsei⁵⁵ kuo²⁴ tsaŋ³³　过嫁妆

　挑嫁妆　tʻiəɯ³³ kuo²⁴ tsaŋ³³

讨媳妇娘　tʻaɯ³⁵ sei²⁴ pəu³³ ȵiaŋ²¹　（男子）娶亲

　讨女客　tʻaɯ³⁵ ȵia³³ fu⁵⁵

出嫁　suai⁵⁵ kuo²⁴

嫁女　kuo²⁴ ȵia³³　嫁闺女

轿子　tɕiəɯ²¹·tɯə　花轿

拜堂　pia²⁴ taŋ²¹

新郎公　ɕiɛ³³ naŋ²¹ kɯə³³　新郎

新媳妇娘　ɕiɛ³³ sei²⁴ pəu³³ ȵiaŋ²¹　新娘

新房　ɕiɛ³³ paŋ²¹

　洞房　tɯə²⁴ paŋ²¹

三朝出脚　suo³³ lei³³ suai⁵⁵ tɕiəɯ⁵⁵　回门

填房　təŋ²¹ faŋ²¹

讨二道　tʻaɯ³⁵ lai²¹ laɯ²⁴　续弦

有喜□　xəu³³ çi³⁵·i　怀孕了

大肚婆　ta²¹ tau³³ pəɯ²¹　孕妇

生毛狗子　çiɛ³³ maɯ²¹ kəu³⁵·tɯə　生孩子

　养毛狗子　iaŋ³³ maɯ²¹ kəu³⁵·tɯə

接生　tsei⁵⁵ çiɛ³³

胎盘　t'ia³³ paŋ²¹　胎盘

坐月　tsəɯ³³ ȵyɛ²¹　坐月子

满月　maŋ³³ ȵyɛ²¹

头胎　təu²¹ t'ia³³

食□　iəu²¹ tçi⁵⁵　吃奶

□嘴　tçi⁵⁵ tsuai³⁵　奶头

　□嘴　ma³⁵ tsuai³⁵

□尿　lu²¹ ȵiəɯ²¹　尿床

2. 寿辰、丧葬

生日　çiɛ³³ lai⁵⁵

　热头出　lei²¹ təu²¹ suai⁵⁵

办生日　piɛ²¹ çiɛ³³ lai⁵⁵　做生日

拜寿　pia²⁴ çiəu²¹　祝寿

寿星　çiəu²¹ çiɛ³³

白事　pu²¹ sʅ²¹　丧事

死□　sai³⁵·i　死了

灵床训　liɛ²¹ tau²¹

棺木　kaŋ³³ mau²¹　棺材

寿材　çiəu²¹ tçia²¹　生前预制的棺材

灵堂　liɛ²¹ taŋ²¹

守灵　çiəu³⁵ liɛ²¹

做七　tsəɯ²⁴ ts'ai⁵⁵

守孝　çiəu³⁵ xəu²⁴

带孝　lia²⁴ xəu²⁴

解闷　tçia³⁵ muo²⁴　除孝

孝子　çiəɯ²⁴·tsʅ³⁵

孝孙　çiəɯ²⁴ çio³³

出材　suai⁵⁵ tɕia²¹　出殡

送葬　sɯə²⁴ tsaŋ²⁴

纸鬼子　tsʅ³⁵ kuai³⁵·tɯə　纸扎（用纸扎的人、马、房子等）

钱纸　tɕiɛ²¹ tsʅ³⁵　纸钱

祖　tsau³⁵　坟墓

碑　pai³³

祖碑　tsau³⁵ pai³³　墓碑

挂纸　kua²⁴ tsʅ³⁵　上坟

自杀　tsʅ²⁴ ɕia⁵⁵

投水　təu²¹ suai³⁵

　跳水　t'ei²⁴ suai³⁵

吊颈　lei²⁴ tɕio³⁵　上吊

死人骨（头）　sai³⁵ ȵiɛ²¹ kuo⁵⁵（təu²¹）　尸骨

3. 迷信

老天爷　lauɯ³³ t'əŋ³³ io²¹

灶王爷　tsauɯ²⁴ uaŋ²¹ io²¹

菩萨　pəu²¹ su⁵⁵

土地庙　t'au³⁵ tai²¹ miəu²¹

　土地神　t'au³⁵ tai²¹ ɕiəŋ²¹

关帝庙　kyɛ³³ lei²⁴ miəu²¹

　关帝神　kyɛ³³ lei²⁴ ɕiəŋ²¹

城隍庙　tɕiɛ²¹ xaŋ²¹ miəu²¹

　城隍神　tɕiɛ²¹ xaŋ²¹ ɕiəŋ²¹

阎王　iəŋ²¹ uaŋ²¹

祠堂　tsʅ²¹ taŋ²¹

家堂　ku³³ taŋ²¹　佛龛

　神龛　ɕiəŋ²¹ k'aŋ³³

香案　ɕiaŋ³³ ŋ²⁴

烛台　tɕia⁵⁵ tia²¹

蜡烛　lu²¹ tɕia⁵⁵

香　ɕiaŋ³³

香炉　ɕiaŋ³³ lau²¹

烧香　ɕiɯ³³ ɕiaŋ³³

求神　tɕiɯ²¹ ɕiəŋ²¹　求签

阴卦　iəŋ³³ kua²⁴　阴玟

阳卦　iaŋ²¹ kua²⁴　阳玟

阴阳卦　iəŋ³³ iaŋ²¹ kua²⁴　圣玟

会期　uai²¹ tɕi²¹　庙会

做道场　tsɯ²⁴ tau³³ tɕiaŋ²¹

念经　nəŋ²⁴ tɕiɛ³³

觑风水　tɕʻia²⁴ faŋ³³ suai³⁵　看风水

讲八字　tɕiaŋ³⁵ pia⁵⁵ tsɿ²⁴　算命

八字先生　pia⁵⁵ tsɿ²⁴ ɕiɛ³³ ɕiɛ³³　①算命先生　②看相的

仙娘婆　ɕiɛ³³ ȵiaŋ²¹ pɯ²¹　巫婆

许愿　ɕia³⁵ uəŋ²¹

赔愿　pei²¹ uəŋ²¹　还愿

## （十六）日常生活

### 1. 衣

着衣裤　liɯ⁵⁵ a³³ xau²⁴　穿衣服

放衣裤　maŋ²⁴ a³³ xau²⁴　脱衣服

放鞋　maŋ²⁴ ɕia²¹　脱鞋

量衣裤　liaŋ²¹ a³³ xau²⁴　量衣服

做衣裤　tsɯ²⁴ a³³ xau²⁴　做衣服

造边　tsaɯ²⁴ məŋ³³　滚边

□鞋面　maŋ³³ ɕia²¹ məŋ²¹　鞔鞋帮儿

□鞋底　kɯ²⁴ ɕia²¹ lei³⁵　纳鞋底子

组扣子　tsuo²⁴ kʻəu²⁴ ·tɯ　钉扣子

绣花　ɕiɯ²⁴ fu³³

补衣裤　pu³⁵ a³³ xau²⁴　打补丁

洗衣　sei³⁵ a³³　洗衣服

洗一水　sei³⁵ i⁵⁵ suai³⁵

敨　tʻəu³⁵　用清水漂洗

晒衣　ɕia²⁴ a³³　晒衣服

摊衣裤  t'uo³³ a³³ xau²⁴  晾衣服

熨衣裤  yɛ²¹ a³³ xau²⁴

## 2. 食

烧火  ɕiəɯ³³ xəɯ³⁵  生火

煮糜  tɕia³⁵ ma²¹  做饭（总称）

淘米  tau²¹ mei³³

煮菜  tɕia³⁵ tɕ'ia²⁴  做菜（总称）

煮汤  tɕia³⁵ t'aŋ³³  做汤

盛糜  ɕio²¹ ma²¹  盛饭

食糜  iəu²¹ ma²¹  吃饭

夹菜  tɕia⁵⁵ tɕ'ia²⁴  搛菜

舀汤  yɛ³⁵ t'aŋ³³

食朝  iəu²¹ lei³³  吃早饭

食晡  iəu²¹ pu³³  吃午饭

食夜  iəu²¹ io²⁴  吃晚饭

用筷子  iaŋ²¹ k'ua²⁴ ·tsɿ

肉没煲□  tɕio²⁴ muo²¹ paɯ³³ ɕia³³  肉不烂

咬不动  ŋəu³³ mɯə³³ tɯə³³  嚼不动

□颈□  ka³³ tɕio³⁵ ·i³⁵  （吃饭）噎住了

胀倒□  liaŋ²⁴ laɯ³⁵ ·i³⁵  （吃的太多）撑着了

□茶  ɕyɛ⁵⁵ tsuo²¹  喝茶

□酒  ɕyɛ⁵⁵ tɕiəu³⁵  喝酒

食烟  iəu²¹ iəŋ³³  抽烟

烧烟  ɕiəɯ³³ iəŋ³³

嘞烟  səu⁵⁵ iəŋ³³

腹饥□  pu⁵⁵ tɕi³³ ·i  饿了

没口味  mai⁵⁵ xəu³⁵ uai²¹  嘴没味儿

## 3. 住

起床训  ɕi³⁵ tau²¹

洗手  sei³⁵ ɕiəu³⁵

洗面  sei³⁵ məŋ²¹  洗脸

漱嘴  sau²⁴ tɕia³⁵  漱口

刷牙　　ɕio⁵⁵ uo²¹

梳脑　　sau³³ laɯ³⁵　　梳头

编辫子　　piɛ³³ piɛ³³·tɯɛ　　梳辫子

剪手指甲　　tɕiɛ³⁵ ɕiəu³⁵ tsɿ³⁵ tɕia⁵⁵

挖耳屎　　uo⁵⁵ ȵiəɯ³³ sɿ³⁵　　掏耳朵

洗凉　　sei³⁵ liaŋ²¹　　洗澡

□水凉　　kɯə²⁴ suai³⁵ liaŋ²¹　　冷水澡

□水凉　　piau⁵⁵ suai³⁵ liaŋ²¹　　热水澡

抹凉　　muo²¹ liaŋ²¹　　擦澡

屙尿　　əɯ³³ ȵiəɯ²¹　　小便

屙屎　　əɯ³³ sɿ³⁵　　大便

吹凉　　ts'uai³³ liaŋ²¹　　乘凉

炙热头　　tɕiu⁵⁵ lei²¹ təu²¹　　晒太阳

炙火　　tɕiu⁵⁵ xəɯ³⁵　　烤火

点灯　　liɛ³⁵ nɯə³³

熄灯　　ɕiəu⁵⁵ nɯə³³

歇□　　ɕi⁵⁵ səu³³　　歇歇

啄觉　　tɕio⁵⁵ kəu⁵⁵　　打盹儿

眼□□　　ȵiɛ³³ k'aŋ²⁴·i　　困了

铺床训　　p'əu³³ tau²¹

睏着□　　xuo²⁴ təɯ²¹·i　　睡着了

鼻鼓　　pai²¹ kau³⁵　　打呼

鼻鼓声　　pai²¹ kau³⁵ ɕio³³　　鼾声

睏不着　　xuo²⁴ mɯə³³ təɯ²¹　　睡不着

睏晡觉　　xuo²⁴ pu³³ kəu⁵⁵　　睡午觉

大面睏　　ta²¹ məŋ²¹ xuo²⁴　　仰面睡

小面睏　　ɕiəɯ³⁵ məŋ²¹ xuo²⁴　　侧面睡

　　侧面睏　　ts'əɯ⁵⁵ məŋ²¹ xuo²⁴

扑起睏　　p'əu⁵⁵ ɕi³⁵ xuo²⁴　　趴着睡

□筋□　　lua³³ tɕiɛ³³·i　　抽筋了

做梦　　tsəɯ²⁴ maŋ²¹

　　梦中　　maŋ²¹ tɕiaŋ³³

得梦 ləɯ⁵⁵ maŋ²¹

讲梦话 tɕiaŋ³⁵ maŋ²¹ fu²¹　说梦话

熬夜 ŋau²¹ io²⁴

4. 行

离屋□ lai²¹ ŋau⁵⁵ ·i　出去了

　出去□suai⁵⁵ xau²⁴ ·i

归来□ kuai³³ lia²¹ ·i　回家了

　入屋□ lai²¹ ŋau⁵⁵ ·i

上工 ɕiaŋ³³ kɯə³³

收工 ɕiau³³ kɯə³³

# （十七）讼事

拍官司 pəu³⁵ kaŋ³³ sɿ³³　打官司

　摧官司 k'əu³³ kaŋ³³ sɿ³³

告状　kau²⁴ tsaŋ²⁴

原告　uəŋ²¹ kau²⁴

被告　pa³³ kau²⁴

状子　tsaŋ²⁴ ·tsɿ

坐堂　tsəɯ³³ taŋ²¹

退堂　t'ua²⁴ taŋ²¹

问案　muo²⁴ ŋ²⁴

过堂　kəɯ²⁴ taŋ²¹

证人　tɕiɛ²⁴ ȵiɛ²¹

人证　ȵiɛ²¹ tɕiɛ²⁴

物证　ŋɯə²¹ tɕiɛ²⁴

对质　lua²⁴ tɕi⁵⁵

刑事　ɕiɛ²¹ sɿ²¹

民事　miɛ²¹ sɿ²¹

家务事　ku³³ u²⁴ sɿ²¹

代书　lia²⁴ ɕia³³

服　fu²¹

不服　mɯə³³ fu²¹

上诉　ɕiaŋ³³ sau²⁴

宣判　ɕyaŋ³³ pʻaŋ²⁴

招认　tɕiɯ³³ iəŋ²¹

抓起　tsaɯ³³ ɕi³⁵　逮捕

押送　u⁵⁵ sɯə²⁴　押解

犯法　ɕio²⁴ ɕiəu⁵⁵

青天老爷　tɕʻiɛ³³ tʻəŋ³³ laɯ³³ io²¹

贪官　tʻuo³³ kaŋ³³　脏官

斩脑　tɕiɛ³⁵ laɯ³⁵　斩首

枪毙　tɕʻiaŋ³³ pei²⁴

标　piəu³³　斩条

上刑　ɕiaŋ³³ ɕiɛ²¹　拷打

　受刑　ɕiəu³³ ɕiɛ²¹

推□□　kʻəu³³ ɕiɛ³⁵ pʻia²⁴　打屁股

手铐　ɕiəu³⁵ kʻaɯ²⁴

脚镣　tɕiəu⁵⁵ liəɯ³³

绑起来　miɛ³⁵·ɕi³⁵ lia²¹

关起来　kyɛ³³·ɕi³⁵ lia²¹　囚禁起来

坐牢　tsəɯ³³ laɯ²¹

缴税　tɕiəɯ³⁵ suai²⁴　纳税

告示　kau²⁴ sʅ³³

通知　tʻaŋ³³ lai³³

路条　lau²¹ tei²¹

命令　miɛ²¹ liɛ²¹

印　iɛ²⁴

暗查　ŋ²⁴ tsuo²¹　私访

交代　tɕiəɯ³³ lia²⁴

上任　ɕiaŋ³³ iɛ²⁴

卸任　ɕiɛ²⁴ iɛ²⁴

　撤职　tsʻei⁵⁵ tɕi⁵⁵　罢免

案卷　ŋ²⁴ tɕyəŋ²¹

传票　tɕyəŋ²¹ pʻiəu²⁴

## （十八）交际

来往　lia²¹ uaŋ³⁵

觑人　tɕ'ia²⁴ n̠iɛ²¹　看人（去看望人）

客（人）　fu⁵⁵（n̠iɛ²¹）

请客　tɕ'iɛ³⁵ fu⁵⁵

招待　tɕiəɯ³³ tia³³

男客　nuo²¹ fu⁵⁵

女客　n̠ia³³ fu⁵⁵

送礼　sɯə²⁴ lei³³

礼物　lei³³ ŋɯə²¹

人情　n̠iɛ²¹ tɕiɛ²¹

做客　tsəɯ²⁴ fu⁵⁵

待客　tia³³ fu⁵⁵

陪客　pei²¹ fu⁵⁵

送客　sɯə²⁴ fu⁵⁵

感谢　kaŋ³⁵ tɕiɛ²⁴

不客气　mɯə³³ fu⁵⁵ tɕ'i²⁴　不客气

斟茶　tɕiɛ³³ tsuo²¹

　倒茶　laɯ²⁴ tsuo²¹

　筛茶　çia³³ tsuo²¹

摆酒席　pia³⁵ tɕiəu³⁵ tɕiɛ³³

一台酒席　i⁵⁵ tia²¹ tɕiəu³⁵ tɕiɛ³³　一桌酒席

请帖　tɕ'iɛ³⁵ t'ei⁵⁵

下请帖　xuo²⁴ tɕ'iɛ³⁵ t'ei⁵⁵

上菜　çiaŋ³³ tɕ'ia²⁴

斟酒　tɕiɛ³³ tɕiəu³⁵

劝酒　k'uəŋ²⁴ tɕiəu³⁵

猜枚　tɕ'ia³³ mei²¹　行酒令

冤家　uəŋ³³ ku³³

　对头　lua²⁴ təu²¹

不平　mɯə³³ piɛ²¹

冤枉　　uəŋ³³ uaŋ³⁵

插嘴　　tɕ'ia⁵⁵ tɕia³⁵

摆架子　pia³⁵ kuo²⁴·tsʅ

装□　　tsaŋ³³ suŋ²¹　装傻

　装□　tsaŋ³³ naŋ²¹

出洋相　suai⁵⁵ iaŋ²¹ ɕiaŋ²⁴

倒面　　lauɯ³⁵ məŋ²¹　丢人

觑得起　tɕ'ia²⁴·ləɯ·ɕi³⁵　看得起

　觑不起　tɕ'ia²⁴ mɯə·ɕi³⁵　看不起

合伙　　xəɯ²¹ xəɯ³⁵

答应　　lu⁵⁵ iɛ²⁴

不答应　mɯə³³ lu⁵⁵ iɛ²⁴

赶出去　kaŋ³⁵ suai⁵⁵ xau²⁴

# （十九）商业　交通

## 1. 经商行业

字号　　tsʅ²¹ xaɯ²¹

招牌　　tɕiəɯ³³ pia²¹

广告　　kaŋ³⁵ kau²⁴

开铺子　ɕia³³ p'əu²⁴·tɯə

摆摊子　pia³⁵ t'uo³³·tɯə

做生意　tsəɯ²⁴ ɕiɛ³³ i²⁴

伙铺　　xəɯ³⁵ p'əu²⁴　旅店

糜馆　　ma²¹ kaŋ³⁵　饭馆

　酒馆　tɕiəɯ³⁵ kaŋ³⁵

进饭╷馆　tɕiɛ²⁴ ma²¹ kaŋ³⁵　下馆子

　进酒馆　tɕiɛ²⁴ tɕiəɯ³⁵ kaŋ³⁵

伙计　　xəɯ³⁵ tɕi²⁴　堂倌儿

布行　　pu²⁴ xaŋ²¹　布店

百货铺　pu⁵⁵ xəɯ²⁴ p'əu²⁴　百货店

杂货铺　tsu²¹ xəɯ²⁴ p'əu²⁴　杂货店

油盐铺　iəu²¹ iəŋ²¹ p'əu²⁴　油盐店

米行　mei³³ xaŋ²¹　粮店

瓷器铺　tsʅ²¹ çi²⁴ pʻəu²⁴　瓷器店

茶楼　tsuo²¹ ləu²¹　茶馆儿

剃脑铺　tʻei²⁴ laɯ³⁵ pʻəu²⁴　理发店

剃脑　tʻei²⁴ laɯ³⁵　理发

刮面　kuo⁵⁵ məŋ²¹　刮脸

刮胡须　kuo⁵⁵ fu²¹ çia³³　刮胡子

肉行　tçio²⁴ xaŋ²¹　肉铺

杀猪　çia⁵⁵ liau³³

牛行　ŋəu²¹ xaŋ²¹

油榨屋　iəu²¹ tsuo²⁴ ŋau⁵⁵　油坊

当铺　naŋ³³ pʻəu²⁴

租屋　tsau³³ ŋau⁵⁵　租房子

当屋　naŋ³³ ŋau⁵⁵　典房子

煤饼　mei²¹ miɛ³⁵　煤球

藕煤　ŋəu³³ mei²¹　蜂窝煤

2. 经营、交易

开业　çia³³ n̠iɛ²¹

停业　tiɛ²¹ n̠iɛ²¹

清帐　tçʻiɛ³³ tçiaŋ²⁴

柜台　kuai²⁴ tia²¹

开价　çia³³ kuo²⁴

赔价　pei²¹ kuo²⁴

便宜　piɛ²¹ lai²¹　价钱~

贵　kuai²⁴　价钱~

公道　kɯə³³ tau³³　价钱~

一道买起　i⁵⁵ laɯ²⁴ mia³³·çi³⁵　包圆儿（剩下的全部买了）

生意好　çiɛ³³ i²⁴ xaɯ³⁵　买卖好

生意不好　çiɛ³³ i²⁴ mɯə³³ xaɯ³⁵　买卖清淡

工钱　kɯə³³ tçiɛ²¹

本钱　muo³⁵ tçiɛ²¹

保本　pəu³⁵ muo³⁵

亏本　kʻuai³³ muo³⁵

　赔本　pei²¹ muo³⁵

盘费钱　paŋ²¹ fei²⁴ tɕiɛ²¹　路费

利息　lai²¹ sei⁵⁵

运气好　yɛ²¹ tɕʻi²⁴ xaɯ³⁵

欠　tɕʻiɛ²⁴　~三元钱

差　tɕʻia³³　~三元钱

押金　u⁵⁵ tɕiɛ³³

3. 帐目、度量衡

帐房　tɕiaŋ²⁴ paŋ²¹

开支　ɕia³³ tsɿ³³　开销

记帐　tɕi²⁴ tɕiaŋ²⁴　收帐

欠帐　tɕʻiɛ²⁴ tɕiaŋ²⁴

追帐　tsuai³³ tɕiaŋ²⁴　要帐

狗肉帐　kəu³⁵ tɕio²⁴ tɕiaŋ²⁴　烂账（要不来的帐）

水牌　suai³⁵ pia²¹　临时记帐用的木牌或铁牌

清单　tɕʻiɛ³³ nuo³³　发票

收条　ɕiəu³³ tei²¹　收据

零钱　liɛ²¹ tɕiɛ²¹

□钱　tsəu³³ tɕiɛ²¹　积聚节省下来的钱

纸票　tsɿ³⁵ pʻiəu²⁴　钞票

铜钱　tɯə²¹ tɕiɛ²¹　铜板儿

光洋　kaŋ³³ iaŋ²¹　银元

一块钱　i⁵⁵ kʻua²⁴ tɕiɛ²¹

一角钱　i⁵⁵ kəu⁵⁵ tɕiɛ²¹

一张纸币　i⁵⁵ liaŋ³³ tsɿ³⁵ pei²⁴　一张票子（钞票）

一粒铜钱　i⁵⁵ lai⁵⁵ tɯə²¹ tɕiɛ²¹　一个铜子儿

一粒毫子　i⁵⁵ lai⁵⁵ xaɯ²¹·tsɿ　一个硬币

算盘　saŋ²⁴ paŋ²¹

银秤　ȵiɛ²¹ tɕʻiɛ²⁴　天平

铜盘秤　tɯə²¹ paŋ²¹ tɕʻiɛ²⁴　戥子

　厘戥秤　lai³³ nɯə³⁵ tɕʻiɛ²⁴

秤　tɕʻiɛ²⁴

磅秤　miɛ²⁴ tɕʻiɛ²⁴

秤盘　tɕʻiɛ²⁴ paŋ²¹

秤星　tɕʻiɛ²⁴ ɕiɛ³³

秤杆　tɕʻiɛ²⁴ kaŋ³⁵

秤挂钩　tɕʻiɛ²⁴ kua²⁴ kəu³³　秤钩子

秤砣　tɕʻiɛ²⁴ təɯ²¹　秤锤

秤砣索　tɕʻiɛ²⁴ təɯ²¹ səɯ⁵⁵　系秤锤的绳子

秤盘索　tɕʻiɛ²⁴ paŋ²¹ səɯ⁵⁵　秤毫

起秤　ɕi³⁵ tɕʻiɛ²⁴　（称物时）秤尾高

掉砣　lei²⁴ təɯ²¹　（称物时）秤尾低

刮板　kuo⁵⁵ miɛ³⁵　平斗斛的木片

4. 交通

铁路　tʻei⁵⁵ lau²¹

火车　xəɯ³⁵ tɕʻiu³³

火车站　xəɯ³⁵ tɕʻiu³³ tsuo²⁴

公路　kɯə³³ lau²¹

汽车　tɕʻi²⁴ tɕʻiu³³

客车　fu⁵⁵ tɕʻiu³³

货车　xəɯ²⁴ tɕʻiu³³

小包车　ɕiəɯ³⁵ pəu³³ tɕʻiu³³　小轿车

摩托车　məɯ²¹ tʻəɯ⁵⁵ tɕʻiu³³

三轮车　suo³³ nəŋ²¹ tɕʻiu³³

单车　nuo³³ tɕʻiu³³　自行车

鸡公车　tɕi³³ kɯə³³ tɕʻiu³³　一种土车子，独轮，靠两手掌握推行

船　ɕyəŋ²¹

布篷　pu²⁴ puo²¹　帆

舵　təɯ²⁴

跳板　tʻei²⁴ miɛ³⁵

渔船　ŋau²¹ ɕyəŋ²¹

渡船　tau²¹ ɕyəŋ²¹

轮船　nəŋ²¹ ɕyəŋ²¹

过渡　kəɯ²⁴ tau²¹　过摆渡（坐船过河）

渡船口　tau²¹ ɕyəŋ²¹ xəu³⁵　渡口

## （二十）文化教育

### 1. 学校

学堂　ɕiəu⁵⁵ taŋ²¹　学校

上学　ɕiaŋ³³ ɕiəu⁵⁵　开始上小学

　开蒙　ɕia³³ muŋ²¹

进书房　tɕiɛ²⁴ ɕia³³ paŋ²¹　去学校上课

　入书堂　lai²¹ ɕia³³ taŋ²¹

放学　maŋ²⁴ ɕiəu⁵⁵

逃学　tau²¹ ɕiəu⁵⁵

私学　sɿ³³ xəu²¹　私塾

学费　ɕiəu⁵⁵ fei²⁴

放假　maŋ²⁴ ku³⁵

暑假　ɕia³⁵ ku³⁵

寒假　xaŋ²¹ ku³⁵

请假　tɕʻiɛ³⁵ ku³⁵

### 2. 教室、文具

教室　tɕiəu²⁴ ɕi⁵⁵

上课　ɕiaŋ³³ kʻəɯ²⁴

下课　xuo²⁴ kʻəɯ²⁴

讲台　tɕiaŋ³⁵ tia²¹

黑板　xəu⁵⁵ miɛ³⁵

粉笔　sai³⁵ pai⁵⁵

黑板刷　xəu⁵⁵ miɛ³⁵ ɕio⁵⁵　板擦儿

花名册　fu³³ miɛ²¹ tsʻəɯ⁵⁵　点名册

篾片　mei²¹ pʻəŋ²⁴　戒尺

笔记簿　pai⁵⁵ tɕi²⁴ pəu³³　笔记本

书　ɕia³³　课本

铅笔　uəŋ²¹ paiʻ⁵⁵

涂涂胶　təu²¹ təu²¹ kəɯ³³　橡皮

圆规 uəŋ²¹ kuai³³

三角板 suo³³ kəu⁵⁵ miɛ³⁵

作文簿 tsəɯ⁵⁵ uo²¹ pəu³³ 作文本

大字簿 ta²¹ tsʅ²⁴ pəu³³ 大字本

钢笔 kaŋ³³ pai⁵⁵

毛笔 maɯ²¹ pai⁵⁵

毛笔筒 maɯ²¹ pai⁵⁵ tɯə²¹ 笔帽（保护毛笔头的）

笔筒亣 pai⁵⁵ tɯə²¹ kau³⁵ 笔筒

墨盘 məɯ²¹ paŋ²¹ 砚台

磨墨 məɯ²¹ məɯ²¹ 研墨

墨匣子 məɯ²¹ çia²¹ · tɯə 墨盒儿

墨水 məɯ²¹ suai³⁵ ①墨汁（毛笔用的） ②墨水儿（钢笔用的）

书包 çia³³ pəu³³

### 3. 读书识字

读书人 tau²¹ çia³³ n̠iɛ²¹

识字个 çiəu⁵⁵ tsʅ²¹ · kəɯ 识字的

不识字个 mɯə³³ çiəu⁵⁵ tsʅ²¹ · kəɯ 不识字的

读书 tau²¹ çia³³

背书 pai²⁴ çia³³

报考 pəu²⁴ k'aɯ³⁵

考场 k'aɯ³⁵ tɕiaŋ²¹

进考场 tɕiɛ²⁴ k'aɯ³⁵ tɕiaŋ²¹

考试 k'aɯ³⁵ sʅ²⁴

卷子 tɕyəŋ²⁴ · tɯə 考卷

满分 maŋ³³ xuo³³

零分 liɛ²¹ xuo³³

出榜 suai⁵⁵ miɛ³⁵ 发榜

头名 təu²¹ miɛ²¹

尾训巴名 muo³³ pu³³ miɛ²¹ 末名

毕业 pai⁵⁵ n̠iɛ²¹

文凭 uo²¹ piɛ²¹

### 4. 写字

大楷 ta²¹ tɕ'ia³⁵

细楷　sei²⁴ tɕ'ia³⁵

字帖　tsɿ²¹ t'ei⁵⁵

写白字　ɕiɛ³⁵ pu²¹ tsɿ²¹

写倒笔　ɕiɛ³⁵ lau²⁴ pai⁵⁵　写斗字（笔顺不对）

漏字　ləu²¹ tsɿ²¹　掉字

草稿　ts'au³⁵ kau³⁵

做草稿　tsəu²⁴ ts'au³⁵ kau³⁵　起稿子

抄回一遍　ts'əu³³ fua²¹ i⁵⁵ p'əŋ²⁴　誊清

一点　i⁵⁵ liɛ³⁵

一横　i⁵⁵ yɛ²¹

一直　i⁵⁵ tɕi⁵⁵　一竖

一撇　i⁵⁵ p'ei⁵⁵

一拖　i⁵⁵ t'əu³³　一捺

一勾　i⁵⁵ kəu³³

一提　i⁵⁵ tei²¹

一画　i⁵⁵ fu²¹

偏旁　p'əŋ³³ paŋ²¹

单人旁　nuo³³ ȵiɛ²¹ paŋ²¹　立人儿

双人旁　saŋ³³ ȵiɛ²¹ paŋ²¹　双立人儿

弯弓张　uaŋ³³ kuə³³ tɕiaŋ³³

立早章　lai²¹ tsau³⁵ tɕiaŋ³³

火字旁　xəu³⁵ tsɿ²¹ paŋ²¹

三点水　suo³³ liɛ³⁵ suai³⁵

两点水　liaŋ³³ liɛ³⁵ suai³⁵

扭丝旁　ȵiəu³⁵ sɿ³³ paŋ²¹

提手旁　tei²¹ ɕiəu³⁵ paŋ²¹

草字脑　ts'au³⁵ tsɿ²¹ lau³⁵

四点水　sai²⁴ liɛ³⁵ suai³⁵

禾字旁　əu²¹ tsɿ²¹ paŋ²¹

宝字脑　pəu³⁵ tsɿ²¹ lau³⁵　宝盖儿

竖心旁　ɕia²¹ ɕiɛ³³ paŋ²¹

狗字旁　kəu³⁵ tsɿ²¹ paŋ²¹　反犬旁

耳朵旁　ȵiəɯ³³ ka³³ paŋ²¹　双耳刀儿

刀耳旁　laɯ³³ ȵiəɯ³³ paŋ²¹　单耳刀儿

王字旁　uaŋ²¹ tsʅ¹² paŋ²¹　斜玉儿

土字旁　t'au³⁵ tsʅ²¹ paŋ²¹　提土旁

竹字脑　liəɯ⁵⁵ tsʅ²¹ laɯ³⁵　竹字头儿

病字旁　piɛ²¹ tsʅ²¹ paŋ²¹　病旁儿

走之旁　tsəɯ³⁵ tsʅ³³ paŋ²¹　走之儿

## （二十一）文体活动

1. 游戏、玩具

放大鸟　maŋ²⁴ ta²¹ lei³⁵　放风筝

□羊角□□　pəu²¹ iaŋ²¹ kəu⁵⁵ miɛ³³ miɛ³³　捉迷藏

　捉□猴　tsəu⁵⁵ tɕiɛ³³ xəu²¹

抛鸡毛球　p'əu³³ tɕi³³ maɯ²¹ tɕiəu²¹　踢毽子

食子子　iəu²¹ tsʅ³⁵·tɯə　抓子儿

搋水飘　k'əu³³ suai³⁵ p'iəu³³　打水飘儿

跳间　t'ei²⁴ kaŋ²⁴　跳房子

解古　tɕia³⁵ kau³⁵　翻绳（两人轮换翻动手指头上的细绳，变出各种花
　样）

出古　suai⁵⁵ kau³⁵　出谜语

猜古子　tɕ'ia³³ kau³⁵·tɯə　猜谜儿

骨牌　kuo⁵⁵ pia²¹　牌九

麻将　muo²¹ tɕiaŋ²⁴

□色子　fyɛ²⁴ səu⁵⁵·tɯə　掷色子

纸炮　tsʅ³⁵ p'əu²⁴　爆竹

放纸炮　maŋ²⁴ tsʅ³⁵ p'əu²⁴　放鞭炮

花炮　fu³³ p'əu²⁴　烟火

放花炮　maŋ²⁴ fu³³ p'əu²⁴

2. 体育

象棋　ɕiaŋ³⁵ tɕi²¹

动棋　tɯə³³ tɕi²¹　下棋

将　tɕiaŋ²⁴

帅　suai²⁴

士　sɿ²⁴

象　ɕiaŋ³⁵

相　ɕiaŋ²⁴

车　tɕia³³

马　muo³³

炮　p'əu²⁴

兵　miɛ³³

卒　tɕio⁵⁵

上卒　ɕiaŋ³³ tɕio⁵⁵　拱卒

横卒　yɛ²¹ tɕio⁵⁵　卒子往左右走

上士　ɕiaŋ³³ sɿ²⁴

下士　xuo²⁴ sɿ²⁴　落士

撑士　tɕ'iɛ³³ sɿ²⁴　上士；落士

飞象　fai³³ ɕiaŋ³⁵

将军　tɕiaŋ³³ tɕyɛ³³

围棋　uai²¹ tɕi²¹

黑子　xəu⁵⁵·tsɿ³⁵

白子　pu²¹·tsɿ³⁵

拉索　liɛ³³ səɯ⁵⁵　拔河

游水　iəu²¹ suai³⁵　游泳

□□子　kuŋ³³ miɛ²⁴·tsɿ　潜水

推球　k'əu³³ tɕiəu²¹　打球

3. 武术、舞蹈

倒鸡公　laɯ²⁴ tɕi³³ kɯə³³　翻跟头

倒起　laɯ²⁴·ɕi　倒立

耍狮子　ɕio³³ sɿ³³·tɯə　舞狮子

踩高脚　tɕ'ia³⁵ kaɯ³³ tɕiəɯ⁵⁵　高跷

扭秧歌　n̠iəu³⁵ iaŋ³³ kəɯ³³

拍腰鼓　pəu³⁵ iəɯ³³ kau³⁵　打腰鼓

　推腰鼓　k'əu³³ iəɯ³³ kau³⁵

跳舞　t'ei²⁴ u³³

耍春牛　çio³³ tɕ'yɛ³³ ŋəu²¹　岁时习俗，由人扮牛和舞狮玩龙的一起上街
　　　　　表演，祈福

4. 戏剧

鬼子戏　kuai³⁵ tɯə çi²⁴　木偶戏

大戏　ta²¹ çi²⁴　大型戏曲

戏园　çi²¹ uəŋ²¹　戏院

戏台　çi²¹ tia²¹

演戏个　iəŋ³³ çi²⁴ ·kəɯ　演员

耍把戏　çio³³ puo³⁵ çi²¹　耍戏法

讲古　tɕiaŋ³⁵ kau³⁵　说书

花面　fu³³ məŋ²¹　花脸

丑角　tɕ'iəu³⁵ kəu⁵⁵　小丑

老生　laɯ³³ çiɛ³³

细生　sei²⁴ çiɛ³³　小生

武生　ŋ̍³³ çiɛ³³

婆旦　pəɯ²¹ nuo²⁴　老旦

花旦　fu³³ nuo²⁴

细旦　sei²⁴ nuo²⁴

# （二十二）动作

1. 一般动作

徛　tɕi³³　站

□　pəu²¹　蹲

跶倒□　ta⁵⁵ laɯ³⁵ ·i　跌倒了

爬起来　puo²¹ ·çi³⁵ lia²¹

摆脑　mia³⁵ laɯ³⁵　摇头
　摇脑　iəɯ²¹ laɯ³⁵

啄脑　tɕio⁵⁵ laɯ³⁵　点头

□脑　kaɯ²¹ laɯ³⁵　抬头
　抬脑　tia²¹ laɯ³⁵

勾脑骨　kəu³³ laɯ³⁵ kuo⁵⁵　低头
　锁下去　tɕ'iɛ³³ fu³³ xau²⁴

脑锁锁 laɯ$^{35}$ tɕʻiɛ$^{33}$ tɕʻiɛ$^{33}$

转反去 tɕyəŋ$^{35}$ fyɛ$^{35}$ lia$^{21}$ 回头

转反来 tɕyəŋ$^{35}$ fyɛ$^{35}$ lia$^{21}$

大开眼睛 ta$^{21}$ ɕia$^{33}$ ȵiɛ$^{33}$ tɕiɛ$^{33}$ 睁眼

鼓眼 kau$^{35}$ ȵiɛ$^{33}$ 瞪眼

眨起眼睛 tsai$^{55}$ · ɕi$^{35}$ ȵiɛ$^{33}$ tɕiɛ$^{33}$ 闭眼

眨眨眼 tsai$^{55}$ tsai$^{55}$ ȵiɛ$^{33}$ 眨眼

撞倒 tsaŋ$^{21}$ laɯ$^{35}$ 遇见

觑 tɕʻia$^{24}$ 看

出眼泪 suai$^{55}$ ȵiɛ$^{33}$ luai$^{21}$ 流眼泪

大开嘴嘴 ta$^{21}$ ɕia$^{33}$ tɕia$^{35}$ tɕia$^{35}$ 张嘴

闭起嘴 mai$^{24}$ · ɕi$^{35}$ tɕia$^{35}$ 闭嘴

翘嘴 tɕʻiəɯ$^{24}$ tɕia$^{35}$ 噘嘴

举手 tɕy$^{35}$ ɕiəu$^{35}$

摇手 iəɯ$^{21}$ ɕiəu$^{35}$ 摆手

放手 maŋ$^{24}$ ɕiəu$^{35}$ 撒手

伸手 ɕiɛ$^{33}$ ɕiəu$^{35}$

动手 tɯə$^{33}$ ɕiəu$^{35}$

拍手掌 pʻəɯ$^{55}$ ɕiəu$^{35}$ tɕiaŋ$^{35}$ 拍手

手套背□ ɕiəu$^{35}$ tʻaɯ$^{24}$ pei$^{24}$ lei$^{24}$ 背着手儿

扭手 ȵiəu$^{35}$ ɕiəu$^{35}$ 叉着手儿

手插入衣袖□头 ɕiəu$^{35}$ tɕʻia$^{55}$ lai$^{21}$ a$^{33}$ tɕiəu$^{21}$ lu$^{33}$ təu$^{21}$ 笼着手

蒙起 muŋ$^{33}$ · ɕi$^{35}$ 捂住

搊 tsʻəu$^{33}$ 用手托着向上

出屎 suai$^{55}$ sɿ$^{35}$ 把屎

出尿 suai$^{55}$ ȵiəɯ$^{21}$ 把尿

扶起 fu$^{21}$ · ɕi$^{35}$ 扶着

弹手指脑 taŋ$^{21}$ ɕiəu$^{35}$ · tɯə laɯ$^{35}$ 弹指头

箍起拳头 ku$^{33}$ · ɕi$^{35}$ tɕyəŋ$^{21}$ təu$^{21}$ 攥起拳头

□脚 taŋ$^{33}$ tɕiəɯ$^{55}$ 跺脚

撑脚 tɕʻiɛ$^{33}$ tɕiəɯ$^{55}$ 踮脚

架马子脚 kuo$^{24}$ muo$^{33}$ · tɯə tɕiəɯ$^{55}$ 跷二郎腿

盘脚　paŋ²¹ tɕiəɯ⁵⁵　蜷腿

□脚　lau³³ tɕiəɯ⁵⁵　踢腿

勾腰　kəu³³ iəɯ³³　弯腰

伸腰　ɕiɛ³³ iəɯ³³

撑腰　tɕʻiɛ³³ iəɯ³³

翘□□　tɕʻiəɯ²⁴ ɕiɛ³⁵ pʻia²⁴　撅屁股

捶背　tsuai²¹ pai²⁴

擤鼻　ɕiɛ³⁵ pai²¹　擤鼻涕

缩鼻　səu⁵⁵ pai²¹　吸溜鼻涕

闻　muo²¹　用鼻子～

嫌弃　ɕiəŋ²¹ ɕi²⁴

哭　xau⁵⁵

□　fyɛ²⁴　扔（把没用东西～了）

话　fu²¹　说

　讲　tɕiaŋ³⁵

跰　pai²⁴　跑

走　tsəu³⁵

放　maŋ²⁴

　□　tʻaɯ²⁴　搁

搀　tsʻaŋ³³　酒里～水

拣好　tɕiɛ³⁵ xaɯ³⁵　收拾（东西）

　整好　tɕiəŋ³⁵ xaɯ³⁵

选　ɕyəŋ³⁵　选择

提起　tei²¹·ɕi³⁵

捡起来　tɕiəŋ³⁵·ɕi³⁵ lia²¹

抹脱　muo²¹ tʻəu⁵⁵　擦掉

失□　ɕi²¹ i³⁵　丢失

漏脱　ləu²¹ tʻəu⁵⁵　落（因忘记而把东西遗放在某处）

□倒□　tei²¹ laɯ³⁵·i³⁵　找着了

藏　tsuo²¹　～东西

□起　pəu²¹·ɕi³⁵　躲藏

堆起来　lua³³·ɕi³⁵ lia²¹　码起来

2. 心理活动

知得　lai³³ lɯ⁵⁵　知道

懂□　nɯə³⁵·i　懂了

　知道□　lai³³ tau³³·i

会□　uai²¹·i　会了

识得　ɕiəu⁵⁵ lɯ⁵⁵　认得

想□　ɕiaŋ³⁵ la³³　想（一）想

　想□子　ɕiaŋ³⁵ la·tɯə

估计　kau³⁵ tɕi²⁴　估量

想主意　ɕiaŋ³⁵ tɕy³⁵ i²⁴

猜想　tɕ‘ia³³ ɕiaŋ³⁵

□定　xɛ²¹ tiɛ²¹　料定

主张　tɕia³⁵ tɕiaŋ³³

相信　ɕiaŋ³³ ɕiɛ²⁴

怀疑　fyɛ²¹ ȵi²¹

留神　liəu²¹ ɕiɛ²¹

恐　ɕiɛ³⁵　害怕

吓倒□　xɯə⁵⁵ laɯ³⁵·i　吓着了

着急　təɯ²¹ tɕi⁵⁵　着急

挂虑　kua²⁴ luai²¹　挂念

放心　faŋ²⁴ ɕiɛ³³

盼望　p‘aŋ²⁴ uaŋ²¹

巴不得　pu³³ mɯə³³ lɯ⁵⁵

记倒　tɕi²⁴ laɯ³⁵　记着

□□　məu²¹ xəɯ⁵⁵　忘记

想起来□　ɕiaŋ³⁵·ɕi³⁵ lia²¹·i　想起来了

眼红（嫉妒）　ȵiɛ³³ xɯə²¹

讨嫌　t‘aɯ³⁵ ɕiəŋ²¹　讨厌

恨　xəŋ²⁴

偏心　p‘əŋ³³ ɕiɛ³³

怄气　ŋəu²⁴ tɕ‘i²⁴

埋怨　mia²¹ uəŋ²⁴　抱怨

憋气　pei⁵⁵ tɕ'i²⁴

发脾气　xuo⁵⁵ pa²¹ tɕ'i²⁴

　发性　xuo⁵⁵ ɕiɛ²⁴

爱惜　a²⁴ ɕiɛ⁵⁵　（对物）爱惜

心痛　ɕiɛ³³ t'ɯə²⁴　（对人）疼爱

　心□　ɕiɛ³³ tsaɯ²⁴

喜欢　ɕi³⁵ xaŋ³³

感谢　kaŋ³⁵ tɕiɛ²⁴

养娇□　iaŋ³³ tɕiəɯ³³·i　娇惯

迁就　tɕ'iɛ³³ tɕiəu³³

**3. 语言动作**

谈闲话　tuo²¹ ɕiɛ²¹ fu²¹　聊天

搭白话　lu⁵⁵ pu²¹ fu²¹　搭茬儿

不做声　mɯə³³ tsəɯ²⁴ ɕio³³　不做声

　不□声　mɯə³³ tɕ'i²¹ ɕio³³

骗　p'əŋ²⁴

告诉　kau²⁴ sau²⁴

争输赢　tɕiɛ³³ ɕia³³ n̠io²¹　抬杠

反架子　fyɛ³⁵ kuo²⁴·tsʅ　吵架

掐架子　pəu³⁵ kuo²⁴·tsʅ　打架

□　ŋau²⁴　骂（破口骂）

　□　sau³⁵

挨□　n̠ia²¹ ŋau²⁴　挨骂

嘱咐　tɕia⁵⁵ fu²⁴

挨□　n̠ia²¹ sau³⁵　挨批评

话□多　fu²¹ n̠i²⁴ ləɯ³³　叨唠

唤　uo³³　喊（对人）

　□　ɕiɛ²⁴　（对动物亦可对人）

## （二十三）位置

高头　kaɯ³³ təu²¹　上面

底下　lei³⁵ xuo²⁴　下面

地上　tai²¹ ɕiaŋ³³　地下（地面上）

天上　t'əŋ³³ ɕiaŋ³³

山上　ɕie³³ ɕiaŋ³³

路上　lau²¹ ɕiaŋ³³

街上　tɕia³³ ɕiaŋ³³

墙上　tɕiaŋ²¹ ɕiaŋ³³

门上　muo²¹ ɕiaŋ³³

台上　tia²¹ ɕiaŋ³³　桌上

椅子上　i³⁵·tɯə ɕiaŋ³³

旁边　paŋ²¹ məŋ³³　边儿上

□头　lu³³ təu²¹　里面

门口　muo²¹ xəu³⁵　外面；门儿外

手□头　ɕiəu³⁵ lu³³ təu²¹　手里

心□头　ɕie³³ lu³³ təu²¹　心里

水□头　suai³⁵ lu³³ təu²¹　水里

乡□头　ɕiaŋ³³ lu³³ təu²¹　乡里

镇□头　tɕiɛ²⁴ lu³³ təu²¹　镇里

大门口　ta²¹ muo²¹ xəu³⁵　大门外

墙门口　tɕiaŋ²¹ muo²¹ xəu³⁵　墙外

窗子门口　ts'aŋ³³·tɯə muo²¹ xəu³⁵　窗户外头

车上　tɕ'iu³³ ɕiaŋ³³

车门口　tɕ'iu³³ muo²¹ xəu³⁵　车外

前边　tɕiɛ²¹ məŋ³³

后边　xəu³³ məŋ³³

山前面　ɕie³³ tɕiɛ²¹ məŋ³³　山前

山背□　ɕiɛ³³ pai²⁴ lei²⁴　山后

车前面　tɕ'iu³³ tɕiɛ²¹ məŋ³³　车前

车背□　tɕ'iu³³ pai²⁴ lei²⁴　车后

屋背□　ŋau⁵⁵ pai²⁴ lei²⁴　房后

背□　pai²⁴ lei²⁴　背后

以前　i³⁵ tɕiɛ²¹

以后　i³⁵ xəu³³

以上　i³⁵ ɕiaŋ³³

以下　i³⁵ xuo²⁴

后来　xəu³³ lia²¹

以后　i³⁵ xəu³³

东边　nɯə³³ məŋ³³

西方　sei³³ faŋ³³

南方　nuo²¹ faŋ³³

北方　pu⁵⁵ faŋ³³

东方□　nɯə³³ faŋ³³ kuo　东头（儿）

西方□　sei³³ faŋ³³ kuo　西头（儿）

南方□　nuo²¹ faŋ³³ kuo　南头（儿）

北方□　pu⁵⁵ faŋ³³ kuo　北头（儿）

城东　tɕiɛ²¹ nɯə³³

城西　tɕiɛ²¹ sei³³

城南　tɕiɛ²¹ nuo²¹

城北　tɕiɛ²¹ pu⁵⁵

城东南　tɕiɛ²¹ nɯə³³ nuo²¹

城东北　tɕiɛ²¹ nɯə³³ pu⁵⁵

城西南　tɕiɛ²¹ sei³³ nuo²¹

城西北　tɕiɛ²¹ sei³³ pu⁵⁵

路东　lau²¹ nɯə³³

路西　lau²¹ sei³³

路南　lau²¹ nuo²¹

路北　lau²¹ pu⁵⁵

路边　lau²¹ məŋ³³

床训底下　tau²¹ lei³⁵ xuo²⁴

楼底下　ləu²¹ lei³⁵ xuo²⁴

脚底下　tɕiəɯ⁵⁵ lei³⁵ xuo²⁴

碗□根　ŋ³⁵ ɕiɛ³⁵ kɯə³³　碗底儿

铛□根　tɕʻiɛ³³ ɕiɛ³⁵ kɯə³³　锅底儿

缸□根　kaŋ³³ ɕiɛ³⁵ kɯə³³　缸底儿

眼面前　ȵie³³ məŋ²¹ tɕie²¹　跟前儿

哪□地方　lai³³·kəɯ tai²¹ faŋ³³　什么地方

左手边　tsəɯ³⁵ ɕiəu³⁵ məŋ³³　左边

右手边　iəu²⁴ ɕiəu³⁵ məŋ³³　右边

向□头走　ɕiaŋ²⁴ lu³³ təu²¹ tsəu³⁵　望里走

向外走　ɕiaŋ²⁴ ua²¹ tsəu³⁵　望外走

向东走　ɕiaŋ²⁴ nɯə³³ tsəu³⁵　望东走

向西走　ɕiaŋ²⁴ sei³³ tsəu³⁵　望西走

走回来　tsəu³⁵ fua²¹ lia²¹　望回走

向前走　ɕiaŋ²⁴ tɕie²¹ tsəu³⁵　望前走

## （二十四）代词等

我_训　ŋ³³

你_训　lai³³

他_训　ləu³⁵

我_训□　ŋ³³ tie³³/lie³³　我们

你_训□　lai³³ tie³³/lie³³　你们

他_训□　ləu³⁵ tie³³/lie³³　他们

我_训个　ŋ³³·kəɯ

人家　ȵie²¹ ku³³

大齐　ta²¹ tsei²¹　大家

哪个　la³³ ȵie³³　谁

□个　xa⁵⁵ lai⁵⁵/ȵie³³　这个

□个　pʼa⁵⁵ lai⁵⁵/ȵie³³　那个

哪个　la³³ lai⁵⁵/ȵie³³　哪个

□些　xa⁵⁵ təu³³/ɕie³³　这些

□些　pʼa⁵⁵ təu³³/ɕie³³　那些

哪些　la³³ təu³³/ɕie³³　哪些

□角　xa⁵⁵ kəu⁵⁵　这里

□角　pʼa⁵⁵ kəu⁵⁵　那里

哪角　la³³ kəu⁵⁵　哪里

□（高）　xa⁵⁵（kaɯ³³）　这么（高）

□□（做）　xai⁵⁵ kəɯ³³（tsəɯ²⁴）　这么（做）

□（高）　pʻa⁵⁵（kaɯ³³）　那么（高）

□□（做）　pʻai⁵⁵ kəɯ³³（tsəɯ²⁴）　那么（做）

哪□（做）　lai³³ kəɯ³³（tsəɯ²⁴）　怎么（做）

哪□搞手　lai³³ kəɯ³³ kəu³⁵ çiəu³⁵　怎么办

为哪□　uai²¹ lai³³ kəɯ³³　为什么

哪□　lai³³ tɯə/kəɯ　什么

好多（钱）　xaɯ³⁵ ləɯ³³（tçiɛ²¹）　多少（钱）

好　xaɯ³⁵　多（久、高、大、厚、重）

我ᵢ两个　ŋ³³ liaŋ³³ n̩iɛ³³　我们俩

你ᵢ两个　lai³³ liaŋ³³ n̩iɛ³³　你们俩

他ᵢ两个　ləu³⁵ liaŋ³³ n̩iɛ³³　他们俩

两公婆　liaŋ³³ kɯə³³ pəɯ²¹　夫妻俩

两母□　liaŋ³³ məu³³ ləɯ³⁵　娘儿俩

两崽□　liaŋ³³ tsuo³⁵ pəu²¹　爷儿俩

两公孙　liaŋ³³ kɯə³³ çio³³　爷孙俩

两姊嫂　liaŋ³³ tsai³⁵ saɯ³⁵　妯娌俩

两姑嫂　liaŋ³³ kau³³ saɯ³⁵　姑嫂俩

两□　liaŋ³³ lia²⁴　兄弟俩

两□　liaŋ³³ lia²⁴　哥儿俩

两姊妹　liaŋ³³ tsai³⁵ mei²¹　姐妹俩

两□　liaŋ³³ lia²⁴　姐儿俩

两□　liaŋ³³ lia²⁴　兄妹俩

两□　liaŋ³³ lia²⁴　姐弟俩

两舅甥　liaŋ³³ tçiəu³³ çiɛ³³　舅甥俩

两姑孙　liaŋ³³ kau³³ çio³³　姑侄俩

两叔孙　liaŋ³³ çiəu⁵⁵ çio³³　叔侄俩

两师徒　liaŋ³³ sɿ³³ təu²¹　师徒俩

娘家　n̩iaŋ²¹ ku³³　娘家

婆家　pəɯ²¹ ku³³　婆家

男家　nuo²¹ ku³³　男家

女家　n̠ia³³ ku³³　女家

姥婆家　ləɯ³³ pəɯ²¹ ku³³　姥姥家

外父屋里　ua²¹ fu³³ ŋau⁵⁵ lai³³　丈人家

个把两个(对人)　n̠iɛ³³ uo³⁵ liaŋ³³ n̠iɛ³³

　一两个(对物)　i⁵⁵ liaŋ³³ lai⁵⁵

百十人　pu⁵⁵ sʅ²¹ n̠iɛ²¹　百把人

千把人　tɕ'iɛ³³ uo³⁵ n̠iɛ²¹

万把块钱　yɛ²⁴ uo³⁵ k'ua²⁴ tɕiɛ²¹

里把路　lai³³ uo³⁵ lau²¹

里把两里路　lai³³ uo³⁵ liaŋ³³ lai³³ lau²¹

亩把两亩　məu³³ uo³⁵ liaŋ³³ məu³³

食手　iəu²¹ ɕiəu³⁵　吃头儿（这个菜没～）

□场　ɕyɛ⁵⁵ tɕiaŋ²¹　喝头儿（那个酒没～）

觑手　tɕ'ia²⁴ ɕiəu³⁵　看头儿（这出戏有个～）

苦头　k'au³⁵ təu²¹　苦头儿

甜头　təŋ²¹ təu²¹　甜头儿

## (二十五) 形容词

好　xaɯ³⁵

不错　mɯə³³ ts'əɯ⁵⁵

差不多　tɕ'ia³³ mɯə³³ ləɯ³³

没哪□　mai⁵⁵ lai³³ ·kəɯ　不怎么样

坏　fuai²⁴

差　tɕ'ia³³

勉强　məŋ³⁵ tɕ'iaŋ³⁵　凑合

标致(男)　piəu³³ tsʅ²⁴　美

　□(女)　liəu³⁵

难觑　nuo²¹ tɕ'ia²⁴　丑（难看）

要ₓ紧　n̠iɛ²⁴ tɕiɛ³⁵

闹热　ləu²¹ lei²¹　热闹

牢固　laɯ²¹ kau²⁴　坚固

硬　n̠iɛ²¹

□　çia³³　软

清楚　tɕ'iɛ³³ ts'əɯ³⁵　干净

秽　uei²⁴　脏（不干净）

咸　xəɯ²¹　像盐的味道

淡　tuo³³　不咸

香　çiaŋ³³

臭　tɕ'iəu²⁴

酸　saŋ³³

甜　təŋ²¹

苦　xau³⁵

辣　lu²¹

清　tɕ'iɛ³³　稀（粥太～了）

酽　n̠iɛ²¹　稠（粥太～了）

疏　sau³³　稀（事物的部分之间空隙大）

密　mai²¹

壮　tsaŋ²⁴　肥（指动物）

胖　p'aŋ²⁴　人体脂肪多，肉多

瘦　səu²⁴　不肥，不胖

精　tɕiɛ³³　瘦（指肉）

自在　tsɿ²⁴ tɕia³³　舒服

不好过　mɯə³³ xaɯ³⁵ kɯə²⁴　难受

嫌丑　çiəŋ²¹ tɕ'uei³⁵　腼腆

听话　t'iɛ²⁴ fu²¹　乖（小孩儿真～）

　　听讲　t'iɛ²⁴ tɕiaŋ³⁵

好能干　xaɯ³⁵ nəŋ²¹ kaŋ²⁴　真行

没用头　mai⁵⁵ iaŋ²¹ təu²¹　不行

不讲良心　mɯə³³ tɕiaŋ³⁵ liaŋ²¹ çiɛ³³　缺德

灵便　liɛ²¹ pəŋ²⁴　机灵

活套　xuo²¹ t'aɯ²⁴　灵巧

活络　xuo²¹ ləɯ²¹

糊涂　fu²¹ təu²¹

死古板　sai³⁵ kau³⁵ miɛ³⁵　死心眼儿

草包　ts'aɯ³⁵ pəu³³　脓包（无用的人）

小气鬼　çiəɯ³⁵ tɕ'i²⁴ kuai³⁵　吝啬鬼

小量　çiəɯ³⁵ liaŋ²⁴　小气

大方　ta²¹ faŋ³³

□　kɯə²¹　整（鸡蛋吃～的）

全　tɕ'yəŋ²¹　浑（～身是汗）

□　puŋ⁵⁵　凸

□　uo³³　凹

凉快　liaŋ²¹ k'ua²⁴

清静　tɕ'iɛ³³ tɕiɛ²⁴　背静

不稳　mɯə³³ uo³⁵　活络（活动的）

齐整　tsei²¹ tɕiəŋ³⁵　整齐

满意　maŋ³³ i²⁴　称心

合意　xəɯ²¹ i²⁴

迟　tai²¹　晚（来～了）

多　ləɯ³³

少　çiəɯ³⁵

大　ta²¹

细　sei²⁴　小

长　tiaŋ²¹

短　naŋ³⁵

阔　xəɯ⁵⁵　宽

隘　a²⁴　窄

厚　xəu²⁴

□　tɕiɛ³⁵

薄　pəɯ²¹

深　çiɛ³³

浅　tɕ'iɛ³⁵

高　kaɯ³³

低　lei³³

矮　a³⁵

正　tɕiɛ²⁴

斜<sub>训</sub>　tɕʻya²⁴　歪

笪　tɕʻiɛ²⁴　斜

红　xɯə²¹

朱红　tɕia³³ xɯə²¹

粉红　xuo³⁵ xɯə²¹

深红　ɕiɛ³³ xɯə²¹

淡红　tuo³³ xɯə²¹　浅红

蓝　nuo²¹

浅蓝　tɕʻiɛ³⁵ nuo²¹

深蓝　ɕiɛ³³ nuo²¹

天蓝　tʻəŋ³³ nuo²¹

绿　liau²¹

葱绿　tsʻɯə³³ liau²¹　葱心儿绿

草绿　tsʻaɯ³⁵ liau²¹

浅绿　tɕʻiɛ³⁵ liau²¹

白　pu²¹

灰白　fuai³³ pu²¹

寡白　ku³⁵ pu²¹　苍白

漂白　pʻiəu³⁵ pu²¹

灰　fuai³³

深灰　ɕiɛ³³ fuai³³

浅灰　tɕʻiɛ³⁵ fuai³³

银灰　ȵiɛ²¹ fuai³³

黄　xaŋ²¹

深黄　ɕiɛ³³ xaŋ²¹

浅黄　tɕʻiɛ³⁵ xaŋ²¹

青　tɕʻiɛ³³

紫　tsɿ³⁵

黑　xəu⁵⁵

## （二十六）副词、介词等

才刚　tɕia²¹ tɕiaŋ³³　刚：我～来

刚好　kaŋ³³/ŋaŋ³³ xaɯ³⁵　①刚好：～十块钱　②刚：不大不细，～合适

凑巧　tsʻəu²⁴ tɕʻiəɯ³⁵　刚巧：～我在眼面前

光　kaŋ³³　净：～食菜，不食饭

有点子　xəu³³ liɛ³⁵/ti³³·tɯə　有点儿：～冷

恐　ɕiɛ³⁵　怕：～要落雨

估得　kau³⁵·ləɯ　也许：今日～要落雨

差点子　tɕʻia³³ liɛ³⁵/ti³³·tɯə　差点儿：～跶□ᵧ（摔了）

马上　muo³³ ɕiaŋ³³　我～就来

趁早　tɕʻiɛ²⁴ tsaɯ³⁵　～回去

早迟　tsaɯ³⁵ tai²¹　早晚：～来都行

　迟早　tai²¹ tsaɯ³⁵

搭帮　lu⁵⁵ maŋ³³　幸亏：～你来□ᵧ，要不我就走错□ᵧ

当面　naŋ³³ məŋ²¹　有话～讲

背地　pai²⁴ tai²¹　不要～讲

一齐　i⁵⁵ tsei²¹　一块儿：我们～去

独人　tau²¹ ȵiɛ²¹　一个人：他～去

顺便　ɕyɛ²¹ pəŋ²¹　顺便儿：～去街上买点菜

罢意　pia²⁴ i²⁴　故意：～乱讲

　罢是　pia²⁴ sɿ³³

到底　laɯ²⁴ lei³⁵　到了儿：他～走□ᵧ没有，你要问清楚

一点　i⁵⁵ liɛ³⁵　压根儿：他～不知道

实在　sɿ²¹ tɕia³³　两师徒～好

快四十　kʻua²⁴ sai²⁴ sɿ²¹　平四十（接近四十）

合总　xəɯ²¹ tsɯə³⁵　一共：～才十个人

不要₍ᵢₙ₎　mɯə³³ ȵiɛ²⁴　～乱跑

白　pu²¹　①无代价；无报偿；②没有效果；徒然

偏　p'əŋ<sup>33</sup>　你不要他去，他~要去

乱　naŋ<sup>21</sup>　胡：~讲，~画

先　ɕiɛ<sup>33</sup>　你走~，我后来

原先　uəŋ<sup>21</sup> ɕiɛ<sup>33</sup>　他~不信，后来才信

格外　ku<sup>55</sup> ua<sup>21</sup>　另外

□　nuo<sup>33</sup>　被：~他关起来

□　nuo<sup>33</sup>　把：~他关起来

对　lua<sup>24</sup>　你~他好，他就~你好

对起　lua<sup>24</sup> ɕi<sup>35</sup>　对着：大姨~细姨笑

到　laɯ<sup>24</sup>　~门口去

到　laɯ<sup>24</sup>　~后日晡为止

到　laɯ<sup>24</sup>　放~椅子上

□　i<sup>33</sup>　在：~哪角<sub>哪里</sub>住家

跟　kɯə<sup>33</sup>　从：~哪角<sub>哪里</sub>走

自从　tsɿ<sup>24</sup> tsəŋ<sup>21</sup>　~他走后我一直记倒他

按　ŋ<sup>33</sup>　照：~□<sub>这</sub> xa<sup>55</sup>样做就好

照　tɕiəɯ<sup>24</sup>　~我觑不算错

用　iaŋ<sup>21</sup>　~毛笔写

顺起　ɕyɛ<sup>21</sup>·ɕi<sup>35</sup>　~河边走，~大路向前走

向　ɕiaŋ<sup>24</sup>　朝：~前头走

替　t'ei<sup>24</sup>　你~我写封信

□　mei<sup>33</sup>　给：~大家办事

和　xəɯ<sup>21</sup>　□<sub>这</sub> xa<sup>55</sup>个~□<sub>那</sub> p'a<sup>55</sup>个一样

　□　mei<sup>33</sup>

跟　kɯə<sup>33</sup>　向：~他掰听一下

问　muo<sup>24</sup>　~他借一本书

　跟　kɯə<sup>33</sup>

拿<sub>训</sub>起……讲成　tei<sup>21</sup>·ɕi<sup>35</sup>……tɕiaŋ<sup>35</sup> ɕio<sup>21</sup>　管……叫

拿<sub>训</sub>起……做　tsa<sup>33</sup>·ɕi<sup>35</sup>……tsəɯ<sup>24</sup>　拿……当

从细　tsəŋ<sup>21</sup> sei<sup>24</sup>　从小：他~就能食苦

望外　uaŋ<sup>21</sup> ua<sup>21</sup>

　向外　ɕiaŋ<sup>24</sup> ua<sup>21</sup>

## （二十七）量词

只　tɕiu⁵⁵　一~椅子（台子、凳子）

头　təu²¹　一~牛（猪、羊、马、狗、青蛙、鱼、虾、故事、歌）

粒　lai⁵⁵　一~奖章<sub>圆的</sub>（帽子、米、砖、蜂）

笔　pai⁵⁵　一~款

匹　p'ei⁵⁵　一~马

张　liaŋ³³　一~信（画、纸、收条）

服　fu²¹　一~药

味　uai²¹　一~药

条　tei²¹　一~河（墨、手巾、烟）

蔸　ləu³³　一~花<sub>一朵花</sub>（木、树）

顿　nuo²⁴　一~饭<sub>训</sub>

架　kuo²⁴　一~车（飞机、桥、火车、汽车）

根　kɯə³³　一~笔（枪、头发）

盏　tɕiɛ³⁵　一~灯（茶、酒）

台　tia²¹　一~酒席（客）

回　fua²¹　一~雨<sub>一场雨</sub>

床　tsaŋ²¹　一~被子

件　tɕiəŋ³³　一~棉衣（事、背心、衬衣）

块　k'ua²⁴　一~砖（墨、奖章<sub>方的</sub>、肉）

个<sub>训</sub>　ȵiɛ³³　一~人<sub>一口儿人</sub>（客人、医生、同学）

家　ku³³　一~铺子

间　tɕiɛ³³　一~屋

栋　naŋ²⁴　一~房子<sub>一所房子</sub>

领　liɛ³³　一~衣<sub>一件衣</sub>

行　xaŋ²¹　一~字

篇　p'əŋ³³　一~文章

叶　i²¹　一~书<sub>一页书</sub>

节　tsei⁵⁵　一~文章

段　taŋ²¹　一~文章

片　pʻəŋ²⁴　一～好心

面　məŋ²¹　一～旗

层　tiɛ²¹　一～纸

盘　paŋ²¹　一～棋

门　muo²¹　一～亲事

刀　laɯ³³　一～纸

缸　kaŋ³³　一～水

碗　ŋ³⁵　一～饭_训_

瓜　ku³³　一～米_一把米_

□　tsʻai³³　一～萝卜_一把儿萝卜_

包　pəu³³　一～花生

捆　kʻuəŋ³⁵　一～行李

担　nuo²⁴　一～米（水）

排　pia²¹　一～台子

入　lai²¹　一～院子

串　tɕʻyəŋ²⁴　一～纸炮_一挂鞭炮_（葡萄）

句　tɕia²⁴　一～话

对　lua²⁴　一～花瓶

副　fu²⁴　一～眼镜

套　tʻaɯ²⁴　一～书

样　iaŋ²¹　一～虫子_一种虫子_

群　tɕyɛ²¹　一～人_一伙儿人_

帮　maŋ³³　一～人

批　pʻei³³　一～货

一起　i⁵⁵ɕi³⁵

一□　i⁵⁵pʻia³⁵　一庹（两臂平伸两手伸直的长度）

一指　i⁵⁵tsɿ³⁵　～长

一成　i⁵⁵tɕiɛ²¹

一面_脸_　i⁵⁵məŋ²¹　～土

一身　i⁵⁵ɕiɛ³³　～土

一肚子　i⁵⁵tau³³·tɯə　～气

（食）一顿　i⁵⁵ nuo²⁴　吃一顿

（走）一转　i⁵⁵ tɕyəŋ²¹　走一趟

（打）一下　i⁵⁵ la³³　（"一"也可以省去）

（食）一口　i⁵⁵ kʻəu³⁵　吃一口

（讲）一刻子　i⁵⁵ kʻɯ⁵⁵·tɯə　谈一会儿

（落）一阵（雨）　i⁵⁵ tɕiɛ²¹

（闹）一场　i⁵⁵ tɕiaŋ²¹

（见）一面　i⁵⁵ məŋ²¹

尊　tɕiɛ³³　一~佛像

扇　ɕie²⁴　一~门（墙）

幅　fu³³　一~画

仙　ɕiɛ³³　一~橘子（花瓣、蒜脑头）

角　kəu⁵⁵　一~地方 _一处地方_

部　pəu³⁵　一~书

班　miɛ³³　一~车

（洗）一水　i⁵⁵ suai³⁵

（烧）一窑（陶器）　i⁵⁵ iəɯ²¹

团　taŋ²¹　一~泥

堆　lua³³　一~雪

路　lau²¹　一~公共汽车

（唱）一台（戏）　i⁵⁵ tia²¹

一丝丝（肉）　i⁵⁵ sʅ³³ sʅ³³　一丝儿

一点点（面粉）　i⁵⁵ nəŋ³⁵ nəŋ³⁵　一点儿

一点（雨）　i⁵⁵ nəŋ³⁵　一滴

一匣（洋火）　i⁵⁵ ɕia²¹　一盒儿（火柴）

一匣子（首饰）　i⁵⁵ ɕia²¹·tɯə

一箱子（衣裳）　i⁵⁵ ɕiaŋ³³·tɯə

一柜子（书）　i⁵⁵ kuai²⁴·tɯə　一橱

一扯箱（文件）　i⁵⁵ tɕʻiu³⁵ ɕiaŋ³³　一抽屉

一箩（菜）　i⁵⁵ ləɯ²¹　一筐子

一篓（炭）　i⁵⁵ ləu³³　一篓子

一炉（灰）　i$^{55}$ lau$^{21}$　一炉子

一池（水）　i$^{55}$ tsๅ$^{21}$　一池子

一缸（金鱼）　i$^{55}$ kaŋ$^{33}$

一瓶（醋）　i$^{55}$ piɛ$^{21}$　一瓶子

一瓯（荔子）　i$^{55}$ ŋəu$^{33}$　一罐子荔枝

一篓（酒）　i$^{55}$ ləu$^{33}$　一坛子

一桶（汽油）　i$^{55}$ t'ɯə$^{35}$

一盆（洗凉水）　i$^{55}$ paŋ$^{21}$

一壶（茶）　i$^{55}$ fu$^{21}$

一铛（饭_训_）　i$^{55}$ tɕ'iɛ$^{33}$　一锅饭

一笼（包子）　i$^{55}$ nuo$^{21}$

一碟（青菜）　i$^{55}$ tei$^{21}$

一调羹（汤）　i$^{55}$ tiəɯ$^{21}$ kɛ$^{33}$　一瓢

## （二十八）数字等

一号　i$^{55}$ xaɯ$^{21}$

二号　lai$^{21}$ xaɯ$^{21}$

三号　suo$^{33}$ xaɯ$^{21}$

四号　sai$^{24}$ xaɯ$^{21}$

五号　ŋ$^{33}$ xaɯ$^{21}$

六号　liəu$^{21}$ xaɯ$^{21}$

七号　ts'ai$^{55}$ xaɯ$^{21}$

八号　pia$^{55}$ xaɯ$^{21}$

九号　tɕiəu$^{35}$ xaɯ$^{21}$

十号　sๅ$^{21}$ xaɯ$^{21}$

初一　ts'au$^{33}$ i$^{55}$

初二　ts'au$^{33}$ lai$^{21}$

初三　ts'au$^{33}$ suo$^{33}$

初四　ts'au$^{33}$ sai$^{24}$

初五　ts'au$^{33}$ ŋ$^{33}$

初六　ts'au$^{33}$ liəu$^{21}$

初七　ts'au$^{33}$ ts'ai$^{55}$

初八　ts'au$^{33}$ pia$^{55}$

初九　ts'au$^{33}$ tɕiəu$^{35}$

初十　ts'au$^{33}$ sʅ$^{21}$

老大　lauɯ$^{33}$ ta$^{21}$

老二　lauɯ$^{33}$ lai$^{21}$

老三　lauɯ$^{33}$ suo$^{33}$

老四　lauɯ$^{33}$ sai$^{24}$

老五　lauɯ$^{33}$ ŋ$^{33}$

老六　lauɯ$^{33}$ liəu$^{21}$

老七　lauɯ$^{33}$ ts'ai$^{55}$

老八　lauɯ$^{33}$ pia$^{55}$

老九　lauɯ$^{33}$ tɕiəu$^{35}$

老十　lauɯ$^{33}$ sʅ$^{21}$

满崽/满女　maŋ$^{33}$ tsuo$^{35}$/maŋ$^{33}$ ȵia$^{33}$

大哥　ta$^{21}$ kəɯ$^{33}$

二哥　lai$^{21}$ kəɯ$^{33}$

细哥　sei$^{24}$ kəɯ$^{33}$

一个　i$^{55}$ lai$^{55}$

两个　liaŋ$^{33}$ lai$^{55}$

三个　suo$^{33}$ lai$^{55}$

四个　sai$^{24}$ lai$^{55}$

五个　ŋ$^{33}$ lai$^{55}$

六个　liəu$^{21}$ lai$^{55}$

七个　ts'ai$^{55}$ lai$^{55}$

八个　pia$^{55}$ lai$^{55}$

九个　tɕiəu$^{35}$ lai$^{55}$

十个　sʅ$^{21}$ lai$^{55}$

第一　tei$^{21}$ i$^{55}$

第二　tei$^{21}$ lai$^{21}$

第三　tei$^{21}$ suo$^{33}$

第四　tei²¹ sai²⁴

第五　tei²¹ ŋ³³

第六　tei²¹ liəu²¹

第七　tei²¹ ts'ai⁵⁵

第八　tei²¹ pia⁵⁵

第九　tei²¹ tɕiəu³⁵

第十　tei²¹ sʅ²¹

第一个　tei²¹ i⁵⁵ lai⁵⁵／ȵiɛ³³　（前者称物，后者称人，下同）

第二个　tei²¹ lai²¹ lai⁵⁵／ȵiɛ³³

第三个　tei²¹ suo³³ lai⁵⁵／ȵiɛ³³

第四个　tei²¹ sai²⁴ lai⁵⁵／ȵiɛ³³

第五个　tei²¹ ŋ³³ lai⁵⁵／ȵiɛ³³

第六个　tei²¹ liəu²¹ lai⁵⁵／ȵiɛ³³

第七个　tei²¹ ts'ai⁵⁵ lai⁵⁵／ȵiɛ³³

第八个　tei²¹ pia⁵⁵ lai⁵⁵／ȵiɛ³³

第九个　tei²¹ tɕiəu³⁵ lai⁵⁵／ȵiɛ³³

第十个　tei²¹ sʅ²¹ lai⁵⁵／ȵiɛ³³

一　i⁵⁵

二　lai²¹

三　suo³³

四　sai²⁴

五　ŋ³³

六　liəu²¹

七　ts'ai⁵⁵

八　pia⁵⁵

九　tɕiəu³⁵

十　sʅ²¹

十一　sʅ²¹ i⁵⁵

二十　lai²¹ sʅ²¹

二十一　lai²¹ sʅ²¹ i⁵⁵

三十　suo³³ sʅ²¹

三十一　suo$^{33}$ sʐ$^{21}$ i$^{55}$

四十　sai$^{24}$ sʐ$^{21}$

四十一　sai$^{24}$ sʐ$^{21}$ i$^{55}$

五十　ŋ$^{33}$ sʐ$^{21}$

五十一　ŋ$^{33}$ sʐ$^{21}$ i$^{55}$

六十　liəu$^{21}$ sʐ$^{21}$

六十一　liəu$^{21}$ sʐ$^{21}$ i$^{55}$

七十　ts'ai$^{55}$ sʐ$^{21}$

七十一　ts'ai$^{55}$ sʐ$^{21}$ i$^{55}$

八十　pia$^{55}$ sʐ$^{21}$

八十一　pia$^{55}$ sʐ$^{21}$ i$^{55}$

九十　tɕiəu$^{35}$ sʐ$^{21}$

九十一　tɕiəu$^{35}$ sʐ$^{21}$ i$^{55}$

一百　i$^{55}$ pu$^{55}$

一千　i$^{55}$ tɕ'iɛ$^{33}$

一百一十　i$^{55}$ pu$^{55}$ i$^{55}$ sʐ$^{21}$

一百一十个　i$^{55}$ pu$^{55}$ i$^{55}$ sʐ$^{21}$ lai$^{55}$/ȵiɛ$^{33}$

一百一十一　i$^{55}$ pu$^{55}$ i$^{55}$ sʐ$^{21}$ i$^{55}$

一百一十二　i$^{55}$ pu$^{55}$ i$^{55}$ sʐ$^{21}$ lai$^{21}$

一百二十　i$^{55}$ pu$^{55}$ lai$^{21}$ sʐ$^{21}$

一百三十　i$^{55}$ pu$^{55}$ suo$^{33}$ sʐ$^{21}$

一百五十　i$^{55}$ pu$^{55}$ ŋ$^{33}$ sʐ$^{21}$

一百五十个　i$^{55}$ pu$^{55}$ ŋ$^{33}$ sʐ$^{21}$ lai$^{55}$/ȵiɛ$^{33}$

二百五十　lai$^{21}$ pu$^{55}$ ŋ$^{33}$ sʐ$^{21}$

二百五　lai$^{21}$ pu$^{55}$ ŋ$^{33}$　（傻瓜）

二百五十个　lai$^{21}$ pu$^{55}$ ŋ$^{33}$ sʐ$^{21}$ lai$^{55}$/ȵiɛ$^{33}$

三百一十　suo$^{33}$ pu$^{55}$ i$^{55}$ sʐ$^{21}$

三百三十　suo$^{33}$ pu$^{55}$ suo$^{33}$ sʐ$^{21}$

三百六十　suo$^{33}$ pu$^{55}$ liəu$^{21}$ sʐ$^{21}$

三百八十　suo$^{33}$ pu$^{55}$ pia$^{55}$ sʐ$^{21}$

一千一百　i$^{55}$ tɕ'iɛ$^{33}$ i$^{55}$ pu$^{55}$

一万二千　i⁵⁵ yɛ²¹ lai²¹ tɕ'iɛ³³

零　liɛ²¹

两斤　liaŋ³³ tɕiɛ³³

二两　lai²¹ liaŋ³⁵

两丈　liaŋ³³ tiaŋ³³

两尺　liaŋ³³ tɕ'iu⁵⁵

两里　liaŋ³³ lai³³

两担　liaŋ³³ nuo²⁴

两项　liaŋ³³ xaŋ²⁴

两亩　liaŋ³³ məu³³

几个　tɕi³⁵ lai⁵⁵/n̠iɛ³³

好多个　xaɯ³⁵ ləɯ³³ lai⁵⁵/n̠iɛ³³

好（一）点　xaɯ³⁵（i⁵⁵）liɛ³⁵　好一些

大（一）点　ta²¹（i⁵⁵）liɛ³⁵　大一些

一点　i⁵⁵ liɛ³⁵/nəŋ³⁵　一点儿

滴滴子　ti⁵⁵·ti⁵⁵·tɯə　一点点

加多点　ku³³ ləɯ³³ liɛ³⁵　大点儿

十多个　sʅ²¹ ləɯ³³ lai⁵⁵/n̠iɛ³³

一百多个　i⁵⁵ pu⁵⁵ ləɯ³³ lai⁵⁵/n̠iɛ³³

千数个　tɕ'iɛ³³ sau³⁵ lai⁵⁵/n̠iɛ³³

百把个　pu⁵⁵ uo³⁵ lai⁵⁵/n̠iɛ³³

　百十个　pu⁵⁵ sʅ²¹ lai⁵⁵/n̠iɛ³³

半个　maŋ²⁴ lai⁵⁵

两半　liaŋ³³ maŋ²⁴

多半　ləɯ³³ maŋ²⁴　多半儿

一大半　i⁵⁵ ta²¹ maŋ²⁴　一大半儿

一个半　i⁵⁵ lai⁵⁵ maŋ²⁴

五十上下　ŋ³³ sʅ²¹ ɕiaŋ³³ fu³³

甲　ku⁵⁵

乙　i⁵⁵

丙　miɛ³⁵

丁　　liε³³

戊　　ŋau³³

己　　tɕi³⁵

庚　　kε³³

辛　　ɕiε³³

壬　　iε²¹

癸　　uai³⁵

子　　tsɿ³⁵

丑　　t'iəu³⁵

寅　　iəŋ²¹

卯　　məu³³

辰　　ɕiε²¹

巳　　tsɿ²⁴

午　　ŋau³³

未　　uai²¹

申　　ɕiε³³

酉　　iəu³⁵

戌　　suai⁵⁵

亥　　ɕia²¹

# 第四章　桃川土话语法

## 一、词法特点

### （一）名词词尾

桃川土话名词词尾中比较有特色的是"子"尾与"母"尾。

1. 子尾

桃川土话名词子尾的语音形式有甲、乙两类，甲类〔tɯə〕，乙类〔tsʅ〕。

甲类〔tɯə〕

| | | | |
|---|---|---|---|
| 星～ | ɕiɛ³³ · tɯə | 细雨～ | sei²⁴ xau³³ · tɯə |
| 黑边～ | xəu⁵⁵ məŋ³³ · tɯə | 一刻～ | i⁵⁵ k'əɯ⁵⁵ · tɯə |
| 洲～ | tɕiəu³³ · tɯə | 滩～ | t'uo³³ · tɯə |
| 圳～ | tɕyɛ²¹ · tɯə | 沙～ | su³³ · tɯə |
| 鸡崽～ | tɕi³³ tsuo³⁵ · tɯə | 鸭崽～ | u⁵⁵ tsuo³⁵ · tɯə |
| 猪崽～ | liau³³ tsuo³⁵ · tɯə | 狗崽～ | kəu³⁵ tsuo³⁵ · tɯə |
| 猴～ | xəu²¹ · tɯə | 鸟～ | lei³⁵ · tɯə |
| 辣～ | lu²¹ · tɯə | 菌～ | kyɛ³³ · tɯə |
| 笋～ | ɕyɛ³⁵ · tɯə | 瓢～ | xau²¹ · tɯə |
| 细人～ | sei²⁴ ȵiɛ²¹ · tɯə | 毛狗～ | maɯ²¹ kəu³⁵ · tɯə |
| 孙～ | ɕio³³ · tɯə | 色～ | səu⁵⁵ · tɯə |

乙类〔tsʅ〕

| | | | |
|---|---|---|---|
| 金～ | tɕiɛ³³ · tsʅ | 银～ | ȵiɛ²¹ · tsʅ |
| 状～ | tsaŋ²⁴ · tsʅ | 毫～ | xaɯ²¹ · tsʅ |
| 骗～ | p'əŋ²⁴ · tsʅ | 拐～ | kua³⁵ · tsʅ |

败 ~ pia²⁴ · tsʅ 　　　　　　　 婊 ~ piəu³⁵ · tsʅ

枣 ~ tsaɯ³⁵ · tsʅ 　　　　　　 橙 ~ tɕiɛ²¹ · tsʅ

筷 ~ k'ua²⁴ · tsʅ 　　　　　　 疤 ~ pu³³ · tsʅ

驼 ~ təɯ²¹ · tsʅ 　　　　　　　 痨鬼 ~ laɯ²¹ kuai³⁵ · tsʅ

衫 ~ çiɛ³³ · tsʅ 　　　　　　　 狮 ~ sʅ³³ · tsʅ

日 ~ lai⁵⁵ · tsʅ 　　　　　　　 担 ~ nuo²⁴ · tsʅ

包 ~ pəu³³ · tsʅ 　　　　　　　 饺 ~ tɕiəɯ³⁵ · tsʅ

同是子尾词，为什么有的说成甲类，有的说成乙类？从分类词表的大略统计来看，为什么甲类远多于乙类？

甲类〔tɯə〕与乙类〔tsʅ〕两相比较，可以明显看出，甲类子尾应是土话所固有的，使用的时间层次较早；反之，乙类子尾是受到外部影响而形成的，使用的时间层次也相对较晚。"星子"读〔çiɛ³³ · tɯə〕，还可读成〔çio³³ · tɯə〕，这样的日常用词相当久远了，而"金子、银子"一类词显然是外部影响所致。

甲类子尾词和乙类子尾词也有显示不同感情色彩的作用，使用〔tɯə〕尾可以表达喜爱、细小、轻微一类的感情色彩，如"鸡崽子"〔tɕi³³ tsuo³⁵ · tɯə〕一类称呼小动物的词语，"细人子"〔sei²⁴ ȵiɛ²¹ · tɯə〕、"毛狗子"〔maɯ²¹ kəu³⁵ · tɯə〕一类称呼小孩儿、婴儿一类的词语，以及"细雨子"〔sei²⁴ xau³³ · tɯə〕、"一刻子"〔i⁵⁵ k'əɯ⁵⁵ · tɯə〕一类的词语，等等。而使用〔tsʅ〕尾可以用来表达嫌恶一类的感情色彩，如"骗子"〔p'əŋ²⁴ · tsʅ〕、"拐子"〔kua³⁵ · tsʅ〕、"败子"〔pia²⁴ · tsʅ〕（败家子）等词。

甲类子尾和乙类子尾的一多一少，一方面反映了土话目前的现状，甲类子尾仍占有强势的地位；但另一方面也要看到这是一个动态发展的过程，这个多与少的局面，将会随着官话方言和普通话的日益深入的影响逐渐发生变化。

2. 母尾

桃川土话中"母"〔məu³³〕除用于亲属称谓外，还可用来作某些名词的词尾：

甲、表示雌性动物，与"公"对称

猪母 liau³³ məu³³ 　　　　　　　 马母 muo³³ məu³³

牛母 ŋəu²¹ məu³³ 　　　　　　　 狗母 kəu³⁵ məu³³

猫母 mei²¹ məu³³ 　　　　　　　 鸡母 tɕi³³ məu³³

鸭母　　u$^{55}$ məu$^{33}$

乙、表示人体四肢相关部分

大脚□母　ta$^{21}$ tɕiəɯ$^{55}$ pia$^{33}$ məu$^{33}$　　（大腿）

细脚□母　sei$^{24}$ tɕiəɯ$^{55}$ pia$^{33}$ məu$^{33}$　　（小腿）

鱼肚母　　ŋau$^{21}$ tau$^{33}$ məu$^{33}$　　（腿肚子）

手□母　　ɕiəu$^{35}$ pia$^{33}$ məu$^{33}$　　（胳膊）

□母　　　kuo$^{33}$ məu$^{33}$　　（巴掌）

丙、表示一些虫类的名称

滑油巴母　ua$^{21}$ iəu$^{21}$ pu$^{33}$ məu$^{33}$　　（蜗牛）

□□母　　ȵi$^{21}$ ȵi$^{21}$ məu$^{33}$　　（蝉）

迷□巴（母）　mai$^{21}$ p'ai$^{33}$ pu$^{33}$（məu$^{33}$）　（蝴蝶）

以上用"母"表示动物雌性，并置于词尾的构词方式，可以和湘、赣、闽等方言作一比较，以观察其特点。比较依据《汉语方言词汇》（第二版），湘语代表点：长沙、双峰；赣语代表点：南昌；客家话代表点：梅县；闽语代表点：厦门、潮州、福州、建瓯。（比较时音标略去）

| | 母猪 | 母牛 | 母马 | 母狗 | 母猫 | 母鸡 |
|---|---|---|---|---|---|---|
| 桃川 | 猪母 | 牛母 | 马母 | 狗母 | 猫母 | 鸡母 |
| 长沙 | 草猪（子）<br>猪婆（子） | 牛婆（子）<br>牸牛子 | 马婆（子） | 狗婆（子） | 猫婆（子） | 鸡婆<br>鸡项子 |
| 双峰 | 草猪<br>猪婆（子） | 牛婆子<br>牸牛 | 马婆子 | 狗婆子<br>草狗 | 猫婆子 | 鸡婆子<br>鸡项子 |
| 南昌 | 猪婆 | 牛婆 | （母）马 | 狗婆 | 猫婆 | 鸡婆 |
| 梅县 | 猪嫲 | 牛嫲 | 马嫲 | 狗嫲 | 猫嫲 | 鸡嫲<br>鸡媛 |
| 厦门 | 猪母 | 牛母 | 马母 | 狗母 | 猫母 | 鸡母<br>鸡僆 |
| 潮州 | 猪□<br>猪母 | 牛母 | 马母 | 狗母 | 猫母<br>猫娘 | 鸡母<br>鸡僆 |
| 福州 | 猪母 | 牛母 | 马母 | 犬母 | 猫母 | 鸡母 |
| 建瓯 | 猪嫲 | 牛嫲 | 马（嫲） | 狗嫲 | 猫唧嫲 | 鸡嫲 |

通过比较，可以看出桃川土话表示动物雌性的构词方式与湘、赣、客等

方言有别，而与除建瓯以外的闽语相同。

另外，在桃川土话中也有以"婆"［pəɯ²¹］作词尾的情况，用于亲属称谓表示性别，如"娘婆"［ȵiaŋ²¹ pəɯ²¹］（祖母）、"姥婆"［ləɯ³³ pəɯ²¹］（外祖母）、"家婆"［ku³³ pəɯ²¹］（婆婆）、"姑婆"［kau³³ pəɯ²¹］（姑奶奶）、"姨婆"［i²¹ pəɯ²¹］（姨奶奶）。用于某些动物称谓中并不明确表示性别，如"鼠婆"［ɕia³⁵ pəɯ²¹］、"虱婆"［sa⁵⁵ pəɯ²¹］、"扭婆"［ȵiəɯ³⁵ pəɯ²¹］（泥鳅）、"□婆"［fyɛ³⁵ pəɯ²¹］（蚯蚓）。

## （二）代词

### 1. 人称代词

| 人称 | 单数 | 复数 |
|---|---|---|
| 第一人称 | 我训 ［ŋ³³］ | 我训□ ［ŋ³³ tiɛ³³］ / ［ŋ³³ liɛ³³］ |
| 第二人称 | 你训 ［lai³³］ | 你训□ ［lai³³ tiɛ³³］ / ［lai³³ liɛ³³］ |
| 第三人称 | 他训 ［ləɯ³⁵］ | 他训□ ［ləɯ³⁵ tiɛ³³］ / ［ləɯ³⁵ liɛ³³］ |

桃川土话人称代词"我、你、他"都同为训读字，第一人称"我"训读［ŋ³³］，本字当是"吾"，遇摄合口一等平声模韵疑母，同地位的模韵疑母上声字读［ŋ］的还有"五、伍、午"等字。第二人称"你"训读［lai³³］，本字当是"尔"，止摄开口三等上声纸韵日母，土话里止摄开口三等去声至韵日母的"二"字也读［lai］，上声、去声互相呼应。第三人称"他"训读［ləɯ³⁵］，本字暂不明确。

表领属是加"个"［kəɯ²⁴］：我个［ŋ³³ · kəɯ］，你个［lai³³ · kəɯ］，他个［ləɯ³⁵ · kəɯ］（以上"个"弱化后读轻声）。

其他人称代词还有：人家［ȵiɛ²¹ ku³³］、大齐大家［ta²¹ tsei²¹］。

土话不用"自己"。"自己人"说"独人"［tau²¹ ȵiɛ²¹］或"屋里个人"［ŋau⁵⁵ lai³³ · kəɯ ȵiɛ²¹］。

### 2. 指示代词

| | 近指 | 远指 |
|---|---|---|
| | □这 ［xa⁵⁵/xai⁵⁵］ | □那 ［pʻa⁵⁵/pʻai⁵⁵］ |
| 指人 | □这个训 ［xa⁵⁵ ȵiɛ³³］ | □那个训 ［pʻa⁵⁵ ȵiɛ³³］ |
| 指事物 | □这个训 ［xa⁵⁵ lai⁵⁵］ | □那个训 ［pʻa⁵⁵ lai⁵⁵］ |
| 指处所 | □这角 ［xa⁵⁵ kəɯ⁵⁵］（这里） | □那角 ［pʻa⁵⁵ kəɯ⁵⁵］（那里） |
| 指性状、程度 | □这 ［xa⁵⁵］（这么） | □那 ［pʻa⁵⁵］（那么） |

指方式　　　□<sub>这</sub>□〔xai⁵⁵ kɯ³³〕（这么）　□<sub>那</sub>□〔p'ai⁵⁵ kɯ³³〕（那么）

　　　　　　　□<sub>这</sub>些〔xai⁵⁵ təu³³/ɕiɛ³³〕　　□<sub>那</sub>些〔p'ai⁵⁵ təu³³/ɕiɛ³³〕

　　上述指代词中指人与事物的"个"，是训读字，读〔ȵiɛ³³〕时指人，读〔lai⁵⁵〕时指事物。

3. 疑问代词

与□<sub>这</sub>□<sub>那</sub>呼应的是"哪"〔la³³/lai³³〕

问人　哪个〔la³³ ȵiɛ³³〕

问事物　哪个〔la³³ lai⁵⁵〕

问处所　哪角〔la³³ kəu⁵⁵〕（哪里）

问两个以上的人或物　哪些〔la³³ təu³³/ɕiɛ³³〕

问数量　好多〔xaɯ³⁵ lɯ³³〕（多少）

问时间　好久〔xaɯ³⁵ tɕiəu³⁵〕（多会儿）

问程度　好〔xaɯ³⁵〕（多）

问性状、方式　哪□〔lai³³ kəu³³〕（怎么）

问原因、目的　为哪□　〔uai²¹ lai³³ kəu³³〕（为什么）

　　　　　　　哪□　〔lai³³ tɯə/kəu³³〕（什么）

疑问代词中问人与问事物的"个"跟指代词中的情况相同。

## （三）量词

桃川土话里有极富地方特色的通用个体量词。

从通用个体量词的角度看，如同"个"在普通话和官话中的优势地位，"只"（隻）在湘方言中的优势地位一样，"粒"在桃川土话中也占有优势的地位。

调查问到"个"字时，发音人首先发出的音是〔lai⁵⁵〕，接着是〔ȵiɛ³³〕，至于"个"字的本音给人印象模糊，只是在后来才逐渐明晰的。发音人对于〔lai⁵⁵〕和〔ȵiɛ³³〕这两个音的界线倒是很明确，说〔lai⁵⁵〕是称人以外的事物，〔ȵiɛ³³〕是称人的。

〔lai⁵⁵〕就是"粒"字，〔ȵiɛ³³〕就是"人"字（用作量词时声调有点变化）。

当调查到"个"和其他数字组合时，如"一个、第一个、几个、十几个、一个半、半个"等，听到的是接二连三的〔lai⁵⁵〕，说明"粒"用得相当普遍。如：一～米、一～黄豆、一～灯泡、一～帽子、一～书包、一～枕头、一~砖、一~月亮、一~梦……

其次是"头"也作了通用个体量词，如：一~牛、一~马、一~羊、一~狗、一~鱼、一~虾、一~蛙、一~蚊子、一~歌、一~故事……

江永桃川土话"粒""头"作为通用个体量词的用法是与湘南土话区许多地方相呼应的。

在罗昕如的《湘南土话词汇研究》一书中所调查的 13 个土话点，除个别点外，12 个点都用"粒"，其中 9 个点用作通用量词；8 个点使用"头"，其中 7 个点"头"用作通用量词。该书指出，"粒""头"的使用体现了湘南土话通用型量词的相对一致性与独体性。

"个"字在桃川土话里本音读作 $[kɯ^{24}]$，主要不是用作量词，而是用于助词系列（我~、你~、做生意~、摆摊子~、我是要去~），具体内容见助词一节。

在大多数情况下，"个"是作训读字（读 $[lai^{55}]$ 或 $[ȵiɛ^{33}]$），充当指事物或指人的量词：

一个书包　　$i^{55}\ lai^{55}\ ɕia^{33}\ pəu^{33}$

一个花瓶　　$i^{55}\ lai^{55}\ ʃu^{33}\ piɛ^{21}$

一个故事　　$i^{55}\ lai^{55}\ kau^{24}\ sɿ^{21}$

一个人　　　$i^{55}\ ȵiɛ^{33}\ ȵiɛ^{21}$

一个客　　　$i^{55}\ ȵiɛ^{33}\ fu^{55}$

一个朋友　　$i^{55}\ ȵiɛ^{33}\ pəu^{21}\ iəu^{33}$

作量词书写时一般都用训读字"个"，而不用或少用本字"粒""人"。

用在动词后面表示做一次或试着做的"一下"，在土话里有对应的形式："一□la"，例如"想一下"在土话里的说法：

①想一□la　②想□la　③想□la 子　④想一刻子

这"□"读 $[la]$，在"□"前面可加"一"，也可不加；在"□"后面还可带"子"，或换成"一刻子"。

在江永城关土话（黄雪贞《江永方言研究》）里，这个"□"的读音是 $[lø]$。

这种格式在土话里经常用到，例如：

坐□　　$tsəɯ^{33}\ la$　　（坐一下）

倚□　　$tɕi^{33}\ la$　　（站一下）

觑□　　$tɕʻia^{33}\ la$　　（看一下）

摧□ k'əu³³ la （打一下）

晒□ çia²⁴ la （晒一下）

［la］与土话中"下"字的音［fu³³/xuo²⁴］相去甚远，究竟是何字，还须探明。

## （四） 助词

1. 个［kəɯ²⁴］

"个"念训读用于量词：①读［n̠iɛ³³］用作指人的量词，例如："一个后生家"，"个"读作［n̠iɛ³³］。②读［lai⁵⁵］用作事物的量词，例如："做□₇一个梦"，"个"读作［lai⁵⁵］。

"个"作助词读本音［kəɯ²⁴］。

桃川土话"个"的助词用法有以下几种情况：

（1） 定语 + 中心语

"个"在其中起定语标记作用，相当于普通话的"的"。

①天上个金牛星

t'əŋ³³ çiaŋ³³ · kəɯ tçiɛ³³ ŋəu²¹ çiɛ³³

②长长个鹊桥

tiaŋ²¹ tiaŋ²¹ · kəɯ tç'io²¹ tçiəɯ²¹

③台上个书

tia²¹ çiaŋ³³ · kəɯ çia³³

（2） 状语 + 中心语

"个"在其中起状语标记的作用，相当于普通话的"地"。

④慢慢个食，莫要急。

miɛ²¹ miɛ²¹ · kəɯ iəu²¹，məɯ³³ n̠iɛ²⁴ tçi⁵⁵

⑤飞快个跑训归屋里

fai³³ k'ua²⁴ · kəɯ pai²⁴ kuai³³ ŋau⁵⁵ · lai。

⑥半信半疑个到□₇岭脚下。

maŋ²⁴ çiɛ²⁴ maŋ²⁴ n̠i²¹ · kəɯ lauɯ²⁴ · i liɛ³⁵ tçiəɯ⁵⁵ fu³³。

⑦腾云驾雾个向天宫飞去。

təŋ²¹ uəŋ²¹ kuo²⁴ u²⁴ · kəɯ çiaŋ²⁴ t'əŋ³³ kɯə³³ fai³³ xau²⁴。

（3） 代替名词的个字短语

⑧□₍那₎本书是他哥哥个。

p'a⁵⁵ muo³⁵ çia³³ sӏ³³ ləu³⁵ kəɯ³³ kəɯ³³ · kəɯ。

⑨台上个书是哪个个？

tia²¹ çiaŋ³³ · kəɯ çia³³ sӏ³³ la³³ ȵiɛ³³ · kəɯ？

（此句中第一个"个"是定语标记，第二个"个"是指人的量词，第三个"个"与"哪个"构成个字短语）

⑩觑书个觑书，写字个写字。

tç'ia²⁴ çia³³ · kəɯ tç'ia²⁴ çia³³，çiɛ³⁵ tsӏ²¹ · kəɯ çiɛ³⁵ tsӏ²¹。

土话中表职业称谓的有大批词语：

做生意个　摆摊子个　补锅鼎个　挑脚个

抬轿个　　撑船个　　喂猪个　　养牛个

"个"除了作结构助词用以外，也可用在句子末尾，以加强某种语气，这可看作语气助词或语气词。例如：

⑪不管你去不去，我总是要去个。

mɯə³³ kaŋ³⁵ lai³³ xau²⁴ mɯə³³ xau²⁴，ŋ³³ tsɯə³⁵ sӏ³³ ȵiɛ²⁴ xau²⁴ · kəɯ。

⑫你是哪一年来个？

lai³³ sӏ³³ la³³ i⁵⁵ nəŋ²¹ lia²¹ · kəɯ？

2. 得 ［ləɯ⁵⁵］

比较常见的是两种情况。

一种是用来连接表示程度或结果的补语：

①他手巧，画得够好觑。

ləu³⁵ çiəu³⁵ tç'iəɯ³⁵，fu²¹ · ləɯ kəu²⁴ xaɯ³⁵ tç'ia²⁴。

②一家人过得够开心。

i⁵⁵ ku³³ ȵiɛ²¹ kəɯ²⁴ · ləɯ kəu²⁴ çia³³ çiɛ³³。

③牛郎急得不知哪□才好。

ŋəu²¹ naŋ²¹ tçi⁵⁵ · ləɯ mɯə³³ lai³³ lai³³ kəɯ³³ tçia²¹ xaɯ³⁵。

④阔得觑不到□河对面

xəɯ⁵⁵ · ləɯ tç'ia²⁴ mɯə³³ laɯ²⁴ kuo³³ lua²⁴ məŋ²¹。

⑤重得连我都扭不动□了。

tiɛ³³ · ləɯ nəŋ²¹ ŋ³³ lau²⁴ tsa³³ mɯə³³ tɯə³³ · i。

以上各句连接到的补语，有的是形容词性词语，如①②；有的是动词性词语，如③④，有的是小句，如⑤。

"得很"作为形容词后加成分的形式，土话里也有，如：

好得很　xaɯ³⁵ · ləɯ çiɛ³⁵

忙得很　maŋ²¹ · ləɯ çiɛ³⁵

利害得很　lai²¹ çia²¹ · ləɯ çiɛ³⁵

另一种情形是用来表示可能或不可能等情况：

有的是单音节动词加"得"，例如：

⑥□这些果子食得食不得？

xa⁵⁵ çiɛ³³ kəɯ³⁵ · tsʅ iəu²¹ · ləɯ iəu²¹ mɯə³³ · ləɯ？

□这个是熟个，食得。

xa⁵⁵ lai⁵⁵ sʅ³³ çiəu²¹ · kəɯ，iəu²¹ · ləɯ⁵⁵。

□那个是生个，食不得。

p'a⁵⁵ lai⁵⁵ sʅ³³ çiɛ³³ · kəɯ，iəu²¹ mɯə³³ · ləɯ⁵⁵。

有的是在动结式和动趋式复合动词中间插入"得"或"不"，例如：

⑦你办不成，我办得成。

lai³³ piɛ²¹ mɯə³³ çio²¹，ŋ³³ piɛ²¹ · ləɯ çio²¹。

⑧他爬得上来，你爬不上来。

ləu³⁵ puo²¹ · ləɯ çiaŋ³³ lia²¹，lai³³ puo²¹ mɯə³³ çiaŋ³³ lia²¹。

3. 起［çi³⁵］

"起"是桃川土话里表示动态的助词，与普通话中的动态助词"着"大致相当。有以下一些用例：

（1）用于存在句，表示一种状态。

①门口徛起一群人。

muo²¹ xəu³⁵ tçi³³ · çi i⁵⁵ tçyɛ²¹ ȵiɛ²¹。

②台上□搁起一碗水。

tia²¹ çiaŋ³³ t'aɯ²⁴ · çi i⁵⁵ ŋ³⁵ suai³⁵。

③屋里坐起够多个人。

ŋau⁵⁵ lai tsəɯ³³ · çi kəu²⁴ ləɯ³³ · kəɯ ȵiɛ²¹。

（2）用于连动式，前一动词和后一动词之间的意义关系可有多种类型：

④坐起食还是徛起食？

tsəɯ³³ · çi iəu²¹ çiɛ²¹ sʅ³³ tçi³³ · çi iəu²¹？

⑤担起谷箩回屋里。

nuo²⁴ · çi kau⁵⁵ ləɯ²¹ fua²¹ ŋau⁵⁵ · lai。

⑥讲起讲起，笑起来□了。

tçian$^{35}$ · çi tçian$^{35}$ · çi, sei$^{24}$ · çi lia$^{21}$ · i。

例④表达了动1是动2的方式；例⑤表达了动2是动1的目的；例⑥表达了在动1的进行中出现了动2的动作。

（3）其他常用格式：

⑦吹起大风，落起大雨。

ts'uai$^{33}$ · çi ta$^{21}$ muo$^{33}$, ləɯ$^{21}$ · çi ta$^{21}$ xau$^{33}$。

⑧大起胆子讲！

ta$^{21}$ · çi nuo$^{35}$ · tɯə tçian$^{35}$！

⑨口_丢_起街上口_了_。

fyɛ$^{24}$ · çi tçia$^{33}$ çian$^{33}$ · i。

⑩口_搁_起台上口_了_。

t'aɯ$^{24}$ · çi tia$^{21}$ çian$^{33}$ · i。

⑪莫走口_了_，住起我屋里。

məɯ$^{33}$ tsəɯ$^{35}$ · i, tia$^{24}$ · çi ŋ$^{33}$ ŋau$^{55}$ · lai。

例⑦表示动作正在进行；例⑧和形容词直接连接；其余3例相当于普通话中的"在"或"得"的用法。

4. 口_了_［i$^{35}$］

"口_了_"是桃川土话里一个主要的动态助词，读为［i$^{35}$］，有时听上去接近［iɛ］，本书基本上记为轻声［·i］（笔者曾用"矣"字书写，后考虑其用法远超出句末范围，仍以空缺为宜）。

"口_了_"包括两种情况：一种是用在动词后，主要表示动作的完成；一种是用在句末，主要肯定事态出现了变化或即将出现变化。"口_了_"大体相当于普通话中的动态助词"了"。

先说加在动词后的情况：

（1）动+口_了_+宾

①做口_了_个梦。

tsəɯ$^{24}$ · i lai$^{55}$ man$^{21}$。

②照口_了_一张相。

tçiəɯ$^{24}$ · i i$^{55}$ lian$^{33}$ çian$^{24}$。

③牛角变成口_了_两只谷箩。

ŋəu$^{21}$ kəu$^{55}$ məŋ$^{24}$ çio$^{21}$ · i lian$^{33}$ tçiu$^{55}$ kau$^{55}$ ləɯ$^{21}$。

以上均表示动作的完成。完成动作既可以是已经发生了的事，也可以是尚未发生的事。例如：

④食□了□这碗糜！

iəu²¹ · i xa⁵⁵ ɳ³⁵ ma²¹！

⑤食□了糜再去。

iəu²¹ · i ma²¹ tɕia²⁴ xau²⁴。

（2）动 + □了 + 补

⑥讲□了一遍，又讲□了一遍。

tɕiaŋ³⁵ · i i⁵⁵ məŋ²⁴，iəu²⁴ tɕiaŋ³⁵ · i i⁵⁵ məŋ²⁴。

⑦去□了两回。

xau²⁴ · i liaŋ³³ fua²¹。

⑧我□们等□了一刻子才去。

ɳ³³ tiɛ nɯə³⁵ · i i⁵⁵ k'əɯ⁵⁵ · tɯə tɕia²¹ xau²⁴。

次说用在句末的情况：

（3）动 + 宾 + □了

⑨落雨□了。

ləɯ²¹ xau³³ · i。

⑩食糜□了。

iəu²¹ ma²¹ · i。

⑪眼觑就要追上织女□了。

ɳiɛ³⁵ tɕ'ia²⁴ tɕiəu³³ ɳiɛ²⁴ tsuai³³ ɕiaŋ³³ tɕi⁵⁵ ɳia³³ · i。

以上例句或肯定事态出现了变化，或预示即将出现变化。

（4）动 + □了 + 宾 + □了

⑫我照□了相□了。

ɳ³³ tɕiəɯ²⁴ · i ɕiaŋ²⁴ · i。

⑬他食□了糜□了，你食□了糜没？

ləɯ³⁵ iəu²¹ · i ma²¹ · i，lai³³ iəu²¹ · i ma²¹ muo²¹？

这两例既表示动作已经完成，又表示事态有了变化。

（5）动 + □了

⑭他归来就睏觉□了。

ləɯ³⁵ kuai³³ lia²¹ tɕiəu³³ xuo²⁴ kəu⁵⁵ · i。

⑮谷笋快要飞起来□了。

kau⁵⁵ ləɯ²¹ k'ua²⁴ ɳiɛ²⁴ fai³³ · ɕi lia²¹ · i。

⑯再有一刻子就讲完□<sub>了</sub>。

tçia²⁴ xəu³³ i⁵⁵ k'əɯ⁵⁵ · tɯə tçiəu³³ tçiaŋ³⁵ uəŋ²¹ · i。

⑰雪一落下来就融□<sub>了</sub>。

suei⁵⁵ i⁵⁵ ləɯ²¹ fu³³ lia²¹ tçiəu³³ iaŋ²¹ · i。

形式上虽然都是在动词或动词性词语后面带上了"□<sub>了</sub>",但表达的语法意义却是有差异的。有的只表示事态有了变化,并不在意动作的完成,例如⑭;有的是表示事态将会有变化,如例⑮⑯;有的是表示动作完成并且事态有了改变,如例⑰。

## (五) 介词

桃川土话的介词一样自成系统,其中部分介词与其他汉语方言相同或相近,如"对、向、到、从、自从、比、照"等,不必一一列举。但有两种情况需提出来介绍。

一是意义虽已大致明确,但按照土话音系尚不能确定词形的介词需作说明。

一是具有某种特色的介词,如施事、受事、与事共处同一个语音载体而词形有待确定的,也需加以讨论。

属于前一种情形的有"□<sub>在</sub>"和"□<sub>跟</sub>"。

□<sub>在</sub> [i³³]

"□<sub>在</sub>"通过与时间、处所、方位等词语组合来表示时间或表示处所。

①他□<sub>们</sub>就□<sub>在</sub>今天登记。

ləu³⁵ tie³³ tçiəu³³ i³³ tçi³³ t'əŋ³³ nɯə³³ tçi²⁴。

②两个人拍官司是□<sub>在</sub>哪一年?

liaŋ³³ n̠iɛ³³ n̠iɛ²¹ pəu³⁵ kaŋ³³ sʅ³³ sʅ³³ i³³ la³³ i⁵⁵ nəŋ²¹?

③□<sub>在</sub>牛郎、织女中间一划。

i³³ ŋəu²¹ naŋ²¹、tçi⁵⁵ n̠ia³³ liaŋ³³ çiɛ³³ i⁵⁵ fu²¹。

④□<sub>在</sub>□<sub>那</sub>角,不□<sub>在</sub>□<sub>这</sub>角。(在那里,不在这里。)

i³³ p'a⁵⁵ kəu⁵⁵, mɯə³³ i³³ xa⁵⁵ kəu⁵⁵。

⑤哪□□<sub>这</sub>久还□<sub>在</sub>屋里?(怎么这久还在屋里?)

lai³³ kəɯ³³ xa⁵⁵ tçiəu³⁵ çiɛ²¹ i³³ ŋau⁵⁵ · lai?

□<sub>跟</sub> [mei³³]

桃川土话中本有"跟"字,读音是 [kɯə³³]。

调查"向他打听一下""问他借一本书"这样的句子，土话把"向""问"说成"跟"，并未用〔mei³³〕。

而下列句子当用"跟"时，又一律用了〔mei³³〕：

①牛郎□<sub>跟</sub>老牛相依为命。

ŋəu²¹ naŋ²¹ mei³³ lauı³³ ŋəu²¹ çiaŋ³³ i³³ uai²¹ miɛ²¹。

②让牛郎□<sub>跟</sub>织女团圆。

iaŋ²¹ ŋəu²¹ naŋ²¹ mei³³ tçi⁵⁵ n̠ia³³ taŋ²¹ uəŋ²¹。

③他□<sub>在</sub>□<sub>那</sub>角□<sub>跟</sub>一个朋友讲话。

ləu³⁵ i³³ p'a⁵⁵ kəu⁵⁵ mei³³ i⁵⁵ n̠iɛ³³ pəuı²¹ iəu³⁵ tçiaŋ³⁵ fu²¹。

④□<sub>跟</sub>大齐<sub>大家</sub>办事。

mei³³ ta²¹ tsei²¹ piɛ²¹ sɿ²¹。

⑤□<sub>这</sub>个□<sub>跟</sub>□<sub>那</sub>个一样大。

xa⁵⁵ lai⁵⁵ mei³³ p'a⁵⁵ lai⁵⁵ i⁵⁵ iaŋ²¹ ta²¹。

⑥□<sub>这</sub>个□<sub>跟</sub>□<sub>那</sub>个不一样。

xa⁵⁵ lai⁵⁵ mei³³ p'a⁵⁵ lai⁵⁵ muıə³³ i⁵⁵ iaŋ²¹。

例①②表示共同；③④指与动作有关的对方；⑤⑥是引进用来比较的对象。

□<sub>被;把;给</sub>〔nuo³³〕

桃川土话中没有出现作介词用的"被、把、给"，或者说土话中没有"被、把、给"这几个介词，但是土话表达施事、受事、与事的方式照样存在。土话对于表达施事、受事、与事的需要依然可以得到满足。简言之，土话自有土办法。

关于土话中引进施事和引进受事的表达方式有何特点，将在下面的土话句式分析中加以说明。

# 二、句法特点

## （一）"被"字句与"把"字句

桃川土话里的"被"字句与"把"字句是土话式的，首先，它不像普通话那样有"被"和"把"这样的介词作明确的标记，其次，土话里这两种不同的句式所依托的介词是同一个语音载体：□nuo³³。看下列例句：

①帽子□风吹走□<sub>了</sub>。

maɯ²¹·tɯə nuo³³ muo³³ tsʻuai³³ tsəu³⁵·i。

②门□风吹开□<sub>了</sub>。

muo²¹ nuo³³ muo³³ tsʻuai çia³³·i。

③风□帽子吹走□<sub>了</sub>。

muo³³ nuo³³ maɯ²¹·tɯə tsʻuai³³ tsəu³⁵·i。

④风□门吹开□<sub>了</sub>。

muo³³ nuo³³ muo²¹ tsʻuai çia³³·i。

上面 4 个例句中处于介词位置上的"□",读音都是 [nuo³³],但是①②和③④的意义不同,①②是引进施事,□nou³³相当于普通话的"被";③④是引进受事,□nuo³³相当于普通话的"把"。

再补充一些例子:

⑤□<sub>这</sub>个事□<sub>被</sub>玉皇大帝知道□<sub>了</sub>。

xa⁵⁵ lai⁵⁵ sɿ²¹ nuo³³ ȵia⁵⁵ xaŋ²¹ ta²¹ lei²⁴ lai³³ laɯ²⁴·i。

⑥□<sub>这</sub>个□<sub>被</sub>牛郎抢走衣个仙女就是织女。

xa⁵⁵ ȵiɛ³³ nuo³³ ŋəu²¹ naŋ²¹ tɕʻiaŋ³⁵ tsəu³⁵ a·kəɯ çiɛ³³ ȵia³³ tɕiəu³³ sɿ³³ tɕi⁵⁵ ȵia³³。

⑦□<sub>把</sub>□<sub>这</sub>碗糜食□<sub>了</sub>。

nuo³³ xa⁵⁵ ŋ³⁵ ma²¹ iəu²¹·i。

⑧你训□<sub>把</sub>门关好。

lai³³ nuo³³ muo²¹ kyɛ³³ xaɯ³⁵。

兼有"被"和"把"双重身份的□nuo³³,有时用来引出与事:

⑨□<sub>给</sub>他训一本书。

nuo³³ ləu³⁵ i⁵⁵ muo³⁵ çia³³。

⑩提本书□<sub>给</sub>他训。

tei²¹ muo³⁵ çia³³ nuo³³ ləu³⁵。

这两句中的□nuo³³相当于普通话中用来引进动作对象的"给"(如"小朋友给老师行礼")

虽然是同一个 [nuo³³],但各自出现在不同的语境里,各司其职,并未影响交际。

需要指出两点：

（1）土话在引进受事的表达方式上也有一定的灵活性，如语法例句之一的例㊾和㊿，用了"提"［tei²¹］和"提起"［tei²¹ ɕi³⁵］来对应"把"字，因为"提"有"拿"的意思。又如有时用了"将"字来构成"把"字句，"牛郎将两个崽女放到谷箩里。"

（2）普通话的"被"字句里，"被"字后面有时可以不出现施事，如"这个被抢走衣裳的仙女"，施事"牛郎"一词省略了，但在土话中就要说成"这个被牛郎抢走衣裳的仙女"，施事不能省去。

关于［nuo³³］的本字

假摄开口二等字的白读层是［u］和［uo］，读［uo］的有"爬 麻 马 耙 霸 茶 查 沙 架 嫁 价 下"等字，而一个在意义上和介词范畴有联系的"拿"字，发音人读的是［tsa³³］（并未同时给出［nuo］音），这明显是训读，其本字是"担"或"攎"（见本书训读字）。此一训读没有和介词用法发生联系，而只出现在动词用例中（如"我担得动，他担不动"等。）

直到在梳理土话介词系统时，才发现频繁出现的［nuo］，可能就是"拿"字，音韵和意义都是吻合的。

这就是说，确立"拿"的介词身份经历了一个过程。

## （二）带副词"够"的形容词谓语句

桃川土话的形容词性谓语句里，有一种用"够"加强程度的表达方式，这个"够"是个程度副词，基本上与普通话的"很"相当。比较下面的句子：

普通话　　　　　　　　　桃川土话
①现在还很早呢。　　　　□这刻还够早。
②挺得意。　　　　　　　够兴头。

调查中发现土话一般不用"很"字，需要表达程度的加强时，常用"够+形容词"的格式（上面例②中土话的"兴头"是"高兴"的意思，应属形容词）。下面的例子仍采用普通话与土话对比的形式：

③他画的画很好看。　　　他训画个画够好觑。
④那个人很好。　　　　　□那个人够好。
⑤这个东西很重。　　　　□这个东西够重。

⑥（好是好）可是太贵。　　就是够贵。

⑦一家人很开心。　　　　一家人够开心。

这个"够+形容词"的格式还可用来对应普通话里用助词"着呢"表示程度深的说法。例如：

⑧这东西重着呢。　　　　□<sub>这</sub>东西够重。

⑨他对人可好着呢。　　　他<sub>训</sub>对人够好。

⑩利害着呢。　　　　　　够利害。

当程度需要进一步提升时，可用这种格式的重叠式表达。例如：

⑪好得不得了！　　　　　够好，够好！

⑫坏得不得了！　　　　　够坏，够坏！

# 三、语法例句

说明：

（1）语法例句分两部分：①语法例句之一，依据原中国科学院语言研究所1955年8月印行的《方言调查词汇手册》第18部分；②语法例句之二，依据中国社会科学院语言研究所1981年8月《方言调查词汇表》第31部分。

（2）例句先出土话音标（只标本调，不标变调）；次出土话文字，基本上做到文字与音标对照；最后出普通话释文，前加破折号标示；若普通话和土话文字完全相同，则予以省略。

（3）用字涉及训读字和方框，训读字只在第一次出现时标明，后续出现不再重复标注；方框的加注始终保留。

## （一）语法例句之一

①la$^{33}$ ȵiɛ$^{33}$？　　ŋ$^{33}$ sʅ$^{33}$ lauɯ$^{33}$ suo$^{33}$。

　哪　个<sub>训</sub>？　我<sub>训</sub>是　老　三。

　——谁呀？　我是老三。

②lauɯ$^{33}$ sai$^{24}$？　　ləuɯ$^{35}$ i$^{33}$ pʻa$^{55}$ kəuɯ$^{55}$ mei$^{33}$ i$^{55}$ ȵiɛ$^{33}$ pəuɯ$^{21}$ iəuɯ$^{35}$ tɕiaŋ$^{35}$ fu$^{21}$。

　老　四？　他<sub>训</sub>□<sub>在</sub>　□<sub>那</sub>角　□<sub>跟</sub>一个　朋　友　讲　话。

　——老四呢？他正在跟一个朋友说着话呢。

③ləu³⁵ çiɛ²¹ muo²¹ tɕiaŋ³⁵ uəŋ²¹？

　他　还　没　讲　完　？

——他还没有说完吗？

④çiɛ²¹ muo²¹。ta²¹ iəɯ²¹ tɕia²⁴ xəu³³ i⁵⁵ kʻəɯ⁵⁵·tɯə tɕiəu³³ tɕiaŋ³⁵ uəŋ²¹·i。

　还　没　。大　约　再　有　一　刻　子　就　讲　完　□了。

——还没有。大约再有一会儿就说完了。

⑤ləu³⁵ tɕiaŋ³⁵ muo³³ çiaŋ³³ tɕiəu³³ tsəu³⁵，lai³³ kəu³³ xa⁵⁵ tɕiəu³⁵ çiɛ²¹ i³³ ŋau⁵⁵·lai？

　他　讲　马　上　就　走，哪　□　□这　久　还　□在屋　里？

——他说马上就走，怎么这半天了还在家里呢？

⑥lai³³ xau²⁴ la³³ kəu⁵⁵？ŋ³³ xau²⁴ çio²¹ lu³³ təu²¹。

　你训去　哪　角？我　去　城　□里头　。

——你到哪儿去？我到城里去。

⑦i³³ pʻa⁵⁵ kəu⁵⁵，mɯə³³ i³³ xa⁵⁵ kəu⁵⁵。

　□在□那角　，不　□在□这角　。

——在那儿，不在这儿。

⑧mei³³ i³³ pʻai⁵⁵ kəɯ³³ tsəɯ²⁴，sɿ³³ ȵiɛ²⁴ xai⁵⁵ kəɯ³³ tsəɯ²⁴ çiəu⁵⁵。

　不　是　□那　□　做，是　要训□这　□　做　法　。

——不是那么做，是要这么做的。

⑨tʻia²⁴ kəɯ²⁴ ləɯ³³·i，mɯə³³ iaŋ²¹ pʻa⁵⁵ ləɯ³³，tsɿ³⁵ ȵiɛ²⁴ xa⁵⁵ ləɯ³³

　太　过　多　□了，不　用　□那么多　，只　要　□这么多

tɕiəu³³ kəu²⁴·i。

　就　够　□了。

——太多了，用不着那么多，只要这么多就够了。

⑩xa⁵⁵ lai⁵⁵ ta²¹，pʻa⁵⁵ lai⁵⁵ sei²⁴，xa⁵⁵ liaŋ³³ lai⁵⁵ la³³ i⁵⁵ lai⁵⁵ xaɯ³⁵ i⁵⁵ liɛ³⁵？

　□这个训大　，□那　个　细，□这　两　个　哪　一　个　好　一　点？

——这个大，那个小，这两个哪一个好一点儿呢？

⑪xa⁵⁵ lai⁵⁵ pai³⁵ pʻa⁵⁵ lai⁵⁵ xaɯ³⁵。

　□这　个　比　□那　个　好　。

⑫xa⁵⁵ təɯ³³ ŋau⁵⁵ mai⁵⁵ ləɯ p'a⁵⁵ təɯ³³ ŋau⁵⁵ xaɯ³⁵。

　□这 些 屋 没 得 □那 些 屋 好 。

　——这些房子不如那些房子好。

⑬xa⁵⁵ tɕia²⁴ fu²¹ iaŋ²¹ tau²¹ tɕ'yəŋ³³ fu²¹ lai³³ kəɯ³³ tɕiaŋ³⁵ ɕiau⁵⁵？

　□这 句 话 用 桃 川 话 怎 么 讲 法 ？

　——这句话用桃川话怎么说？

⑭ləɯ³⁵ tɕi³³ nəŋ²¹ xəu³³ xaɯ³⁵ ləɯ³³ suai²⁴ · i？

　他 今 年 有 好 多 岁 □了？

　——他今年多大岁数？

⑮ta²¹ iəɯ²¹ xəu³³ suo³³ sʅ²¹ lia²¹ suai²⁴ · i。

　大 约 有 三 十 来 岁 □了。

　——大概有三十来岁罢。

⑯xa⁵⁵ lai⁵⁵ nɯə³³ sei³³ xəu³³ xaɯ³⁵ tiɛ³³？

　□这 个 东 西 有 好 重 ？

　——这个东西有多重呢？

⑰xəu³³ ŋ³³ sʅ²¹ tɕiɛ³³。

　有 五 十 斤 。

　——有五十斤重呢。

⑱tsa³³ ləɯ tɯə³³ ma？

　担 得 动 吗？

　——拿得动吗？

⑲ŋ³³ tsa³³ · ləɯ tɯə³³，ləɯ³⁵ tsa³³ mɯə³³ tɯə³³。

　我 担 得 动 ，他 担 不 动 。

　——我拿得动，他拿不动。

⑳tɕiɛ³³ mɯə³³ tɕ'io³³，tiɛ³³ · ləɯ nəŋ²¹ ŋ³³ lau³³ tsa³³ mɯə³³ tɯə³³ · i。

　真 不 轻 ，重 得 连 我 都 担 不 动 □。

　——真不轻，重得连我都拿不动了。

㉑lai³³ tɕiaŋ³⁵ · ləɯ kəu²⁴ xaɯ³⁵，lai³³ ɕiɛ²¹ uai²¹ tɕiaŋ³⁵ liɛ³⁵ lai³³ kəɯ³³？

　你 讲 得 够 好 ，你 还 会 讲 点 什 么 ？

　——你说得很好，你还会说点儿什么呢？

㉒ŋ³³ tɕia³⁵ maɯ²¹, ŋ³³ tɕiaŋ³⁵ mɯə³³ kəɯ²⁴ ləu³⁵。

我 嘴 毛， 我 讲 不 过 他 。

——我嘴笨，我说不过他。

㉓tɕiaŋ³⁵ · i i⁵⁵ məŋ²⁴, iəu²⁴ tɕiaŋ³⁵ · i i⁵⁵ məŋ²⁴。

讲 □了 一 遍， 又 讲 □了 一 遍 。

——说了一遍，又说了一遍。

㉔tɕ'iɛ³⁵ lai³³ tɕia²⁴ tɕiaŋ³⁵ i⁵⁵ məŋ²⁴。

请 你 再 讲 一 遍 。

——请你再说一遍。

㉕mɯə³³ tsaɯ³⁵ · i, k'ua²⁴ liɛ³⁵ xau²⁴！

不 早 □了， 快 点 去 ！

——不早了，快去罢！

㉖xa⁵⁵ k'əɯ⁵⁵ ɕiɛ²¹ kəu²⁴ tsaɯ³⁵, nɯə³⁵ i⁵⁵ k'əɯ⁵⁵ · tɯə tɕia²⁴ xaɯ²⁴。

□这 刻 还 够 早， 等 一 刻 子 再 去 。

——现在还很早呢，等一会儿再去罢。

㉗iəu²¹ · i ma²¹ tɕia²⁴ xau²⁴ xaɯ³⁵ ma？

食 □了麋 再 去 好 吗？

——吃了饭再去好罢？

㉘miɛ²¹ miɛ²¹ · kəɯ iəu²¹, muo²¹ n̠iɛ²⁴ tɕi⁵⁵！

慢 慢 个 食， 莫 要 急 ！

——慢慢儿的吃啊，不要急煞！

㉙tsəɯ³³ · ɕi³⁵ iəu²¹ pai³⁵ tɕi³³ · ɕi³⁵ iəu²¹ xaɯ³⁵ liɛ³⁵。

坐 起 食 比 徛 起 食 好 点 。

——坐着吃比站着吃好些。

㉚ləu³⁵ iəu²¹ ma²¹ · i, lai³³ iəu²¹ · i ma²¹ muo²¹？

他 食 麋□了， 你 食 □了 麋 没 ？

——他吃饭了，你吃了饭没有呢？

㉛ləu³⁵ xau²⁴ kəɯ²⁴ ɕiaŋ³³ ɕia³⁵, ŋ³³ muo²¹ xau²⁴ kəɯ²⁴。

他 去 过 上 海， 我 没 去 过 。

——他去过上海，我没有去过。

㉜lia²¹ muo²¹ la xa⁵⁵ ləɯ³⁵ fu³³ ɕiaŋ³³ mɯə³³ ɕiaŋ³³。

来 闻一下 □这 朵 花 香 不 香 。

——来闻闻这朵花香不香。

㉝nuo³³ ŋ³³ i⁵⁵ muo³⁵ çia³³！

　□给 我 一 本 书 ！

㉞ŋ³³ sʅ²¹ tçia³³ mai⁵⁵ ləɯ çia³³！

　我 实 在 没 得 书 ！

　——我实在没有书嘞！

㉟lai³³ kau²⁴ sau²⁴ ləɯ³⁵。

　你 告 诉 他 。

㊱xaɯ³⁵ çiɛ³³ liɛ³⁵ tsəɯ³⁵！ muo²¹ pai²⁴！

　好 生 点 走 ！莫 踭 ！

　——好好儿的走！不要跑！

㊲çiəɯ³⁵ çiɛ³³ ta⁵⁵ xuo²⁴ xau²⁴，puo²¹ iəu³⁵ puo²¹ mɯə³³ çiaŋ³³ lia²¹！

　小 心 跶 下 去 爬 也 爬 不 上 来 ！

　——小心跌下去爬也爬不上来！

㊳i³³ sʅ³³ uo³³ lai³³ ləɯ³³ xuo²⁴ i⁵⁵ k'əɯ⁵⁵。

　医 师 唤 你 多 睏 一 刻 。

　——医生叫你多睡一睡。

㊴iəu²¹ iəŋ³³ mei³³ iəu²¹ tsuo²¹ lau³³ mɯə³³ çiɛ²¹。

　食 烟 □和 食 茶 都 不 行 。

　——吸烟或者喝茶都不行。

㊵iəŋ³³ iəu³⁵ xaɯ³⁵，tsuo²¹ iəu³⁵ xaɯ³⁵，ŋ³³ lau³³ mɯə³³ çi³⁵ xaŋ³³。

　烟 也 好 ，茶 也 好 ，我 都 不 喜 欢 。

㊶mɯə³³ kaŋ³⁵ lai³³ xau²⁴ mɯə³³ xau²⁴，ŋ³³ tsɯə³⁵ sʅ³³ n̠iɛ²⁴ xau²⁴·kəɯ。

　不 管 你 去 不 去 ，我 总 是 要 去 个 。

　——不管你去不去，反正我是要去的。

㊷ŋ³³ fai³³ xau²⁴ mɯə³³ k'əɯ³⁵。

　我 非 去 不 可 。

㊸lai³³ sʅ³³ la³³ i⁵⁵ nəŋ²¹ lia²¹·kəɯ？

　你 是 哪 一 年 来 个 ？

　——你是哪一年来的？

㊹ŋ³³ sɿ³³ tsəŋ²¹ nəŋ²¹ lau²⁴ · kəɯ pəu⁵⁵ tɕiɛ³³。

我 是 前 年 到 个 北 京 。

——我是前年到的北京。

㊺tɕi³³ lai⁵⁵ çia³³ fyɛ²¹ la³³ ȵiɛ³³ · kəɯ tɕia³⁵ tɕiɛ³³?

今 日 开 会 哪 个 个 主 席 ?

——今天开会谁的主席?

㊻lai³³ ȵiɛ²⁴ tɕʻiɛ²⁴ ŋ³³ · kəɯ fu⁵⁵。

你 要 请 我 个 客 。

——你得请我的客。

㊼i⁵⁵ məŋ³³ tsəu³⁵, i⁵⁵ məŋ³³ tɕiaŋ³⁵。

一 边 走 ,一 边 讲 。

——一边走,一边说。

㊽yɛ²¹ tsəu³⁵ yɛ²¹ uəŋ³³, yɛ²¹ tɕiaŋ³⁵ yɛ²¹ ləɯ³³。

越 走 越 远 ,越 讲 越 多 。

——越走越远,越说越多。

㊾tei²¹ pʻa⁵⁵ lai⁵⁵ nɯə³³ sei³³ tsa³³ nuo³³ ŋ³³。

提 □那 个 东 西 担 □把 我 。

——把那个东西拿给我。

㊿xəu³³ təu³³ tai²¹ faŋ³³ tei²¹ çi³⁵ tʻia²⁴ iaŋ²¹ uo³³ lei²¹ təu²¹。

有 些 地 方 提 起 太 阳 唤 热 头 。

——有些地方把太阳叫日头。

51 lai³³ kuai²⁴ çiɛ²⁴? ŋ³³ çiɛ²⁴ uaŋ²¹。

你 贵 姓 ?我 姓 王 。

52 lai³³ çiɛ²⁴ uaŋ²¹, ŋ³³ iəu²⁴ çiɛ²⁴ uaŋ²¹, nuo²¹ tiɛ³³ liaŋ³³ ȵiɛ³³ ȵiɛ²¹ lau³³

你 姓 王 ,我 也 姓 王 ,□ □我们两 个 人 都

çiɛ²⁴ uaŋ²¹。

姓 王 。

53 lai³³ çiɛ³³ xau²⁴, ŋ³³ tiɛ³³ nɯə³⁵ i⁵⁵ kʻəɯ⁵⁵ · tɯə tɕia²⁴ xau²⁴。

你 先 去 ,我 □ 等 一 刻 子 再 去 。

——你先去吧,我们等一会儿再去。

## （二）语法例句之二

甲

①ŋ³³ iɛ²⁴ mɯə³³ iɛ²⁴ tɕia³³ lia²¹?
　我　应　不　应　该　来　?

②ləu³⁵ uəŋ²¹ mɯə³³ uəŋ²¹ i²⁴ tɕiaŋ³⁵?
　他　愿　不　愿　意　讲　?

③lai³³ k'əu³³ mɯə³³ k'əu³³ saŋ²⁴ xau²⁴?
　你　推　不　推　算　去　?
　——你打不打算去?

④lai³³ lia²¹ mɯə³³ lia²¹ ləɯ⁵⁵? /lai³³ nəŋ²¹ mɯə³³ nəŋ²¹ kəu²⁴ lia²¹?
　你　来　不　来　得　? 你　能　不　能　够　来　?

⑤ləu³⁵ kaŋ³⁵ mɯə³³ kaŋ³⁵ xau²⁴?
　他　敢　不　敢　去　?

⑥ɕiɛ²¹ xəu³³ ma²¹ muo²¹? /ɕiɛ²¹ xəu³³ muo²¹ xəu³³ ma²¹?
　还　有　糜　没　? 还　有　没　有　糜　?
　——还有饭没有?

⑦lai³³ xau²⁴ kəɯ²⁴ pəu⁵⁵ tɕiɛ³³ muo²¹?
　你　去　过　北　京　没　?
　——你到过北京没有?

⑧ləu³⁵ lai³³ mɯə³³ lai³³ laɯ²⁴?
　他　知　不　知　道　?

⑨ləu³⁵ mɯə³³ lai³³ laɯ²⁴。
　他　不　知　道　。

⑩xa⁵⁵ lai⁵⁵ tsŋ²¹ lai³³ ɕiəɯ³⁵ mɯə³³ ɕiəɯ³⁵·ləɯ⁵⁵?
　□这 个　字　你　晓　不　晓　得　?
　——这个字你认得不认得?

⑪ŋ³³ mɯə³³ ɕiəɯ³⁵·ləɯ⁵⁵。/ŋ³³ ɕiəɯ³⁵ mɯə³³·ləɯ⁵⁵。
　我　不　晓　得　。我　晓　不　得　。
　——我不认得。

⑫lai³³ çiɛ²¹ tçi²⁴ · ləɯ çi³⁵ tçi²⁴ mɯə³³ çi³⁵？/lai³³ çiɛ²¹ tçi²⁴ mɯə³³ tçi²⁴ ·

　你　还　记　得起记　不　起？　你　还记　不　记

ləɯ laɯ³⁵？

　得　倒？

——你还记得不记得？

乙

①xa⁵⁵ lai⁵⁵ pai³⁵ pʻa⁵⁵ lai⁵⁵ xaɯ³⁵。

　□这个　比　□那个　好　。

②tçi³³ lai⁵⁵ pai³⁵ tçiɛ²¹ lai⁵⁵ xaɯ³⁵ ləɯ³³ i³⁵。

　今　日　比　昨　日　好　多□了。

——今天比昨天好多了。

③tʻəŋ³³ lai⁵⁵ pai³⁵ tçi³³ lai⁵⁵ çiɛ²¹ ȵiɛ²⁴ xaɯ³⁵。

　　□明日　比　今　日　还　要　好　。

——明天比今天还要好。

④pʻa⁵⁵ lai⁵⁵ mai⁵⁵ · ləɯ xa⁵⁵ lai⁵⁵ xaɯ³⁵。

　　□那　个　没　得□这个　好　。

——那个没有这个好。

⑤xa⁵⁵ lai⁵⁵ xəu³³ mai⁵⁵ · ləɯ pʻa⁵⁵ lai⁵⁵ ta²¹？

　　□这个　有　没　得　□那个　大？

——这个有那个大没有？

⑥xa⁵⁵ lai⁵⁵ mei³³ pʻa⁵⁵ lai⁵⁵ i⁵⁵ iaŋ²¹ ta²¹。

　　□这个　□跟　□那个一样　大。

⑦xa⁵⁵ lai⁵⁵ mei³³ pʻa⁵⁵ lai⁵⁵ mɯə³³ i⁵⁵ iaŋ²¹。

　　□这个　□跟　□那个　不　一样　。

⑧xa⁵⁵ ȵiɛ³³ ȵiɛ²¹ pai³⁵ pʻa⁵⁵ ȵiɛ³³ ȵiɛ²¹ kaɯ³³，tçiəu³³ sʅ³³ mai⁵⁵ · ləɯ

　　□这个　人　比　□那个　人　高，　就　是　没　得

pʻa⁵⁵ ȵiɛ³³ ȵiɛ²¹ pʻaŋ²⁴。

　　□那个　人　胖　。

——这个人比那个人高，可是没有那个人胖。

⑨xa⁵⁵ tɕyɛ²¹ sei²⁴ ɲiɛ²¹ tɯə tɕiaŋ³³ xəu²¹·tɯə i⁵⁵ iaŋ²¹，t'aŋ³³ kəu⁵⁵
　□这　群　细　人　子　像　猴　子　一　样，　通　角

naŋ²¹ puo²¹。
　乱　爬　。

——这群孩子像猴子似的，到处乱爬。

丙

①laɯ³³ tɕiaŋ³³ i³³ xa⁵⁵ kəu⁵⁵ tsəɯ²⁴ lai³³ kəɯ³³？
　老　张　□在　□这　角　做　什　么　？

——老张在干什么呢？

②ləu³⁵ i³³ p'a⁵⁵ kəu⁵⁵ iəu²¹ ma²¹。
　他　□在　□那　角　食　糜　。

——他在吃着饭呢。

③lai³³ xaɯ³⁵ tɕiəu³⁵ xau²⁴？
　你　好　久　去　？

——你多会儿去？

④ŋ³³ muo³³ ɕiaŋ³³ tɕiəu³³ xau²⁴。
　我　马　上　就　去　。

⑤lai³³ xau²⁴ tsəɯ²⁴ lai³³ kəɯ³³？
　你　去　做　哪　□

——你去干什么去？

⑥ŋ³³ xau²⁴ mia³³ tɕ'ia²⁴。
　我　去　买　菜　。

——我去买菜去。

⑦mɯə³³ i³³ p'a⁵⁵ kəu⁵⁵，iəu³⁵ mɯə³³ i³³ xa⁵⁵ kəu⁵⁵。
　不　□在　□那　角　，　也　不　□在　□这　角　。

——不在那儿，也不在这儿。

⑧laɯ²⁴ lei³⁵ sɿ³³ i³³ la³³ kəu⁵⁵？
　到　底　是　□在　哪　角　？

——到底是在哪儿呢？

⑨lai³³ kɯ³³ piɛ²¹？

哪 □ 办 ？

——怎么办呢？

⑩n̺iɛ²⁴ lɯ³³ ɕiɯ³⁵ tɕia²¹ kɯ²⁴？

要 多 少 才 够 ？

——要多少才够呢？

⑪mɯə³³ kaŋ⁵⁵ lai³³ kɯ³³ iaŋ²¹，iɯu³⁵ n̺iɛ²⁴ xaɯ³⁵ xaɯ xɯu²¹ tsai⁵⁵。

不 管 哪 □ 样 ， 也 要 好 好 学 习 。

——不管怎么样，也要好好儿学习。

⑫ma²¹ xaɯ³⁵·i，k'ua²⁴ lia²¹ iɯu²¹。

糜 好 □了， 快 来 食 。

——饭好了，快来吃来罢。

⑬uo³³ lio³⁵ lu³³ tɯu²¹ ɕiɛ²¹ xɯu³³ ma²¹ muo²¹？

锅 鼎 □里头 还 有 糜 没 ？

——锅里还有饭没有？

⑭lai³³ xau²⁴ tɕ'ia²⁴ la³³。

你 去 觑 □一下。

——你去看一看去。

⑮ŋ³³ xau²⁴ tɕ'ia²⁴·i，mai⁵⁵ lɯ⁵⁵·i。

我 去 觑 □了， 没 得 □了。

——我去看了，没有了。

⑯mai⁵⁵ kyɛ³³ ɕi²⁴。

没 关 系 。

⑰lai³³ sɿ³³ iɯu²¹ iəŋ³³，ɕiɛ²¹ sɿ³³ iɯu²¹ tsuo²¹？

你 是 食 烟 ， 还 是 食 茶 ？

——你是抽烟呢，还是喝茶？

⑱iɯu²¹·i ma²¹ tɕia³³ xau²⁴ n̺iɛ²⁴ mɯə³³ n̺iɛ²⁴ lɯ⁵⁵？

食 □了 糜 再 去 要 不 要 得 ？

——吃了饭再去好不好？

⑲iəu$^{21}$·i ma$^{21}$ tɕia$^{33}$ xau$^{24}$ tɕiəu$^{33}$ tai$^{21}$·i。

食 □了 糜 再 去　就　迟□了。

——吃了饭再去就来不及了。

⑳lai$^{33}$ a$^{24}$ xau$^{24}$ mɯə$^{33}$ xau$^{24}$。

你 爱 去 不　去。

㉑xa$^{55}$ nɯə$^{33}$ sei$^{33}$ xaɯ$^{35}$ sɿ$^{33}$ xaɯ$^{35}$, tɕiəu$^{33}$ sɿ$^{33}$ kəu$^{24}$ kuai$^{24}$。

□这 东 西 好 是 好, 就 是 够 贵。

——这东西好是好,可是太贵。

㉒xa$^{55}$ nɯə$^{33}$ sei$^{33}$ kuai$^{24}$ sɿ$^{33}$ kuai$^{24}$, kəu$^{24}$ laɯ$^{21}$ kau$^{24}$。

□这 东 西 贵 是 贵, 够 牢 固。

——这东西贵是贵,可是结实。

㉓ləu$^{35}$ i$^{33}$ la$^{33}$ kəɯ$^{55}$ iəu$^{21}$·kəɯ ma$^{21}$?

他 □在 哪 角 食　个 糜?

——他在哪儿吃的饭?

㉔ləu$^{35}$ sɿ$^{33}$ i$^{33}$ŋ$^{33}$ ŋau$^{55}$·lai iəu$^{21}$·kəɯ ma$^{21}$。

他 是 □在我 屋　里 食　个 糜。

——他是在我家里吃的饭。

㉕naŋ$^{33}$ tɕiɛ$^{33}$?

当 真 ?

——真的吗?

㉖naŋ$^{33}$ tɕiɛ$^{33}$, ləu$^{35}$ sɿ$^{33}$ i$^{33}$ŋ$^{33}$ ŋau$^{55}$·lai iəu$^{21}$·kəɯ ma$^{21}$。

当 真 , 他 是 □在我 屋　里 食　个 糜。

——真的,他是在我家里吃的饭。

㉗tɕiɛ$^{21}$ lai$^{55}$ t'aŋ$^{33}$ lai$^{33}$ liəu$^{21}$ nəŋ$^{35}$ ɕi$^{35}$ tau$^{21}$, ŋ$^{33}$ŋ$^{33}$ nəŋ$^{35}$ maŋ$^{24}$ tɕiəu$^{33}$ ɕi$^{35}$

昨 日 通 知 六 点 起 床训,我 五 点 半 就 起

lia$^{21}$·i。

来 □了。

——昨天通知六点起床,我五点半就起来了。

㉘lai$^{33}$ lai$^{33}$ kəɯ$^{33}$ ts'ai$^{55}$ nəŋ$^{35}$ tɕia$^{21}$ ɕi$^{35}$ lia$^{21}$?

你 哪 □ 七 点 才 起 来?

——你怎么七点才起来?

㉙suo³³ sai²⁴ ȵiɛ³³ ȵiɛ²¹ pʻəu³³ i⁵⁵ tsaŋ²¹ pa³³。

　三　四　个　人　铺　一　床　被 。

——三四个人盖一床被。

㉚i⁵⁵ tsaŋ²¹ pa³³ pʻəu³³ suo³³ sai²⁴ ȵiɛ³³ ȵiɛ²¹。

　一　床　被　铺　三　四　个　人 。

——一床被盖三四个人。

㉛liaŋ³³ ȵiɛ³³ ȵiɛ²¹ tsɯ³³ i⁵⁵ tɕiu⁵⁵ nɯ³²⁴。

　两　个　人　坐　一　只　凳 。

——两个人坐一条凳。

㉜i⁵⁵ liaŋ³³ nɯə²⁴·tɯə tsɯ³³ liaŋ³³ ȵiɛ³³ ȵiɛ²¹。

　一　张　凳　子　坐　两　个　人 。

㉝sɿ²¹ ȵiɛ³³ ȵiɛ²¹ iəu²¹ i⁵⁵ uo³³ lio³⁵ ma²¹。

　十　个　人　食　一　锅　鼎　糜 。

——十个人吃一锅饭。

㉞i⁵⁵ uo³³ lio³⁵ ma²¹ sɿ²¹ ȵiɛ³³ ȵiɛ²¹ iəu²¹。

　一　锅　鼎　糜　十　个　人　食 。

——一锅饭吃十个人。

㉟sɿ²¹ ȵiɛ³³ ȵiɛ²¹ iəu²¹ mɯə³³ uəŋ²¹ xa⁵⁵ i⁵⁵ uo³³ lio³⁵ ma²¹。

　十　个　人　食　不　完　□这 一　锅　鼎　糜 。

——十个人吃不了这一锅饭。

㊱xa⁵⁵ i⁵⁵ uo³³ lio³⁵ ma²¹ sɿ²¹ ȵiɛ³³ ȵiɛ²¹ mɯə³³ kəu²⁴。

　□这 一　锅　鼎　糜　十　个　人　不　够 。

——这一锅饭吃不了十个人。

㊲sei²⁴ ŋau⁵⁵·tɯə lua³³ nɯə³³ sei³³, ta²¹ ŋau⁵⁵·tɯə tia²¹ ȵiɛ²¹。

　小　屋　子　堆　东　西, 大　屋　子　住　人 。

㊳nəɯ³³ paŋ²¹ muo²¹ tia²¹ kəɯ²⁴ ȵiɛ²¹。

　东　房　没　住　过　人 。

——东房没有住过人。

㊴xa⁵⁵ təu²¹ muo³³ tʻəɯ³³ kəɯ²⁴ tɕʻiu³³, muo³³ tɕi²¹ kəɯ²⁴ ȵiɛ²¹。

　□这 头　马　拖　过　车, 没　骑　过　人 。

——这匹马拖过车，没骑过人。

㊵xa⁵⁵ təu²¹ sei²⁴ muo³³ muo²¹ tɕi²¹ kəɯ²⁴ n̠iɛ²¹, lai³³ ɕiəɯ³⁵ ɕiɛ³³ liɛ³⁵ tɕi²¹。

　□<sub>这</sub>头　细　马　没　骑　过　人　，你　小　心　点　骑　。

——这匹小马儿，没有骑过人，你小心点儿骑。

㊶ŋ³³ tsəɯ³³ kəɯ²⁴ tɕyəŋ²¹，muo²¹ tɕi²¹ kəɯ²⁴ muo³³。

　我　坐　过　船　，没　骑　过　马　。

丁

①ləu³⁵ iəu²¹·i ma²¹·i，lai³³ iəu²¹·i ma²¹ muo²¹?

　他　食　□<sub>了</sub>糜□<sub>了</sub>，你　食　□<sub>了</sub>糜　没　?

——他吃了饭了，你吃了饭没有呢?

②ŋ³³ iəu²¹·i tsuo²¹ tɕiaŋ³³ muo²¹ iəu²¹。

　我　食　□<sub>了</sub>茶　像　没　食　。

——我喝了茶了还渴。

③ŋ³³ iəu²¹·i iu²¹，tsəu³⁵·i i⁵⁵ la³³·tɯə。

　我　食　□<sub>了</sub>夜，走　□<sub>了</sub>一□　子　。

——我吃了晚饭，溜达了一会儿。

④xəu³³ lia²¹ kuai³³ lia²¹ tɕiəu³³ xuo²⁴ kəu⁵⁵·i。

　后　来　归　来　就　睏　觉　□<sub>了</sub>。

——后来回来就睡觉了。

⑤tsəɯ²⁴·i lai⁵⁵ maŋ²¹。

　　做　□<sub>了</sub>个　梦　。

⑥ŋ³³ tɕiəɯ²⁴·i ɕiaŋ²⁴·i。

　我　照　□<sub>了</sub>相　□<sub>了</sub>。

⑦ŋ³³ tɕiəɯ²⁴ ɕiaŋ²⁴·i。

　我　照　相　□<sub>了</sub>。

⑧ŋ³³ tɕiəɯ²⁴·i i⁵⁵ liaŋ³³ ɕiaŋ²⁴。

　我　照　□<sub>了</sub>一　张　相　。

⑨xəu³³·i n̠iɛ²¹，lai³³ kəɯ³³ sʅ²¹ lau³³ xaɯ³⁵ piɛ²¹。

　有　□<sub>了</sub>人　，哪　□　事　都　好　办　。

——有了人，什么事都好办。

⑩mɯə³³ n̠iɛ²⁴ kʻəu³³ pia⁵⁵·i tsuo²¹ŋ³⁵。

　不　要　推　□　□<sub>了</sub>茶　碗　。

——不要把茶碗砸了。

⑪iəu²¹ · i xa⁵⁵ ŋ³⁵ ma²¹！

　食　□了□这碗　糜　！

　——吃了这碗饭！

⑫nuo³³ xa⁵⁵ ŋ³⁵ ma²¹ iəu²¹ · i！

　□把 □这 碗 糜　食□了！

　——把这碗饭吃了！

⑬ləɯ²¹ xau³³ · i。

　落　雨　□了。

　——下雨了。

⑭xau³³ mɯə³³ ləɯ²¹ · i。

　雨　不　落　□了。

　——雨不下了。

⑮t'əŋ³³ n̠iɛ²⁴ tɕiɛ²¹ · i。

　天　要　晴　□了。

⑯tɕ'iɛ³⁵ · i i⁵⁵ tia²¹ fu⁵⁵。

　　请　□了一台　客　。

　——请了一桌客人。

⑰tau²¹ · i liaŋ³³ fua²¹。

　逃　□了 两　回　。

　——逃了两次。

⑱k'əu³³ · i i⁵⁵ la³³。

　推　□了一□　。

　——打了一下。

⑲xau²⁴ · i i⁵⁵ fua²¹。

　去　□了一　回　。

　——去了一趟。

⑳tai²¹ · i tɕiəu³³ mɯə³³ xaɯ³⁵ · i, nuo²¹ tiɛ³³ k'ua²⁴ liɛ³⁵ tsəu³⁵！

　迟　□了就　不　好　□了，□　□我们 快　点　走　！

　——迟了就不好了，咱们快点走吧！

㉑xaɯ³⁵ · ləɯ mɯə³³ xaɯ³⁵ tɕiaŋ³⁵。/kəu²⁴ xaɯ³⁵, kəu²⁴ xaɯ³⁵！

　好　得　不　好　讲　。/够　好　，够　好　！

　——好得不得了！

㉒kəu²⁴ fuai²⁴, kəu²⁴ fuai²⁴!

　够　坏　,　够　坏　!

　——坏得不得了。

㉓lei³⁵ mɯə³³ çi³⁵, lei³⁵ mɯə³³ çi³⁵!

　了　不　起　,　了　不　起　!

　——了不得,可了不得!

㉔suo³³ tʻəŋ³³ lu³³ təu²¹ tsɯ²⁴ mɯə³³ tsɯ²⁴·ləɯ çi³⁵。

　三　天　□　头　做　不　做　　得　起　。

　——三天里头做了做不了。

㉕lai³³ piɛ²¹ mɯə³³ çio²¹, ŋ³³ piɛ²¹·ləɯ çio²¹。

　你　办　不　成　,　我　办　　得　成　。

　——你办不了,我办得了。

㉖lai³³ pʻəŋ²⁴ mɯə³³ laɯ³⁵ ŋ³³。

　你　骗　不　倒　我　。

　——你骗不了我。

㉗tsəɯ²⁴·i xa⁵⁵ tçiaŋ³³ sŋ²¹ tçia³³ tsəɯ³⁵。

　做　□了　□这 件　事　再　走　。

　——了了这桩事儿再走。

戊

①ləɯ³⁵ liɛ tçio³³ i³³ pʻa⁵⁵ kəu⁵⁵ kçiaŋ³⁵ fu²¹。

　他　□　正　□在 □那 角　讲　话　。

　——他们正在说着话呢。

②tia²¹ çiaŋ³³ tʻaɯ²⁴·çi³⁵ i⁵⁵ ŋ³⁵ suai³⁵。

　台　上　　□搁 起一　碗　水　。

　——桌上放着一碗水。

③muo²¹ xəu³⁵ tçi³³·çi³⁵ i³⁵ tçyɛ²¹ ȵiɛ²¹。

　门　口　倚　起一　群　人　。

　——门口站着一群人。

④tsəɯ³³·çi³⁵ iəu²¹ xaɯ³⁵, çiɛ²¹ sŋ³³ tçi³³·çi³⁵ iəu²¹ xaɯ³⁵?

　坐　起　食　好　,　还　是　倚　起　食　好　?

　——坐着吃好,还是站着吃好?

⑤çiaŋ³⁵ · çi³⁵ tçiaŋ³⁵, mɯə³³ n̠iɛ²⁴ tç'iaŋ³⁵ · çi³⁵ tçiaŋ³⁵。

　想　　起　讲　，　不　要　抢　　起　讲　。

——想着说，不要抢着说。

⑥tçiaŋ³⁵ · çi tçiaŋ³⁵ · çi, sei²⁴ · çi lia²¹ · i。

　讲　　起　讲　　起，笑　　起　来　□ⱼ。

——说着说着，笑起来了。

⑦ta²¹ · çi³⁵ nuo³⁵ · tɯə tçiaŋ³⁵!

　大　起　胆　　子　讲　!

——大着胆子说吧!

⑧xa⁵⁵ lai⁵⁵ nɯə³³ sei³³ kəu²⁴ tiɛ³³。

　□ₓ个　东　西　够　重　。

——这个东西重着呢。

⑨ləu³⁵ lau²⁴ n̠iɛ²¹ kəu²⁴ xaɯ³⁵。

　他　对　人　够　好　。

——他对人可好着呢。

⑩xa⁵⁵ n̠iɛ³³ xəu³³ çiɛ³³ ku³³ kəu²⁴ xəu³³ lei²¹ tç'i²⁴。

　□ₓ个　后　生　家　够　有　力　气　。

——这个小伙子有劲着呢。

⑪tçi³³ · çi³⁵!

　徛　　起　!

——站着!

⑫ləu²¹ çiaŋ³³ çiəɯ³⁵ çiɛ³³ liɛ³⁵!

　路　上　小　心　点　!

——路上小心着!

⑬nɯə³⁵ŋ³³ çiaŋ³⁵ la³³。

　等　我　想　□₋下。

——等我想一想着。

⑭suei⁵⁵ i⁵⁵ ləɯ²¹ fu³³ lia²¹ tçiəu³³ iaŋ²¹ · i。

　雪　一　落　下　来　就　融　□ⱼ。

——雪一着地就化了。

⑮xuo²⁴ təɯ²¹ · i。

　　睏　着　□了。

　　——睡着了。

⑯tɕʻia³³ lua²⁴ · i。

　　　猜　对　□了。

　　——猜着了。

⑰tɕʻia³³ · ləɯ laɯ³⁵ tɕʻia³³ mɯə³³ ləɯ³⁵。

　　猜　　得　倒　猜　不　　倒。

　　——猜得着猜不着。

⑱ɕi³⁵ xəɯ³⁵ · i。

　　起　火　□了。

　　——着火了。

⑲liɛ³⁵ iəŋ²¹ · i。

　　点　燃　□了。

　　——点着了。

⑳ɕiəu³³ liaŋ²¹ · i。

　　受　凉　□了。

　　——着凉了。

㉑məɯ³³ tɕiəɯ³³ tɕi⁵⁵，miɛ²¹ miɛ²¹ · kəɯ lia²¹。

　　莫　着　急，慢　慢　　个　来。

　　——别着急，慢慢儿的来。

㉒ŋ³³ tɕio³³ i³³ xa⁵⁵ kəu⁵⁵ tei²¹，ɕiɛ²¹ muo²¹ tei²¹ laɯ²⁴。

　　我　正　□在□这角　□寻，还　没　□寻到。

　　——我正在这儿找着呢，还没找着呢。

㉓kəu²⁴ lai²¹ ɕia²¹。/lai²¹ ɕia²¹ · ləɯ ɕiɛ³⁵。

　　够　利害。利害　得　很。

　　——利害着呢。

㉔xaɯ³⁵ xaɯ³⁵ tɕʻia²⁴。

　　好　好　覰　。

　　——好看着呢。

己

①xa⁵⁵ ɕiɛ³³ kəɯ³⁵ · tsɿ iəu²¹ · ləɯ iəu²¹ mɯə³³ ləɯ⁵⁵?

　□这 些　果　子　食　得　食　不　得 ？

——这些果子吃得吃不得？

②xa⁵⁵ lai⁵⁵ sɿ³³ ɕiəu²¹ · kəɯ, iəu²¹ ləɯ⁵⁵。

　□这 个　是　熟　　个，食　得 。

——这是熟的，吃得。

③p‘a⁵⁵ lai⁵⁵ sɿ³³ ɕiɛ³³ · kəɯ, iəu²¹ mɯə³³ ləɯ⁵⁵。

　　□那 个　是　生　　个，食　不　　得 。

——那是生的，吃不得。

④lai³³ liɛ lia²¹ ləɯ⁵⁵ ɕiɛ²¹ sɿ³³ lia²¹ mɯə³³ ləɯ⁵⁵?

　你 □ 来　得　还 是　来　不　得 ？

——你们来得了来不了？

⑤ŋ³³ mai⁵⁵ sɿ²¹, lia²¹ ləɯ⁵⁵。

　我 没　事，来　得 。

——我没事，来得了。

⑥ləɯ³⁵ t‘ia²⁴ maŋ²¹, lia²¹ mɯə³³ ləɯ⁵⁵。

　他 太　忙，来　不　得 。

——他太忙，来不了。

⑦xa⁵⁵ lai⁵⁵ nɯə³³ sei³³ kəu²⁴ tiɛ³³, tsa³³ · ləɯ ɕi³⁵ tsa³³ mɯə³³ ɕi³⁵?

　□这 个　东　西　够　重，担　得　起 担　不　起 ？

——这个东西很重，拿得动拿不动？

⑧ləɯ³⁵ ɕiəu³⁵ tɕ‘iəɯ³⁵, fu²¹ · ləɯ kəu²⁴ xaɯ³⁵ tɕ‘ia²⁴。

　他 手　巧，画　得　够　好　觑 。

——他手巧，画得很好看。

⑨ŋ³³ ɕiəu³⁵ mɯə³³ liɛ²¹ pəŋ²⁴, fu²¹ · ləɯ mɯə³³ xaɯ³⁵ tɕ‘ia²⁴。

　我 手　不　灵　便，画　得　不　好　觑 。

——我手笨，画得不好看。

⑩ləɯ³⁵ maŋ²¹ · ləɯ ɕiɛ³⁵, maŋ²¹ · ləɯ liɛ²¹ ma²¹ lau³³ məɯ²¹ xəɯ⁵⁵ iəu²¹ · i。

　他 忙　得　很，忙　得　连　糜　都　□ □忘记食 □了。

——他忙得很，忙得连饭都忘了吃了。

⑪tɕʻia²⁴ ləu³⁵ tɕi⁵⁵ ləɯ⁵⁵，tɕi⁵⁵ ·ləɯ məŋ²¹ tɕia⁵⁵ lau³³ ɕiu⁵⁵ ·i。

　觑　他　急　得　，急　得　面　颊　都　赤　□了。

——看他急得，急得脸都红了。

⑫uəŋ²¹ · i。

　完　　□了。

⑬xaɯ³⁵ · i。

　好　　□了。

⑭kəu²⁴ ɕiɛ²⁴ təu²¹。

　够　兴　头　。

——挺得意。

⑮tɕiaŋ³⁵ ləɯ⁵⁵ tɕiaŋ³⁵ mɯə³³ ləɯ⁵⁵。

　讲　得　讲　不　得　。

——说得说不得。

⑯ləu³⁵ tɕiaŋ³⁵ ·ləɯ kʻua²⁴ mɯə³³ kʻua²⁴。

　他　讲　得　快　不　快　。

——他说得快不快。

⑰ləu³⁵ tɕiaŋ³⁵ ·ləɯ kʻua²⁴ tɕiaŋ³⁵ mɯə³³ kʻua²⁴。

　他　讲　得　快　讲　不　快　。

——他说得快说不快。

⑱fyɛ²⁴ · ɕi³⁵ tɕia³³ ɕiaŋ³³ · i。

　□丢 起　街　上　□了。

——丢得街上了。

⑲tʻaɯ²⁴ · ɕi³⁵ tia²¹ ɕiaŋ³³ · i。

　□搁　起　台　上　□了。

——搁得桌子上了。

⑳fyɛ²⁴ · ɕi³⁵ tai²¹ ɕiaŋ³³ · i。/ta⁵⁵ · ɕi³⁵ tai²¹ ɕiaŋ³³ · i。

　□丢 起　地　上　□了。跶　起　地　上　□了。

——掉得地上了。

㉑məɯ³³ tsəu³⁵ · i，tia²⁴ · ɕi³⁵ ŋ³³ ŋau⁵⁵ · lai！

　莫　走　□了，住　起　我　屋　里！

——别走了，住得我家里吧！

庚

① xa⁵⁵ sʅ³³ ləɯ³⁵ · kəɯ çia³³。

　□这 是　他　个　书　。

　——这是他的书。

② p'a⁵⁵ muo³⁵ çia³³ sʅ³³ ləɯ³⁵ kəɯ³³ kəɯ³³ · kəɯ。

　□那　本　书　是　他　哥　哥　个　。

　——那本书是他哥哥的。

③ tia²¹ çiaŋ³³ · kəɯ çia³³ sʅ³³ la³³ n̠iɛ³³ · kəɯ?

　台　上　　个　书　是　哪　个　个　?

　——桌子上的书是谁的?

④ sʅ³³ laɯ³³ uaŋ²¹ · kəɯ。

　是　老　王　个　。

　——是老王的。

⑤ ŋau⁵⁵ lai tsəɯ³³ · çi³⁵ kəu²⁴ ləɯ³³ · kəɯ n̠iɛ²¹, tç'ia²⁴ çia³³ · kəɯ tç'ia²⁴

　屋　里　坐　起　够　多　个　人　, 觑　书　个　觑

çia³³, tç'ia²⁴ pəu²⁴ · kəɯ tç'ia²⁴ pəu²⁴, çiɛ³⁵ tsʅ²¹ · kəɯ çiɛ³⁵ tsʅ²¹。

书　, 觑　报　个　觑　报　, 写　字　个　写　字　。

　——屋里坐着很多的人，看书的看书，看报的看报，写字的写字。

⑥ xa⁵⁵ lai⁵⁵ xəɯ²¹ tsəɯ⁵⁵ çiu³⁵, la³³ n̠iɛ³³ · kəɯ tçia³⁵ iɛ²⁴?

　□这 个　合　作　社　, 哪　个　　个　主　任　?

　——这个合作社，谁的主任?

⑦ laɯ³³ uaŋ²¹ · kəɯ tçia³⁵ iɛ²⁴, sei²⁴ tçiaŋ³³ · kəɯ fu²⁴ tçia³⁵ iɛ²⁴。

　老　王　　个　主　任　, 细　张　　个　副　主　任　。

　——老王的主任，小张的副主任。

⑧ n̠iɛ²⁴ tçiaŋ³⁵ ləɯ³⁵ · kəɯ xaɯ³⁵ fu²¹, mɯə³³ n̠iɛ²⁴ tçiaŋ³⁵ ləɯ³⁵ · kəɯ fuai²⁴ fu²¹。

　要　讲　他　个　好　话　, 不　要　讲　他　个　坏　话　。

　——要说他的好话，不要说他的坏话。

⑨ çiaŋ³³ fua²¹ sʅ³³ la³³ n̠iɛ³³ tç'iɛ³⁵ · kəɯ fu⁵⁵?

　上　回　是　哪　个　请　　个　客　?

　——上次是谁请的客。

⑩ sʅ³³ ŋ³³ tɕʻiɛ³⁵ · kəɯ。

　是 我　请　　个 。

　——是我请的。

⑪ lai³³ tɕiaŋ³⁵ · kəɯ sʅ³³ la³³ ȵiɛ³³?

　你 讲　　个 是 哪 个 ？

　——你说的是谁？

⑫ ŋ³³ mai⁵⁵ tɕiaŋ³⁵ lai³³。

　我 没　讲　 你 。

　——我不是说的你。

⑬ ləɯ³⁵ pʻa⁵⁵ tʻəŋ³³ tɕʻia²⁴ tɕiaŋ²⁴ · kəɯ sʅ³³ laɯ³³ tɕiaŋ³³, mɯə³³ sʅ³³

　他 □那 天　 覷　见　 个 是 老 张 , 不 是

　laɯ³³ uaŋ²¹。

　老 王 。

　——他那天是见的老张，不是见的老王。

⑭ tsʅ³⁵ ȵiɛ²⁴ ləɯ³⁵ xɯə³⁵ lia²¹, ŋ³³ tɕiəɯ³³ mai⁵⁵ · ləɯ tɕiaŋ³⁵ · i。

　只 要 他 肯 来 ,我 就　 没　 得 讲 □了。

　——只要他肯来，我就没的说了。

⑮ i³⁵ tsəŋ²¹ xəɯ³³ · kəɯ tsəɯ²⁴, mai⁵⁵ · ləɯ iəɯ²¹。

　以 前 有　 个 做 , 没　得 食 。

　——从前有的做，没的吃。

⑯ xa⁵⁵ kʻəɯ⁵⁵ xəɯ³³ · kəɯ tsəɯ²⁴, iəɯ³⁵ xəɯ³³ · ləɯ iəɯ²¹。

　□这 刻 有　 个 做 , 也 有　 得 食 。

　——现在有的做，也有的吃。

⑰ suo³³ lai⁵⁵ · kəɯ ŋ³³ lai⁵⁵ sʅ³³ pia⁵⁵ lai⁵⁵。

　三 个　 个 五 个 是 八 个 。

　——三个的五个是八个。

⑱ i⁵⁵ tɕʻiəŋ³³ · kəɯ liaŋ³³ tɕʻiəŋ³³ i⁵⁵ · ɕi³⁵ sʅ³³ suo³³ tɕʻiəŋ³³。

　一 千　 个 两 千 一 起 是 三 千 。

　——一千的两千一共三千。

⑲mɯə³³ kaŋ³⁵ muo³³ mei³³ xau³³，i⁵⁵·kəɯ tɕiɛ²⁴ tsəɯ²⁴ sʅ²¹。

　不　管　风　和　雨，一　个　劲　做　事　。

　——不管风啊雨的，一个劲儿干。

⑳xau²⁴ tɕia³³ ɕiaŋ³³ mia³³ lai⁵⁵ ts'əɯ³³ saŋ²⁴，iəɯ³⁵ faŋ³³ pəŋ²¹。

　去　街　上　买　个　葱　蒜，也　方　便　。

　——上街买个葱啊蒜的，也方便。

㉑tɕia²¹ mei³³ iəu²¹ iəŋ²¹，iaŋ²¹ iaŋ²¹ lau³³ xəu³³。

　柴　米　油　盐，样　样　都　有　。

　——柴米油盐伍的，都有的是。

㉒ɕiɛ³⁵ tsʅ²¹ saŋ²⁴ tɕiaŋ²⁴，ləu³⁵ lau³³ kəu²⁴ ɕiɛ²¹。

　写　字　算　账，他　都　够　行　。

　写字算账伍的，他都能行。

# 第五章　桃川土话语料记音

## 一、民歌

### （一）堂屋中间挂红灯

堂　屋　中　间　挂　红　灯　　，
taŋ²¹ ŋau⁵⁵ liaŋ³³ ɕiɛ³³ kua²⁴ xɯə²¹ nɯə³³ ，

个ᵢₙ 个　要ᵢₙ 我　开　歌　声　，
ȵiɛ³³ ȵiɛ³³ ȵiɛ²⁴ ŋ³³ ɕia³³ kəɯ³³ ɕio³³ ，

我ᵢₙ 开　歌　声　也　容　易　，
ŋ³³ ɕia³³ kəɯ³³ ɕio³³ iəu³⁵ iaŋ²¹ i²⁴ ，

一　起　姐ᵢₙ 妹　快　接　音　，
i⁵⁵ ɕi³⁵ tsai³⁵ mei²¹ kʻua²⁴ tsei⁵⁵ iɛ³³ ，

竹　叶　青　，竹　叶　青　，
liəu⁵⁵ i²¹ tɕʻiɛ³³ ，liəu⁵⁵ i²¹ tɕʻiɛ³³ ，

竹　叶　落　□ₜ 海　中　间　，
liəu⁵⁵ i²¹ ləɯ²¹ i³³ ɕia³⁵ liaŋ³³ ɕiɛ³³ ，

哪　个　捞　到　竹　叶　□ₜ ，
la³³ ȵiɛ³³ laɯ²¹ laɯ²⁴ liəu⁵⁵ i²¹ i³³ ，

就　□ₜ 把　竹　叶　起　歌　声　。
tɕiəu³³ nuo³³ liəu⁵⁵ i²¹ ɕi³⁵ kəɯ³³ ɕio³³ 。

### （二）堂屋中间挂算盘

堂　屋　中　间　挂　算　盘　，
taŋ²¹ ŋau⁵⁵ liaŋ³³ ɕiɛ³³ kua²⁴ saŋ²⁴ paŋ²¹ ，

我　□ₕₑ 我　爷　算　一　盘　，
ŋ³³ mei³³ ŋ³³ io²¹ saŋ²⁴ i⁵⁵ paŋ²¹ ，

算 起 大 姐 样 样 有 ，
saŋ²⁴ çi³⁵ ta²¹ tsai³⁵ iaŋ²¹ iaŋ²¹ xəɯ³³ ，

缺 少 一 对 金 耳 圈 ，
k'uei⁵⁵ çiəɯ³⁵ i⁵⁵ lua²⁴ tçiɛ³³ ȵiəɯ³³ k'uəŋ³³ ，

不 要 紧 来 不 要 忙 ，
mɯɯ³³ ȵiɛ²⁴ tçiɛ³⁵ lia²¹ mɯɯ³³ ȵiɛ²⁴ maŋ²¹ ，

打训 对 耳 圈 配 牡 丹 。
k'əɯ³³ lua²⁴ ȵiəɯ³³ k'uəŋ³³ p'uo²⁴ muo²¹ nuo³³ 。

## （三）堂屋中间一钵藤

堂 屋 中 间 一 钵 藤 ，
taŋ²¹ ŋau⁵⁵ liaŋ³³ çiɛ³³ i⁵⁵ pəu⁵⁵ tɯə²¹ ，

细 枝 开 花 十 八 层 ，
sei²⁴ tsʅ³³ çia³³ fu³³ sʅ²¹ pia⁵⁵ tiɛ²¹ ，

我 娘 养 我 层 层 女 ，
ŋ³³ ȵiaŋ²¹ iaŋ³³ ŋ³³ tiɛ²¹ tiɛ²¹ ȵia³³ ，

细 打 细 捶 送 出 门 ，
sei²⁴ k'əɯ³³ sei²⁴ tsuai²¹ sɯə²⁴ suai⁵⁵ muo²¹ ，

大 哥 送 到 大 门 口 ，
ta²¹ kəɯ³³ sɯə²⁴ laɯ²⁴ ta²¹ muo²¹ xəɯ³⁵ ，

二 哥 送 到 二 门 边 ，
lai²¹ kəɯ³³ sɯə²⁴ laɯ²⁴ lai²¹ muo²¹ məŋ³³ ，

第 一 三 哥 送 得 远 ，
tei²¹ i⁵⁵ suo³³ kəɯ³³ sɯə²⁴ ləɯ⁵⁵ uəŋ³³ ，

一 送 送 到 藕 丝 塘 ，
i⁵⁵ sɯə²⁴ sɯə²⁴ laɯ²⁴ ŋuə³³ sʅ³³ taŋ²¹ ，

三 嘱 四 嘱 嘱 我 嫂 ，
suo³³ tçia⁵⁵ sai²⁴ tçia⁵⁵ tçia⁵⁵ ŋ³³ saɯ³⁵ ，

放 个训 耐 心 待 我 娘 ，
faŋ²⁴ lai⁵⁵ lia²¹ çiɛ³³ tia³³ ŋ³³ ȵiaŋ²¹ ，

莫 □给 冷 茶 泡 冷 饭训 ，
məɯ³³ nuo³³ liɛ³³ tsuo²¹ p'əu²⁴ liɛ³³ ma²¹ ，

莫 □给 冷 酒 冷 爷 心 ，
məɯ³³ nuo³³ liɛ³³ tçiəu³⁵ liɛ³³ io²¹ çiɛ³³ ，

早　晨　一　碗　荷　包　蛋<sub>训</sub>　,
tsaɯ³⁵ ɕiɛ²¹ i⁵⁵ ŋ³⁵ xəɯ²¹ pəu³³ uəŋ²¹ ,
黑　里　一　碗　鲤　鱼　汤　。
xəu⁵⁵ lai⁵⁵ i⁵⁵ ŋ³⁵ lai³³ ɲau²¹ tʻaŋ²¹ 。

## （四）一起姐妹好闹热

上　屋　唱　起　下　屋　接　,
ɕiaŋ³³ ŋau⁵⁵ tɕʻiaŋ²⁴ ɕi³⁵ fu³³ ŋau⁵⁵ tsei⁵⁵ ,
一　起　姐　妹　好　闹　热　,
i⁵⁵ ɕi³⁵ tsai³⁵ mei²¹ xaɯ³⁵ ləu²¹ lei²¹ ,
今　日　闹　热　娘　边　女　,
tɕi³³ lai⁵⁵ ləu²¹ lei²¹ ɲiaŋ²¹ məŋ³³ ɲia³³ ,
明　日　闹　热　媳　妇　娘　。
miɛ²¹ lai⁵⁵ ləu²¹ lei²¹ sei²⁴ pəu³³ ɲiaŋ²¹ 。
莫　哭　□<sub>了</sub>,莫　哭　□<sub>了</sub>,
məɯ³³ xau⁵⁵ ·i , məɯ³³ xau⁵⁵ ·i ,
到　□<sub>了</sub>松　山　你<sub>训</sub>个　屋　,
laɯ²⁴ ·i tɕyɛ²¹ ɕiɛ³³ lai³³ kəɯ²⁴ ŋau⁵⁵ ,
三　餐　食　个　白　米　糜　,
suo³³ tsʻaŋ³³ iəu²¹ kəɯ²⁴ pu²¹ mei³³ ma²¹ ,
夜　夜　睏　个　绣　牙　床　。
io²⁴ io²⁴ xuo²⁴ kəɯ²⁴ ɕiəu²⁴ ia²¹ tsaŋ²¹ 。

## （五）蛾眉豆，开紫花

蛾　眉　豆　,　开　紫　花　,
ŋəɯ²¹ mai²¹ təu²¹ , ɕia³³ tsɿ³⁵ fu³³ ,
我　娘　要　我　许　亲　家　,
ŋ³³ ɲiaŋ²¹ ɲiɛ²⁴ ŋ³³ ɕia³⁵ tɕʻiɛ³³ ku³³ ,
千　家　万　家　她<sub>训</sub>不　许　,
tɕʻiɛ³³ ku³³ yɛ²¹ ku³³ ləu³⁵ mɯə³³ ɕia³⁵ ,
许　到　桥　头　李　万　家　。
ɕia³⁵ laɯ²⁴ tɕiəɯ²¹ təu²¹ lai³³ yɛ²¹ ku³³ 。
碓　屋　舂　米　碓　屋　量　,
lua²⁴ ŋau⁵⁵ tɕʻiaŋ³³ mei³³ lua²⁴ ŋau⁵⁵ liaŋ²¹ ,

□骂 我 偷 米 养 爷 娘 ，
sau³⁵ ŋ³³ tʻəu³³ mei³³ iaŋ³³ io²¹ ȵiaŋ²¹ ，

我 家 爷 娘 样 样 有 ，
ŋ³³ ku³³ io²¹ ȵiaŋ²¹ iaŋ³³ iaŋ²¹ xəu³³ ，

金 包 柱 头 银 包 梁 ，
tɕiɛ³³ pəu³³ tia³³ təu²¹ ȵiɛ²¹ pəu³³ liaŋ²¹ ，

又 有 金 钩 挂 水 桶 ，
iəu²⁴ xəu³³ tɕiɛ³³ kəu³³ kua²⁴ suai³⁵ tʻɯ³⁵ ，

又 有 银 钩 挂 菜 篮 ，
iəu²⁴ xəu³³ ȵiɛ²¹ kəu³³ kua²⁴ tɕʻia²⁴ nuo²¹ ，

出 门 散 步 奴 打 伞 ，
suai⁵⁵ muo²¹ suo²⁴ pəu²¹ ləu²¹ kʻəu³³ suo³⁵ ，

入 屋 三 步 奴 筛 茶 。
lai²¹ ŋau⁵⁵ suo³³ pəu²¹ ləu²¹ ɕia³³ tsuo²¹ 。

## （六） 隔墙种苋麦柳一枝花

隔 墙 种 苋 麦 柳 一 枝 花 ，
ku⁵⁵ tɕiaŋ²¹ tɕiɛ²⁴ ləu³³ məɯ²¹ liəu³⁵ i⁵⁵ tsɿ³³ fu³³ ，

墙 矮 花 朵 伸 出 来 ，
tɕiaŋ²¹ a³⁵ fu³³ ləɯ³⁵ ɕiɛ³³ suai⁵⁵ lia²¹ ，

过 路 大 姐 讨 花 一 枝 戴 ，
kəɯ²⁴ lau²¹ ta²¹ tsai³⁵ tʻaɯ³⁵ fu³³ i⁵⁵ tsɿ³³ lia²⁴ ，

姐 多 花 少 分 不 开 ，
tsai³⁵ ləɯ³³ fu³³ ɕiəɯ³⁵ muo³³ mɯə³³ ɕia³³ ，

等 我 明 日 花 开 一 枝 □了 ，
nɯə³⁵ ŋ³³ miɛ²¹ lai⁵⁵ fu³³ ɕia³³ i⁵⁵ tsɿ³³ ·i ，

打 发 小 妹 送 花 来 。
pəu³⁵ xuo⁵⁵ ɕiəɯ³⁵ mei²¹ sɯə²⁴ fu³³ lia²¹ 。

## （七） 一对蜡烛亮堂堂

一 对 蜡 烛 亮 堂 堂 哩 ，
i⁵⁵ lua²⁴ lu²¹ tɕia⁵⁵ liaŋ²¹ taŋ²¹ taŋ²¹ lai ，

照 起 我 姐 坐 歌 堂 哩 ，
tɕiəɯ²⁴ ɕi³⁵ ŋ³³ tsai³⁵ tsəɯ³³ kəɯ³³ taŋ²¹ lai ，

两　边　摆　起　红　漆　椅　哩，
liaŋ³³ məŋ³³ pia³⁵·çi³⁵ xɯə²¹ tsʻai⁵⁵ i³⁵ lai，

中　间　摆　起　绣　牙　床　哩，
liaŋ³³ çiɛ³³ pia³⁵·çi³⁵ çiəu²⁴ ia²¹ tsaŋ²¹ lai，

绣　牙　床　来　金　丝　床　哩，
çiəu²⁴ ia²¹ tsaŋ²¹ lia²¹ tçiɛ³³ sʅ³³ tsaŋ²¹ lai，

金　丝　床　里　开　牡　丹　哩，
tçiɛ³³ sʅ³³ tsaŋ²¹·lai çia³³ muo³⁵ nuo³³ lai，

牡　丹　开　起　朵　双　朵　哩，
muo³⁵ nuo³³ çia³³·çi³⁵ ləɯ³⁵ saŋ³³ ləɯ³⁵ lai，

红　花　开　起　球　双　球　哩。
xɯə²¹ fu³³ çia³³·çi³⁵ tçiəu²¹ saŋ³³ tçiəu²¹ lai。

园　中　竹　子　冲　天　绿　哩，
uəŋ²¹ liaŋ³³ liəu⁵⁵·tsʅ tsʻɯə³³ tʻəŋ³³ liau²¹ lai，

姑　娘　姐　妹　请　进　屋　哩，
kau³³ ȵiaŋ²¹ tsai³⁵ mei²¹ tçʻiɛ³⁵ tçiɛ²⁴ ŋau⁵⁵ lai，

我　娘　不　会　亏　待　你　哩，
ŋ³³ ȵiaŋ²¹ mɯə³³ uai²¹ kʻuai³³ tia³³ lai³³ lai，

不　是　杀　鸡　就　称　肉　哩，
mɯə³³ sʅ³³ çia⁵⁵ tçi³³ tçiəu³³ tçʻiɛ³³ tçio²⁴ lai，

姑　娘　姐　妹　你　请　坐　哩，
kau³³ ȵiaŋ²¹ tsai³⁵ mei²¹ lai³³ tçʻiɛ³⁵ tsəɯ³³ lai，

一　齐　姐　妹　好　唱　歌　哩，
i⁵⁵ tsei²¹ tsai³⁵ mei²¹ xaɯ³⁵ tçʻiaŋ²⁴ kəɯ³³ lai，

今　日　唱　歌　好　闹　热　哩，
tçi³³ lai⁵⁵ tçʻiaŋ²⁴ kəɯ³³ xaɯ³⁵ ləu²¹ lei²¹ lai，

一　齐　姐　妹　好　开　心　哩。
i⁵⁵ tsei²¹ tsai³⁵ mei²¹ xaɯ³⁵ çia³³ çiɛ³³ lai。

## (八) 堂屋中间一杯油

堂　屋　中　间　一　杯　油　哩，
taŋ²¹ ŋau⁵⁵ liaŋ³³ çiɛ³³ i⁵⁵ pei³³ iəu²¹ lai，

三　个　大　姐　来　梳　头　哩，
suo³³ ȵiɛ²¹ ta²¹ tsai³⁵ lia²¹ sau³³ təu²¹ lai，

大 姐 梳 起 盘 龙 卷 哩,
ta²¹ tsai³⁵ sau³³ ·çi³⁵ paŋ²¹ liaŋ²¹ tçyəŋ³⁵ lai,

二 姐 梳 起 凤 冠 头 哩,
lai²¹ tsai³⁵ sau³³ çi³⁵ faŋ²¹ kaŋ³³ təu²¹ lai,

第 一 三 姐 梳 得 好 哩,
tei²¹ i⁵⁵ suo³³ tsai³⁵ sau³³ ·ləɯ xaɯ³⁵ lai,

梳 起 狮 子 滚 绣 球 哩。
sau³³ ·çi³⁵ sɿ³³ ·tsɿ kuəɯ³⁵ çiəɯ²⁴ tçiəɯ²¹ lai。

面 上 打 起 桃 红 粉 哩,
məŋ²¹ çiaŋ³³ k'əu³³ ·çi³⁵ tau²¹ xəɯ²¹ xuo³⁵ lai,

嘴 唇 点 起 朱 砂 红 哩,
tsuai³⁵ çiɛ²¹ nəŋ³⁵ ·çi³⁵ tçia³³ suo³³ xɯə²¹ lai,

小 小 嘴 巴 荷 包 嘴 哩,
çiəɯ³⁵ ·çiəɯ tsuai³⁵ pu³³ xəɯ²¹ pəu³³ tsuai³⁵ lai,

两 道 眉 毛 像 弯 弓 哩。
liaŋ³³ ·taɯ²⁴ mei²¹ maɯ²¹ tçiaŋ³³ uaŋ³³ kɯə³³ lai。

## (九) 连双鞋子送情郎

正 月 是 新 年, 要 □把 鞋 子 连,
tçio³³ ŋyɛ²¹ sɿ³³ çiɛ³³ nəŋ²¹, ȵiɛ²⁴ nuo³³ çia²¹ ·tɯə nəŋ²¹,

连 双 鞋 子 送 □给 我 情 郎,
nəŋ²¹ saŋ³³ çia²¹ ·tɯə sɯə²⁴ nuo³³ ŋ³³ tç'iɛ²¹ naŋ,

扭 呀 扭 吱 单 呀 单, 扭 呀 扭 吱 双 呀 双,
ȵiəɯ³⁵ ia ȵiəɯ³⁵ tsɿ³³ nuo³³ ia nuo³³, ȵiəɯ³⁵ ia ȵiəɯ³⁵ tsɿ³³ saŋ³³ ia saŋ³³,

连 双 鞋 子 送 □给 我 情 郎 。
nəŋ²¹ saŋ³³ çia²¹ ·tɯə sɯə²⁴ nuo³³ ŋ³³ tçiɛ²¹ naŋ²¹。

二 月 二 月 八, 要 □把 鞋 底 打 ,
lai²¹ ŋyɛ²¹ lai²¹ ŋyɛ²¹ pia⁵⁵, ȵiɛ²⁴ nuo³³ çia²¹ lei³⁵ k'əu³³,

打 双 鞋 底 送 □给 我 情 郎 ,
k'əu³³ saŋ³³ çia²¹ lei³⁵ sɯə²⁴ nuo³³ ŋ³³ tçiɛ²¹ naŋ²¹,

扭 呀 扭 吱 单 呀 单, 扭 呀 扭 吱 双 呀 双,
ȵiəɯ³⁵ ia ȵiəɯ³⁵ tsɿ³³ nuo³³ ia nuo³³, ȵiəɯ³⁵ ia ȵiəɯ³⁵ tsɿ³³ saŋ³³ ia saŋ³³,

打 双 鞋 底 送 □给 我 情 郎 。
k'əu³³ saŋ³³ çia²¹ lei³⁵ sɯə²⁴ nuo³³ ŋ³³ tçiɛ²¹ naŋ²¹。

三　月　是　清　明　，　情　郎　来　上　门　　，
suo³³ ȵye²¹ sʅ³³ tɕʻiɛ³³ miɛ²¹ , tɕiɛ²¹ naŋ²¹ lia²¹ ɕiaŋ³³ muo²¹ ，

留　起　情　郎　过　个 ⑪好　清　明　，
liəu²¹ · ɕi tɕiɛ²¹ naŋ²¹ kəɯ²⁴ lai⁵⁵ xaɯ⁵⁵ tɕʻiɛ³³ miɛ²¹ ，

扭　呀扭　吱单　呀单，扭　呀扭　吱　双　呀双　，
ȵiəu³⁵ ia ȵiəu³⁵ tsʅ³³ nuo³³ ia nuo³³ , ȵiəu³⁵ ia ȵiəu³⁵ tsʅ³³ saŋ³³ ia saŋ³³ ，

留　起　情　郎　过　个　好　清　明　。
liəu²¹ · ɕi tɕiɛ²¹ naŋ²¹ kəɯ²⁴ lai⁵⁵ xaɯ⁵⁵ tɕʻiɛ³³ miɛ²¹ 。

四　月　四　月　八　，要　□把鞋　花　插　　，
sai²⁴ ȵye²¹ sai²⁴ ȵye²¹ pia⁵⁵ , ȵiɛ²⁴ nuo³³ ɕia²¹ fu³³ tɕʻia⁵⁵ ，

插　双　鞋　花　又　怕⑪我　娘　□骂，
tɕʻia⁵⁵ saŋ³³ ɕia²¹ fu³³ iəu²⁴ ɕiɛ³⁵ ŋ³³ ȵiaŋ²¹ sau³⁵ ，

扭　呀扭　吱单　呀单，扭　呀扭　吱　双　呀双　，
ȵiəu³⁵ ia ȵiəu³⁵ tsʅ³³ nuo³³ ia nuo³³ , ȵiəu³⁵ ia ȵiəu³⁵ tsʅ³³ saŋ³³ ia saŋ³³ ，

插　双　鞋　花　又　怕　我　娘　□骂。
tɕʻia⁵⁵ saŋ³³ ɕia²¹ fu³³ iəu²⁴ ɕiɛ³⁵ ŋ³³ ȵiaŋ²¹ sau³⁵ 。

五　月　是　端　阳　，杀　猪　又　杀　羊　，
ŋ³³ ȵye²¹ sʅ³³ naŋ³³ iaŋ²¹ , ɕia⁵⁵ liau³³ iəu²⁴ ɕia⁵⁵ iaŋ²¹ ，

杀　猪　杀　羊　为　□了留　情　郎　，
ɕia⁵⁵ liau³³ ɕia⁵⁵ iaŋ²¹ uai²¹ · i liəu²¹ tɕiɛ²¹ naŋ²¹ ，

扭　呀扭　吱单　呀单，扭　呀扭　吱　双　呀双　，
ȵiəu³⁵ ia ȵiəu³⁵ tsʅ³³ nuo³³ ia nuo³³ , ȵiəu³⁵ ia ȵiəu³⁵ tsʅ³³ saŋ³³ ia saŋ³³ ，

杀　猪　杀　羊　为　□了留　情　郎　。
ɕia⁵⁵ liau³³ ɕia⁵⁵ iaŋ²¹ uai²¹ · i liəu²¹ tɕiɛ²¹ naŋ²¹ 。

六　月　天　气　热　，鞋　子　做　不　得　　，
liəu²¹ ȵye²¹ tʻən³³ tɕʻi²⁴ lei²¹ , ɕia²¹ · tɯə tsəɯ²⁴ mɯə³³ ləɯ⁵⁵ ，

做　双　鞋　子　缎　子　褪　□了色　，
tsəɯ²⁴ saŋ³³ ɕia²¹ · tɯə taŋ²¹ · tɯə tʻua²⁴ · i səu⁵⁵ ，

扭　呀扭　吱单　呀单，扭　呀扭　吱　双　呀双　，
ȵiəu³⁵ ia ȵiəu³⁵ tsʅ³³ nuo³³ ia nuo³³ , ȵiəu³⁵ ia ȵiəu³⁵ tsʅ³³ saŋ³³ ia saŋ³³ ，

做　双　鞋　子　缎　子　褪　□了色　。
tsəɯ²⁴ saŋ³³ ɕia²¹ · tɯə taŋ²¹ · tɯə tʻua²⁴ · i səu⁵⁵ 。

七　　月　是　月　半　，要　□把　鞋　子　上　，
ts'ai⁵⁵ ȵyɛ²¹ sๅ³³ ȵyɛ²¹ maŋ²⁴，ȵiɛ²⁴ nuo³³ ɕia²¹ ·tɯə ɕiaŋ³³，

上　双　鞋　子　样　子　真　好　看　，
ɕiaŋ³³ saŋ³³ ɕia²¹ ·tɯə iaŋ²¹ ·tɯə tɕiɛ³³ xaɯ⁵⁵ k'aŋ²⁴，

扭　呀　扭　吱　单　呀　单，扭　呀　扭　吱　双　呀　双　，
ȵiəu³⁵ ia ȵiəu³⁵ tsๅ³³ nuo³³ ia nuo³³，ȵiəu³⁵ ia ȵiəu³⁵ tsๅ³³ saŋ³³ ia saŋ³³，

上　双　鞋　子　样　子　真　好　看　。
ɕiaŋ³³ saŋ³³ ɕia²¹ ·tɯə iaŋ²¹ ·tɯə tɕiɛ³³ xaɯ⁵⁵ k'aŋ²⁴。

八　月　是　中　秋　，要　□把　情　郎　留　，
pia⁵⁵ ȵyɛ²¹ sๅ³³ tɕiaŋ³³ tɕ'iəu³³，ȵiɛ²⁴ nuo³³ tɕiɛ²¹ naŋ²¹ liəu²¹，

留　下　情　郎　过　个　好　中　秋　，
liəu²¹ fu³³ tɕiɛ²¹ naŋ²¹ kəɯ²⁴ lai⁵⁵ xaɯ⁵⁵ tɕiaŋ³³ tɕ'iəu³³，

扭　呀　扭　吱　单　呀　单，扭　呀　扭　吱　双　呀　双　，
ȵiəu³⁵ ia ȵiəu³⁵ tsๅ³³ nuo³³ ia nuo³³，ȵiəu³⁵ ia ȵiəu³⁵ tsๅ³³ saŋ³³ ia saŋ³³，

留　下　情　郎　过　个　好　中　秋　。
liəu²¹ fu³³ tɕiɛ²¹ naŋ²¹ kəɯ²⁴ lai⁵⁵ xaɯ⁵⁵ tɕiaŋ³³ tɕ'iəu³³。

九　月　是　重　阳，阵　阵桂　花　香　，
tɕiəu³⁵ ȵyɛ²¹ sๅ³³ tɕiaŋ²¹ iaŋ²¹，tɕiɛ²¹ ·tɕiɛ kuei²⁴ fu³³ ɕiaŋ³³，

桂　花　香　里鞋　子　做　成　双　，
kuei²⁴ fu³³ ɕiaŋ³³ lai ɕia²¹ ·tɯə tsəɯ²⁴ ɕio²¹ saŋ³³，

扭　呀　扭　吱　单　呀　单，扭　呀　扭　吱　双　呀　双　，
ȵiəu³⁵ ia ȵiəu³⁵ tsๅ³³ nuo³³ ia nuo³³，ȵiəu³⁵ ia ȵiəu³⁵ tsๅ³³ saŋ³³ ia saŋ³³，

桂　花　香　里鞋　子　做　成　双　。
kuei²⁴ fu³³ ɕiaŋ³³ lai ɕia²¹ ·tɯə tsəɯ²⁴ ɕio²¹ saŋ³³。

十　月　是　立　冬　，鞋　子　做　成　功　，
sๅ²¹ ȵyɛ²¹ sๅ³³ lai²¹ nɯə³³，ɕia²¹ ·tɯə tsəɯ²⁴ ɕio²¹ kɯə³³，

十　双　鞋　子　摆　□在台　合　中　，
sๅ²¹ saŋ³³ ɕia²¹ ·tɯə pia³⁵ i³³ tia²¹ xəɯ²¹ liaŋ³³，

扭　呀　扭　吱　单　呀　单，扭　呀　扭　吱　双　呀　双　，
ȵiəu³⁵ ia ȵiəu³⁵ tsๅ³³ nuo³³ ia nuo³³，ȵiəu³⁵ ia ȵiəu³⁵ tsๅ³³ saŋ³³ ia saŋ³³，

十　双　鞋　子　摆　□在台　合　中　。
sๅ²¹ saŋ³³ ɕia²¹ ·tɯə pia³⁵ i³³ tia²¹ xəɯ²¹ liaŋ³³。

# 二、民谣

江永县桃川洞五十三村歌谣

雷　劈　石　山　上　甘　棠
lua²¹ pʻei⁵⁵ ɕiu²¹ ɕiɛ³³ ɕiaŋ³³ kaŋ³³ taŋ²¹

丰　山　神　庙　下　甘　棠
faŋ³³ ɕiɛ³³ ɕiɛ²¹ miəu²¹ fu³³ kaŋ³³ taŋ²¹

天　乐　庵　□在洞　尾　村
tʻəŋ³³ ləɯ²¹ ŋaŋ³³ i⁵⁵ tɯə²⁴ muo³³ tɕʻio³³

门　楼　连　亭　唐　家　村
muo²¹ ləu²¹ liɛ²¹ tiɛ²¹ taŋ²¹ ku³³ tɕʻio³³

英　豪　邓　四　出　邓　家①
iəŋ³³ xaɯ²¹ tiɛ²¹ sai²⁴ suai⁵⁵ tiɛ²¹ ku³³

香　姜　出　产　是　福　洞
ɕiaŋ³³ tɕiaŋ³³ suai⁵⁵ tɕʻiɛ³⁵ sʅ³³ fu⁵⁵ tɯə²⁴

不　耍　龙　狮　是　徐　家
mɯə³³ ɕio³³ liɛ²¹ sʅ³³ sʅ³³ tɕia²¹ ku³³

鱼　苗　鸭　子　沐　田　村
ŋau²¹ miəu²¹ u⁵⁵ ·tɯə mau²¹ təŋ²¹ tɕʻio³³

莲　花　坝　洞　是　社　头
nəŋ²¹ fu³³ puo²⁴ tɯə²⁴ sʅ³³ ɕiu³³ təu²¹

请　人　当　兵　是　何　宅
tɕʻiɛ³⁵ ȵiɛ²¹ naŋ³³ miɛ³³ sʅ³³ xɯə²¹ tsu²¹

割　茅　卖　草　是　周　宅
kəɯ⁵⁵ məu²¹ mia²¹ tsʻaɯ³⁵ sʅ³³ tɕiəu³³ tsu²¹

拖　鞋　跋　袜　邓　家　村
tʻəɯ³³ ɕia²¹ su⁵⁵ mia⁵⁵ tiɛ²¹ ku³³ tɕʻio³³

武　勇　集　合　贲　园　村②
ŋ³³ iaŋ³⁵ tsai²¹ xɯə²¹ piɛ³³ uəŋ²¹ tɕʻio³³

修　心　积　德　新　立　宅③
ɕiəu³³ ɕiɛ³³ tɕiɛ⁵⁵ ləɯ⁵⁵ ɕiɛ³³ lai²¹ tsu²¹

朝　天　凉　亭　□在大　平④
tɕiəɯ²¹ tʻəŋ³³ liaŋ²¹ tiɛ²¹ i³³ ta²¹ piɛ²¹

赶　圩　闹　市　是　上　圩
kaŋ$^{35}$ ɕia$^{33}$ ləu$^{21}$ sɿ$^{24}$ sɿ$^{33}$ ɕiaŋ$^{33}$ ɕia$^{33}$

同　安　当　铺　□在 下　圩⑤
tɯə$^{21}$ ŋ$^{33}$ naŋ$^{33}$ p'əu$^{24}$ i$^{33}$ fu$^{33}$ ɕia$^{33}$

宗　元　作　记　落　鲤　川⑥
tsɯə$^{33}$ uəŋ$^{21}$ tsəɯ$^{55}$ tɕi$^{24}$ ləɯ$^{21}$ lai$^{33}$ tɕ'yəŋ$^{33}$

潘　美　征　南　驻　白　象⑦
p'aŋ$^{33}$ mai$^{33}$ tɕiɛ$^{33}$ nuo$^{21}$ tia$^{24}$ pu$^{21}$ tɕiaŋ$^{33}$

雄　山　大　寺　邑　口　村
ɕiaŋ$^{21}$ ɕiɛ$^{33}$ ta$^{21}$ tsɿ$^{24}$ i$^{55}$ xəu$^{35}$ tɕ'io$^{33}$

土　干　神　庙　马　畔　村
t'au$^{35}$ kaŋ$^{33}$ ɕiɛ$^{21}$ miəu$^{21}$ muo$^{33}$ p'aŋ$^{24}$ tɕ'io$^{33}$

草　鞋　上　市　石　枧　村
ts'aɯ$^{35}$ ɕia$^{21}$ ɕiaŋ$^{33}$ sɿ$^{24}$ ɕiu$^{21}$ tɕiəŋ$^{35}$ tɕ'io$^{33}$

黄　竹　笋　干　六　壁　岭⑧
xaŋ$^{21}$ liəu$^{55}$ ɕyɛ$^{35}$ kaŋ$^{33}$ liəu$^{21}$ pei$^{55}$ liɛ$^{33}$

有　种　无训　收　是　富　隆
xəu$^{33}$ tɕiɛ$^{24}$ muo$^{21}$ ɕiəu$^{33}$ sɿ$^{33}$ pu$^{24}$ luŋ$^{21}$

打训　伞　拿训　鞋　朱　塘　浦
k'əu$^{33}$ suo$^{35}$ tsa$^{33}$ ɕia$^{21}$ tɕia$^{33}$ taŋ$^{21}$ p'əu$^{35}$

犁　头　生　产　是　上　洞
lei$^{21}$ təu$^{21}$ ɕiɛ$^{33}$ tɕ'iɛ$^{35}$ sɿ$^{33}$ ɕiaŋ$^{33}$ tɯə$^{24}$

妇　女　管　家　是　水　美
fu$^{24}$ ȵia$^{33}$ kaŋ$^{35}$ ku$^{33}$ sɿ$^{33}$ suai$^{35}$ muo$^{33}$

路　上　晒　谷　塘　下　村
lau$^{21}$ ɕiaŋ$^{33}$ ɕia$^{24}$ kau$^{55}$ taŋ$^{21}$ fu$^{33}$ tɕ'io$^{33}$

木　杈　撑　屋　廖　家　岗⑨
mau$^{21}$ ts'u$^{33}$ tɕ'iɛ$^{33}$ ŋau$^{55}$ liəu$^{24}$ ku$^{33}$ kaŋ$^{33}$

霸　王　岭　下　住　高　择⑩
puo$^{24}$ uaŋ$^{21}$ liɛ$^{33}$ fu$^{33}$ tia$^{24}$ kaɯ$^{33}$ tsu$^{55}$

晨　光　彩　虹　画　朝　阳
ɕiɛ$^{21}$ kaŋ$^{33}$ tɕ'ia$^{35}$ kɛ$^{24}$ fu$^{21}$ lei$^{33}$ iaŋ$^{21}$

河训　边　洗　碗　是　周　棠
kuo$^{33}$ maŋ$^{33}$ sei$^{35}$ ŋ$^{35}$ sɿ$^{33}$ tɕiəu$^{33}$ taŋ$^{21}$

余 粮 剩 米 城 下 村
y²¹ liaŋ²¹ ɕiɛ²¹ mei³³ ɕio²¹ fu³³ tɕʻio³³

砍₍训₎ 犁 卖 车 是 荷 桥
tɕiəɯ⁵⁵ lei²¹ mia²¹ tɕʻiu³³ sʅ³³ xəɯ²¹ tɕiəɯ²¹

织 簸 卖 筛 是 斜₍训₎ 滩
tɕi⁵⁵ pəɯ²⁴ mia²¹ ɕia³³ sʅ³³ tɕʻya²⁴ tʻuo³³

水 滩 中 间 住 宋 村
suai³⁵ tʻuo³³ liaŋ³³ ɕiɛ³³ tia²⁴ sɯɛ²⁴ tɕʻio³³

弯 木 架 桥 是 槐 木
yɛ³³ mau²¹ kuo²⁴ tɕiəɯ²¹ sʅ³³ ua²¹ mau²¹

宝 塔 生 木 是 锦 堂
pəɯ³⁵ tʻuo⁵⁵ ɕiɛ³³ mau²¹ sʅ³³ tɕiəŋ³⁵ taŋ²¹

挑 纸 赶 圩 是 新 宅
tʻiəɯ³³ tsʅ³⁵ kaŋ³⁵ ɕia³³ sʅ³³ ɕiɛ³³ tsu²¹

莲 花 地 上 住 宅 田
nəŋ²¹ fu³³ tai²¹ ɕiaŋ³³ tia²⁴ tsu²¹ təŋ²¹

纺 纱 织 布 是 富 美
pʻaŋ³⁵ su³³ tɕi⁵⁵ pu²⁴ sʅ³³ pu²⁴ muo³³

觑 地 先 生 龙 脉 田
tɕʻia²⁴ tai²¹ ɕiɛ³³ ɕiɛ³³ liɛ²¹ məɯ²¹ təŋ²¹

桃 红 柳 绿 是 石 楠
tau²¹ xɯə²¹ liəu³⁵ liau²¹ sʅ³³ ɕiu²¹ nuo²¹

屎 尿 下 田 是 豪 下
sʅ³⁵ ȵiəɯ²¹ fu³³ təŋ²¹ sʅ³³ xaɯ²¹ fu³³

交 神 野 脑 是 笛 楼
tɕiəɯ³³ ɕiɛ²¹ iu³³ laɯ³⁵ sʅ³³ ti²¹ ləu²¹

秀 水 映 村 是 锦 头
ɕiəu²⁴ suai³⁵ iəŋ²⁴ tɕʻio³³ sʅ³³ tɕiəŋ³⁵ təu²¹

龙 虎 边 界 谢 家 村
liɛ²¹ fu³⁵ məŋ³³ tɕia²⁴ tɕiu²¹ ku³³ tɕʻio³³

步 高 步 低 鸡 嘴 营
pəɯ²¹ kaɯ³³ pəɯ²¹ lei²¹ tɕi³³ tɕia³⁵ iəŋ²¹

天 火 烧 净 石 螺 营
tʻəŋ³³ xəɯ³⁵ ɕiəɯ³³ tɕiɛ²⁴ ɕiu²¹ ləɯ²¹ iəŋ²¹

文　峰　塔　□在清　溪　瑶
uo²¹ faŋ³³ t'uo⁵⁵ i³³ tɕ'iɛ³³ tɕ'i³³ iɯ²¹

名　瑶　隔　岭　古　调　瑶
miɛ²¹ iɯ²¹ ku⁵⁵ liɛ³³ kau³⁵ tiɯ³³ iɯ²¹

皇　帝　贡　米　扶　灵　瑶⑪
xaŋ²¹ lei²⁴ tɕiaŋ²⁴ mei³³ fu²¹ liɛ²¹ iɯ²¹

招　安　大　战　勾　蓝　瑶⑫
tɕiɯ³³ ŋ³³ ta²¹ tsaŋ²⁴ kəu³³ nuo²¹ iɯ²¹

《桃川洞五十三村歌谣》在民间流传的版本不止一种，本书所选是依据光绪三十三年（1907）《永明县志》的记载。（桃川镇李成贵先生已发到网上）

据该县志，原十六都（属谢沫乡）计有 15 村，原十七都（属崇福乡）计有 16 村，原十九都（属永川乡）计有 18 村，再加上清溪、古调、扶灵、勾蓝 4 个瑶乡，总计五十三村。

整个歌谣的特点是一句话表示一个村庄，因此，歌谣全文刚好五十三句。

**歌谣注释**

①邓四（？—1369），人称邓霸王，邓村（今夏层铺镇邓家村）瑶民，是封建社会中瑶民起义领袖人物。

②贲园，即今桃川镇所成村。明洪武二十九年（1396）千户阳城，新筑土城，有东南西北四个城门，城外有濠堑护城。今西门仍保存遗址。

③新立宅，原四坝村，今迁居桃川镇建安亭村。

④大平是今桃川镇大地坪行政村，包括老村、新村、解放村、岩子营、三门口、牛塘坪、大河边等 7 个自然村。

⑤同安当铺是清光绪十四年（1888）一位广东商人投资在桃川镇下圩村兴建的，用于经商，其建构气势宏伟，今依然保存完整。

⑥唐元和年间（806—820）柳宗元为桃溪书馆（今江永二中）作记。

⑦宋开宝三年（970）潭州防御史潘美率兵征服岭南，驻师于白象。

⑧原地名"录碧町"，不明究竟，有的版本作"六壁岭"，今改之，以作参考。

⑨"撑屋"原为"起房"，此处用"撑屋"更符合土话说法。

⑩高择即今桃川镇的六十工村。

⑪远在三国时期，江永县源口香米闻名于世。扶灵瑶所在地即源口村。

⑫明洪武年间（1369—1396）勾蓝瑶瑶民曾受朝廷招安入籍，后曾发生多次战争。洪武二十九年（1396）归划入籍。

# 三、民间故事

## 牛郎和织女

kau$^{35}$ sʅ$^{21}$ xɤu$^{33}$, xɤu$^{33}$ i$^{55}$ ȵiɛ$^{21}$ xɤu$^{33}$ çiɛ$^{33}$, kɛ$^{21}$ liɛ$^{33}$ mɤu$^{33}$ lɤɯ$^{35}$ lau$^{33}$
古 时 候， 有 一 个 后 生， □□父亲 母 □ 都

mai$^{55}$ ·lɤɯ · i, kəu$^{24}$ kʻau$^{35}$ kəu$^{24}$ kʻɤɯ$^{35}$ liɛ$^{21}$, ŋau$^{55}$ ·lai tçiəu$^{33}$ çiɛ$^{24}$
没 得 □了 够 苦 够 可 怜， 屋 里 就 剩

i$^{55}$ tɤu$^{21}$ lauɯ$^{33}$ ŋɤu$^{21}$, ȵiɛ$^{21}$ ȵiɛ$^{21}$ lau$^{33}$ uo$^{33}$ lɤɯ$^{35}$ ŋɤu$^{21}$ naŋ$^{21}$。
一 头 老 牛， 人 人 都 唤 他训牛 郎。

ŋɤu$^{21}$ naŋ$^{21}$ kʻau$^{35}$ lauɯ$^{33}$ ŋɤu$^{21}$ tçiɛ$^{24}$ təŋ$^{21}$ uai$^{21}$ çiɛ$^{33}$, mei$^{33}$ lauɯ$^{33}$ ŋɤu$^{21}$
牛 郎 靠 老 牛 种 田 为 生， □和 老 牛

çiaŋ$^{33}$ i$^{33}$ uai$^{21}$ miɛ$^{21}$。 lauɯ$^{33}$ ŋɤu$^{21}$ sʅ$^{21}$ tsei$^{24}$ çiaŋ$^{33}$ sʅ$^{33}$ tʻəŋ$^{33}$ çiaŋ$^{33}$ ·kəɯ
相 依 为 命。 老 牛 实 际 上 是 天 上 个

tçiɛ$^{33}$ ŋɤu$^{21}$ çiɛ$^{33}$, lɤu$^{35}$ çi$^{35}$ xaŋ$^{33}$ ŋɤu$^{21}$ naŋ$^{21}$ tçiɛ$^{21}$ lauɯ$^{21}$ çiɛ$^{33}$ xauɯ$^{35}$, səɯ$^{35}$
金 牛 星， 他 喜 欢 牛 郎 勤 劳 心 好， 所

i$^{35}$ çiaŋ$^{35}$ maŋ$^{33}$ lɤu$^{35}$ çio$^{21}$ lai$^{55}$ ku$^{33}$。
以 想 帮 他 成 个 家。

xɤu$^{33}$ i$^{55}$ lai$^{55}$, tçiɛ$^{33}$ ŋɤu$^{21}$ çiɛ$^{33}$ lɤɯ$^{55}$ lai$^{33}$ tʻəŋ$^{33}$ çiaŋ$^{33}$ ·kəɯ çiɛ$^{33}$ ȵia$^{33}$
有 一 日， 金 牛 星 得 知 天 上 个 仙 女

ȵiɛ$^{24}$ lauɯ$^{24}$ tçʻio$^{33}$ nɯə$^{33}$ miɛ$^{33}$ liɛ$^{33}$ tçiəɯ$^{55}$ fu$^{55}$ ·kəɯ xau$^{21}$ lu$^{33}$ təu$^{21}$ sei$^{35}$
要训 到 村 东 边 岭 脚 下 个 湖 □头里面 洗

liaŋ$^{21}$。 lɤu$^{35}$ tçiəu$^{33}$ tʻəɯ$^{55}$ maŋ$^{21}$ nuo$^{33}$ ŋɤu$^{21}$ naŋ$^{21}$, ȵiɛ$^{24}$ lɤu$^{35}$ tei$^{21}$ lai$^{21}$ lai$^{55}$
凉。 他 就 托 梦 □给 牛 郎， 要 他 第 二 日

tsauɯ$^{35}$ çiɛ$^{21}$ lauɯ$^{24}$ xau$^{21}$ məŋ$^{33}$, tçʻiɛ$^{34}$ çiɛ$^{33}$ ȵia$^{33}$ sei$^{35}$ liaŋ$^{21}$ ·kəɯ sʅ$^{21}$ xɤu$^{33}$,
早 晨 到 湖 边， 趁 仙 女 洗 凉 个 时 候，

tçʻy$^{35}$ tsəu$^{35}$ i$^{55}$ tçiəŋ$^{33}$ çiɛ$^{33}$ ȵia$^{33}$ kua$^{35}$ çi$^{35}$ mau$^{21}$ çiaŋ$^{33}$ ·kəɯ a$^{33}$, iəŋ$^{21}$ xɤu$^{33}$
取 走 一 件 仙 女 挂 起 树训 上 个 衣， 然 后

təu$^{21}$ iəu$^{35}$ mɯə$^{33}$ fua$^{21}$ ·kəɯ pai$^{24}$ fua$^{21}$ ŋau$^{55}$ ·lai, tçiəu$^{33}$ nəŋ$^{21}$ lɤɯ$^{55}$ lauɯ$^{24}$
头 也 不 回 个 跑训 回 屋 里， 就 能 得 到

i$^{55}$ uai$^{21}$ pʻiəu$^{24}$ liaŋ$^{33}$ ·kəɯ çiɛ$^{33}$ ȵia$^{33}$ tsəɯ$^{24}$ sei$^{24}$ pəu$^{33}$ ȵiaŋ$^{21}$。
一 位 漂 亮 个 仙 女 做 媳 妇 娘。

xa$^{55}$ lai$^{55}$ lei$^{33}$ tsau$^{24}$, ŋɤu$^{21}$ naŋ$^{21}$ maŋ$^{24}$ çiɛ$^{24}$ maŋ$^{24}$ ȵi$^{21}$ ·kəɯ lauɯ$^{24}$ ·i
□这日朝昼， 牛 郎 半 信 半 疑 个 到 □了

liɛ$^{35}$ tçiəɯ$^{55}$ fu$^{33}$, i$^{55}$ pʻəŋ$^{24}$ u$^{24}$ muŋ$^{33}$ muŋ$^{33}$, naŋ$^{33}$ tçiɛ$^{33}$ tçʻia$^{24}$ tçiəŋ$^{24}$ tsʻai$^{55}$
岭 脚 下， 一 片 雾 蒙 蒙， 当 真 觑 见 七

kɯ mai³³ n̠ia³³ i³³ xau²¹ lu³³ təu²¹ iəu²¹ suai³⁵, təu³⁵ kaŋ³⁵ k'ua²⁴ tsa³³ ·çi³⁵
个　美　女　□在湖　□　头里面　游　水，他　赶　快　担拿 起

mau²¹ çiaŋ³³ ·kɯ i⁵⁵ tçiəŋ³³ xuo³⁵ xmə²¹ a³³, fai³³ k'ua²⁴ ·kɯ pai²⁴ kuai³³
树训 上　个一　件　粉　红　衣，飞　快　个　跑训 归

ŋau⁵⁵ ·lai。
屋　里。

　　xa⁵⁵ ·kɯ nuo³³ ŋəu²¹ naŋ²¹ tç'iaŋ³⁵ tsəu³⁵ a³³ ·kɯ çiɛ³³ n̠ia³³ tçiəu³³
　　□这 个　□被牛　郎　抢　走　衣　个　仙　女　就

sɿ³³ tçi⁵⁵ n̠ia³³。naŋ³³ t'əŋ³³ xəu⁵⁵ ·lai, ləu³⁵ tç'io³³ tç'io³³ tç'iəu³³ çia³³
是　织　女。当　天　黑　里，她训 轻　轻　敲　开

ŋəu²¹ naŋ²¹ ŋau⁵⁵ ·lai ·kɯ muo²¹, liaŋ³³ n̠iɛ³³ n̠iɛ²¹ çio²¹ ·i tç'iɛ³³。
牛　郎　屋　里　个　门，两　个　人　成　□了亲。

　　i⁵⁵ tçyəŋ³⁵ n̠iɛ³³ suo³³ nəŋ²¹ kɯ²⁴ xau²⁴ ·i, ŋəu²¹ naŋ²¹ mei³³ tçi⁵⁵
　　一　转　眼　三　年　过　去　□了，牛　郎　□和织

n̠ia³³ çiɛ³³ ·i i⁵⁵ tsuo³⁵ i⁵⁵ n̠ia³³ liaŋ³³ n̠iɛ, i⁵⁵ ku³³ n̠iɛ²¹ kɯ²⁴ ləɯ ·kəu²⁴
女　生　□了一　崽　一　女　两　个，一　家　人　过　得　够

çia³³ çiɛ³³。çiaŋ³⁵ mɯə³³ lau²⁴ tçi⁵⁵ n̠ia³³ t'əu³³ ·çi³⁵ fu³³ faŋ²¹ ·kɯ sɿ²¹
开　心。想　不　到　织　女　偷　起　下　凡　个　事

nuo³³ n̠ia⁵⁵ xaŋ²¹ ta²¹ lei²⁴ lai³³ laɯ²⁴ ·i。xəu³³ i⁵⁵ lai⁵⁵, t'əŋ³³ çiaŋ³³ iəu²⁴
□被玉　皇　大　帝　知　道　□了。有　一　日，天　上　又

çiɛ³⁵ təŋ²¹, iəu²⁴ k'əu³³ lua²¹, çiɛ²¹ ts'uai³³ ·çi³⁵ ta²¹ muo³³, ləɯ²¹ ·çi³⁵
闪　电，又　推　雷，还　吹　起　大　风，落　起

ta²¹ xau³³, tçi⁵⁵ n̠ia³³ lai²¹ k'əɯ⁵⁵ muo²¹ tçiəŋ²⁴ ·i, liaŋ³³ n̠iɛ³³ tsuo³⁵ n̠ia³³
大　雨，织　女　立　刻　没　见　□了，两　个　崽　女

xau⁵⁵ ·çi n̠iɛ²⁴ n̠iaŋ²¹, ŋəu²¹ naŋ²¹ tçi⁵⁵ ·ləɯ mɯə³³ lai³³ lai²¹ çi³³ sɿ³³ xaɯ⁵⁵。
哭　起　要　娘，牛　郎　急　得　不　知　如　□是　好。

　　xa⁵⁵ sɿ²¹ xəu³³ p'a⁵⁵ təu²¹ laɯ³³ ŋəu²¹ tau²¹ iəŋ²¹ çia³³ xəu³⁵ ·i:"
　　□这 时　候，□那头　老　牛　突　然　开　口　□了:"

məɯ³³ təɯ²¹ tçi⁵⁵, lai³³ tçiaŋ³³ ŋ³³ ·kɯ kəu⁵⁵ tsa³³ fu³³ lia²¹, məŋ²⁴ çio³³
莫　着　急，你训 将　我训 个　角　担拿 下　来，变　成

liaŋ³³ tçiu⁵⁵ kau⁵⁵ ləɯ²¹, tsaŋ³³ çiaŋ³³ liaŋ³³ n̠iɛ³³ tsuo³⁵ n̠ia³³, tçiəu³³ k'əɯ³⁵
两　隻　谷　箩，装　上　两　个　崽　女，就　可

i³⁵ çiaŋ³³ t'əŋ³³ kɯə³³ xau²⁴ tei²¹ tçi⁵⁵ n̠ia³³ ·i。"ŋəu²¹ naŋ²¹ tçiɛ²⁴ tçi²¹
以　上　天　宫　去　□寻织　女　□了。"牛　郎　正　奇

kua²⁴, ŋəu²¹ kəu⁵⁵ tçiəu³³ ta⁵⁵ laɯ²⁴ tai²¹ çiaŋ³³ ·i, naŋ³³ tçiɛ³³ məŋ²⁴ çio²¹ ·
怪，牛　角　就　跶　到　地　上　□了，当　真　变　成

i liaŋ³³ tɕiu⁵⁵ kau⁵⁵ ləɯ²¹ 。ŋəu²¹ naŋ²¹ tɕiaŋ³³ liaŋ³³ ȵiɛ³³ tsuo³⁵ ȵia³³ tʻaɯ²⁴
□了 两 隻 谷 箩 。牛 郎 将 两 个 崽 女 放

lau²⁴ kau⁵⁵ ləɯ²¹ lu³³ təu²¹ , iaŋ²¹ nuo²⁴ məu²¹ nuo²⁴ ·ɕi³⁵ lia²¹ , tɕiəu³³ xau³⁵
到 谷 箩 □头里面 , 用 担 □扁担 担 起 来 , 就 好

tɕiaŋ³³ xəɯ³³ i⁵⁵ tɕiɛ²¹ tɕʻiɛ³³ muo³³ tsʻuai³³ kəɯ²⁴ , kau⁵⁵ ləɯ²¹ tɕiaŋ³³ tɕiaŋ³⁵ ·
像 有 一 阵 清 风 吹 过 , 谷 箩 像 长

i ɕiəu³³ kʻɛ²¹ , lai²¹ kʻəɯ⁵⁵ fai³³ ·ɕi lia²¹ · i , təŋ²¹ uaŋ²¹ kuo²⁴ u²⁴ ·
□了 □ □翅膀 , 立 刻 飞 起 来 □了 , 腾 云 驾 雾

kəɯ tɕiaŋ²⁴ tʻəŋ³³ kɯə³³ fai³³ xau²⁴ , fai³³ ia , fai³³ ia , ȵiɛ³⁵ tɕʻia²⁴ tɕiəu³³
个 向 天 宫 飞 去 , 飞 呀 , 飞 呀 , 眼 觑 就

ȵiɛ²⁴ tsuai³³ ɕiaŋ³³ tɕi⁵⁵ ȵia³³ · i , ɕiaŋ³⁵ mɯə³³ lau²⁴ nuo³³ uaŋ²¹ məu³³
要 追 上 织 女 □了 , 想 不 到 □被 王 母

ȵiaŋ²¹ ȵiaŋ²¹ lai³³ ləɯ⁵⁵ · i , ləu³⁵ puo²¹ fu³³ lau³⁵ kuo⁵⁵ ɕiaŋ³³ · kəɯ i⁵⁵
娘 娘 知 得 □了 , 她 拔 下 脑 骨 上 个 一

kɯə³³ tɕiɛ³³ tɕʻia³³ , i³³ ŋəu²¹ naŋ²¹ 、tɕi⁵⁵ ȵia³³ liaŋ³³ ɕiɛ³³ i⁵⁵ fu²¹ , lai²¹
根 金 钗 , □在 牛 郎 、织 女 中 间 一 划 , 立

kʻəɯ⁵⁵ ɕiɛ²⁴ suai⁵⁵ i⁵⁵ tei²¹ pəɯ³³ naŋ²¹ kuaŋ³⁵ kuaŋ³⁵ · kəɯ tʻəŋ³³ kuo³³ ,
刻 现 出 一 条 波 浪 滚 滚 个 天 □河 ,

xəɯ⁵⁵ · ləɯ tɕʻia²⁴ mɯə³³ lau²⁴ lua²⁴ məŋ²¹ , tɕiaŋ³³ sei²⁴ liaŋ³³ xəu³⁵ ku⁵⁵ ɕia³³ ·
阔 得 觑 不 到 对 面 , 将 细 两 口 隔 开

i !
□了 !

ɕi³⁵ tɕʻio²¹ fai³³ ɕiaŋ²¹ taŋ²¹ tɕiɛ²¹ ŋəu²¹ naŋ²¹ mei³³ tɕi⁵⁵ ȵia³³ 。mai³³ nəŋ²¹
喜 鹊 非 常 同 情 牛 郎 □和 织 女 。每 年

nuo²¹ lei²¹ · kəɯ tsʻai⁵⁵ uei⁵⁵ tsʻau⁵⁵ tsʻai⁵⁵ , ɕio²¹ tɕʻiəŋ³³ ɕiaŋ³³ yɛ²¹ təu²¹ ɕi³⁵
农 历 个 七 月 初 七 , 成 千 上 万 头 喜

tɕʻio²¹ lau³³ fai³³ lauɯ²⁴ tʻəŋ³³ kuo³³ ɕiaŋ³³ , i⁵⁵ təu²¹ xəɯ²¹ · ɕi³⁵ nəŋ²¹ ua²¹ i⁵⁵
鹊 都 飞 到 天 □河 上 , 一 头 衔 起 另 外 一

təu²¹ · kəɯ muo³³ kəɯ , kuo²⁴ · ɕi³⁵ i⁵⁵ kuo²⁴ tiaŋ²¹ tiaŋ²¹ · kəɯ tɕʻio²¹ tɕiəuɯ²¹ ,
头 个 尾训 □ , 架 起 一 架 长 长 个 鹊 桥 ,

iaŋ²¹ ŋəu²¹ naŋ²¹ mei³³ tɕi⁵⁵ ȵia³³ taŋ²¹ uəŋ²¹ 。
让 牛 郎 □和 织 女 团 圆 。

# 参考文献

[1] 鲍厚星，等. 湘南土话论丛［M］. 长沙：湖南师范大学出版社，2004.

[2] 鲍厚星. 东安土话研究［M］. 长沙：湖南教育出版社，1998.

[3] 北京大学中国语言文学系语言学教研室. 汉语方音字汇［M］. 北京：语文出版社，2003.

[4] 北京大学中国语言文学系语言学教研室. 汉语方言词汇［M］. 北京：语文出版社，1995.

[5] 丁声树，李荣. 汉语音韵讲义［M］. 上海：上海教育出版社，1984.

[6] 黄雪贞. 湖南江永方言音系［J］. 方言，1988（3）.

[7] 黄雪贞. 湖南江永方言词汇［J］. 方言，1991（1，2，3）.

[8] 黄雪贞. 江永方言研究［M］. 北京：社会科学文献出版社，1993.

[9] 湖南省江永县志编纂委员会. 江永县志［M］. 北京：方志出版社，1995.

[10] 李荣. 现代汉语方言大词典·分卷［M］. 南京：江苏教育出版社，1993—2003.

[11] 罗昕如. 湘南土话词汇研究［M］. 北京：中国社会科学出版社，2004.

[12] 吕叔湘. 现代汉语八百词［M］. 北京：商务印书馆，1981.

[13] 曾献飞. 湘南官话语音研究［D］. 长沙：湖南师范大学博士学位论文，2004.

# 后　记

调查桃川土话，我先后走了四趟。

2001年7月10日晚开始记录桃川土话声调。11日上午记声、韵母，下午开始记单字。16日下午记完字表。17日开始记词表，20日基本记完，留下个别章节以后补记。

2002年6月5日，第二次去桃川，有博士生曾献飞同行。14日回到长沙。前后共10天，其中约一个星期时间用于核查同音字表和分类词表。

2013年11月1日，时隔11年再赴桃川。其间只约过桃川人几次，对字表或词表稍有修补。因应丛书之需才把各种补充调查提到日程上。这次实地调查包括学校、集市、附近乡镇、社会各层面以及部分语料搜集与核对，为期9天。

2015年11月23日四去桃川，29日返回长沙。这次绝大部分时间找来两位主要发音人核查词表中存在的问题，并记录部分语料。

开始调查桃川土话时，有幸先后找到了两位主要的发音合作人。第一位是陈素玉，是经县文化馆周硕沂先生推荐并经过一番交谈以后确定的，她当时已是60岁。第二位是郑红光老师，是经在江永一中工作的杨景文校友推荐找到的，当年47岁。前后四趟调查，中间时隔十余年，他们的土话发音始终如一，前后一贯。可以说，我整理的桃川土话的字表与词表基本上就是依靠他们的发音吐字建立起来的。除他们外，也还需要找另外一些发音人来补充、印证，特别是为了扩充词汇量，补充更多的语料，需要这么做。

湖南科技学院的陈碧园老师提供了许多帮助，诸如发音、绘图、制表（家人语言使用情况）、让家人参与调查以及专门制作有关录音材料等，非常热心。经我院同事谭倩的母亲介绍的肖如凤女士，虽久离家乡，定居长沙，但和当年曾是长沙知青的郑文敏先生用心帮助，共同提供土话语料。此外，接受过调查或访问的，还有县人民医院的陈红秀女士，宣传部陈军同志的伯父、舅父，湖南科技学院的同学，桃川上洞学校的师生，以及其他许多人士。

没有以上桃川的各位父老乡亲所给予的热心帮助与大力支持，我是无法在一张张白纸上绘出桃川土话的奇异风貌的。我从心底里向他们表达深深的谢意！

忆起在桃川调查的那些日子，有一件事叫我特别地感到有滋有味。那是2013年11月7日，正碰上桃川镇"赶闹子"的日期（桃川镇每逢1、4、7赶集），我请宣传部小陈带我们进入"闹子"，想对着实物调查土话，结果出现许多有趣的场面。当我指着某一样实物问土话怎么说时，对方总是先回答多少钱一斤或一斤几个，再问还是离不开讲价钱（他们纯粹讲土话，弄不明白我是在搞调查）。经小陈的沟通，最后终于问到了土话，而且常常有旁边的老乡参与，讨论正宗的说法。我拿着纸和笔，记个不停，兴奋不已。等穿过长长的集市后，我已记下了一些鲜活的土话。

对一本土话的书稿来说，调查只是它的一面，它还有另一面：整理、分析、综合乃至研究。走完整个过程，此中的甘苦种种，笔者难以忘怀。

每天清晨，走到桌前，一坐几个小时，从早到晚，在纷繁的材料中间穿来穿去，一缕一缕地清理，一块一块地拼合，一个一个地推敲，一处一处地核查。为了解开一个疑团，有时要查阅成堆的资料。所有这一切，都需要平心静气地去面对，来不得半点浮躁。

日复一日，月复一月，不知不觉，稿纸的厚度一层层地往上加，最终有一天停了下来。

前面对调查过程中众多的发音人表达了谢意，其实需要致谢的人还有很多。曾经在江永县工作过六年的曾昭薰同志和正在县政协工作的刘宗华同志，对我的调查工作给予了有力的支持。宣传部小陈（陈军同志）在我第三次赴桃川调查期间几乎天天陪同，第四次调查期间也没少联系。他还为本书提供了多幅彩照。

还有一事不能不提，十多年前，我刚去桃川调查不久，得知在省考院工作的张学军同志既是校友，又是桃川人。我前往调查，他把厚厚的一本《江永县志》借与我参阅。没料想，因桃川调查延宕十余年，县志一书也久假不归了。我对学军同志既要表示谢意，又要表示歉意。

在我第三、四次赴桃川实地调查时，年岁已在向八十靠近，老伴夏芝兰细心考虑，决定与我同行。这不仅在精神上给我以支持，而且调查过程中还提出过建设性的意见，更不用说在我完稿最紧张的那些日子里给出的悉心照料。

在本书的编写将要画上句号时，我不禁想起了和湘南土话、湘西乡话

"打交道"的一个过程。

1983年12月我和伍云姬赴沅陵麻溪铺调查乡话，由于种种原因，大约用了20天时间。回长沙后根据共同拟定的提纲分头整理，然后合成为《沅陵乡话记略》，1985年6月发表于湖南师范大学学报增刊《湖南方言专辑》。同年7月我们带上该专辑参加了在山西忻州举行的全国汉语方言学会第三届学术年会。

对于作者来说，这算是第一次对湖南处于濒危状态的方言进行的调查研究。

1988年12月我开始了对湘南地区东安土话的调查，先后经过三次实地调查和两次约人来长沙调查，最后于1996年完成，并于1998年正式出版《东安土话研究》。

这是作者本人第一次对湘南土话进行的单点方言研究。从另一重意义来说，也是作者第二次对一个临近濒危状态的方言进行的调查研究。

接下来，可以说第三次吧，就是桃川土话的调查研究，开头已有详细记述，这里不再赘言了。

限于笔者的能力和水平，这份土话调查的答卷定然存在许多疏漏和不当之处，热望得到读者和同行的批评指正。

鲍厚星

2016年7月记于湖南师范大学学堂坡